經典對話系列 5

世紀宗教與心靈對談實錄

心靈解碼

心道法師與當代文化界的心靈對話

邱近思◎主編

推薦序

南方朔（新新聞周報發行人‧文化評論人）

世上的一切都跟著時間而改變，宗教亦不例外。

因此，宗教面對時代的變化，如何自我重新定義，並藉著重新定義而繼續領導？如何在變與不變間尋找到最妥適的功能位置？如何對此起彼落、不斷出現的各類新議題表達關心？這些遂成了宗教在時代變化中必須嚴肅以對的課題。

就以西方的宗教為例，它漫長的宗教史，其實也就是宗教因應時代改變而做的調整史。就以最根本的「上帝」概念而言，近代學者即已指出過它的不斷改變，因而「上帝」這個最高前提本身就有個「上帝史」；當然更別說歷代無論在教義、教制、儀式、宣教活動，對世俗問題的態度等方面的不斷調整了。

就以當今的情況而論，西方教會面對時代的改變，內外挑戰業已日增。美國宗教的世俗化程度最大，當身處於一個性氾濫的社會，美國天主教的神職人員即難免被拖著一起沉淪，不但「守獨身」的誓言受到衝擊，甚至還大量出現有違一般道德及法律準則的「戀童」案件。而在這個高度發達的工商媒體社會，原本弱勢的美國福音教派遂藉著電視佈道而掘起；而在歐洲，我們則看到不論羅馬教廷或新教的各主要教會，當它們看到當今世界的貧富日益不均，強凌弱、富欺貧的現象日甚，都早已對此表達了異議，甚至主動介入世俗社會要求更大公道的示威活動。

宗教既以人類的心靈為耕耘的田地，任何由於心靈而造成的問題，當然也就成了它無法辭卸的目標。宗教與時代之間乃是一場永恆的對話與互動，在一切的變化已更為迅速的二十一世紀，這種對話和互動已更為迫切。

而這種宗教與時代的對話和互動，在我們社會裡，它的迫切性更甚於西方。這也是世界宗教博物館和靈鷲山般若文教基金會

在二十一世紀的此刻，舉辦一系列「世紀宗教對談」的起因。

近代中國與台灣，由於迭經動亂與貧窮，我們的宗教其實並沒有足夠良好的發展土壤。猶憶自民國初年開始，太虛上人即已不斷呼籲要振興宗教，改革教制，俾使中國的佛教能夠有更客觀化和更嚴謹的基礎，但他的呼籲終究因為時代的限制而無從落實。而在過去半個世紀裡，佛教和其他傳統宗教在中國大陸早已形同消失，所幸台灣尚有一片天地，而我們的宗教也就在這裡蓽路藍縷一點點成長，到了今天終於逐漸發展出各個教團的規模。

然而，今天的台灣宗教固然已有了教團的規模，但宗教做為一種信仰，一種體制，台灣的這種教團若與西方或伊斯蘭教相比，其規模仍遠遠的不如。另外，過去半個世紀裡，台灣宗教在民間社會根據世俗化人心的需要而成長，也難免被許多世俗因素所穿透。就以只代表了個人的意見為例，我就對台灣宗教裡許多具有「許願」性質的活動，以及仍然存在的「遺骸崇拜」不是那麼苟同。　我相信宗教以人們的心為田的初衷，並認為現代的宗教應努力的，是喚起人類的心靈價值，並建造出利他的事功。蓋只有如此，人始能在「他者」之中完成自己，佛陀之所以偉大，不就是因為祂那無比慈悲的心胸！

因此，這一系列的「世紀宗教對談」是一個重要的起點。此刻的台灣宗教已發展到了一定規模。

打個比方來說，它有點像我們的社會發展一樣，在過去仍然貧窮的時代，我們一切的經營規模都極有限，因而格局難免短淺，但到了今天，由於情況已變，「向上提昇」、「全球佈局」等遂成了新的努力目標，而這是以前我們連想都沒想到的。基於同樣的道理，我們的宗教不也一樣需要有更高更廣以及更大的自我期許嗎？

目前仍然在持續進行的「世紀宗教對談」，基本上即是面對時代變化的一種自我期勉與互動。它所涉及的有三個層次：

第一個層次是宗教的信念本身

面對時代的變化，宗教對人間的生死、修行成道，以及宗教中許多神秘主義的成份，都已經必須做出更多的思考與詮釋。舉例而言，當今許多西方神經生理醫學與認知心理學家即已和達賴喇嘛定期對話。這個層次的對話，乃是宗教活力的泉源。

第二個層次是教制方面

例如當今的社會由於結構重組，兩性平等業已成為事實，宗教體制要如何回應這種變化？當宗教已走到教團化的方向，它可做的事功已有了更多選擇，那麼應如何透過有效的經營管理，將取之於信眾的布施做出最大邊際效用的貢獻？

第三個層次是宗教與世俗議題對話的部份

隨著時代的變化，宗教承載著它自己的傳統，有著它自為的目標，已必然和世俗社會有愈來愈多的互動，包括相互間的撞擊以及相互間的共同完成。這包括宗教和藝術的關係，宗教和科學、媒體、網路社會的關係；當宗教對新興議題表示見解時與既有社會的衝擊等。我相信隨著世界變化的加速，諸如戰爭與和平、世界的貧窮、人與其他生命的複製、同性戀問題、愛滋問題，甚或政治問題等，都將日益成為宗教無法不去面對的課題。

自從進入二十一世紀以來，這個世界究竟是變得更好或更壞，它的答案仍然未知。但由全世界的情況看來，野蠻的衝突與殺戮日增，人心也日益虛無退化，這都是不容否認的事實。也正因此，心靈的空洞和由此而造成的渴求，也反過來使得二十一世紀格外變成了一個宗教再復興的新世紀。近年來各國的宗教日益蓬勃發展，類似於「世紀宗教對談」的活動也漸增。舉例而言，稍早前義大利即做了一次由著名符號語言學、小說，以及中古歷史學家艾柯，和米蘭教區總主教馬蒂尼的對話。這場對話包括了教義、宗教對待生命的態度、宗教對待倫理問題等三個方面。這場對話整理後所出版的著作，成了歐美的暢銷書。由這樣的課題受到人們如此的關注，的確顯示出時代變化所造成的心靈需要是如何迫切了。

　　「世界宗教博物館」和「靈鷲山般若文教基金會」的心道法師是我們社會普受尊敬的出家人，他自幼修持，不但本身道行德業卓越，他對世俗議題的關切和淑世情懷也極爲熱切，他期望在這個加速變化的新世紀裡，台灣的宗教和社會能一起向上提昇，正是由於這樣的自我期許和勵己勵人，遂促成了這一系列的「世紀宗教對談」。對談是心胸開放的證明，他希望我們社會的每個人，無論是在家出家，都能經由對話和調整，走向更好的境界。

　　「世紀宗教對談」是個開始，它應當更深入的繼續做下去。做爲一個也同樣樂於看到我們社會能夠向上提昇的宗教問題研究者，對這個具有開創意義的「對話」，謹表示由衷的祝福。

推薦序

俞國基（自由時報副社長）

　　一九七八年我初去美國，入關時循例要填寫個人資料卡，其中有一欄：「宗教信仰」。我猶豫頗久，終於填上「無」字。我真的不知我到底信仰什麼宗教，我雖生於基督教家庭，也讀過聖經，好像也受過洗禮（已不復記憶），但我內心中始終不肯相信耶穌是救主；友朋之間佛教徒不少，但我始終弄不清正統佛教究竟應該敬拜那一位神明，觀音乎？彌陀乎？釋迦牟尼？抑或媽祖、關公、土地公乎？因此當美國移民局官員一臉狐疑看著我說：「無宗教信仰」？我只能肯定的答覆：「NO」。

　　很多中國人的困境與我彷彿相似。明明白白好像有什麼信仰，卻又說不出到底信仰什麼教或什麼神。在西方人的觀念中，沒有宗教信仰者被歸類為野蠻人，因為野蠻人只有巫術而沒有宗教。如果用這個標準來省思中國人的宗教觀，其實也頗有探索的餘地。

　　任何宗教都具有兩大內涵，其一是人文的，其二是巫術的（也可稱之為神秘的）。人文這一面包括，人生的修養，道德的規範，生命來源的探討，人生終極目標的追求、對人世的關懷、藝術的品味以及對人類文化的尊重等；而巫術的一面則包括死後的歸宿，天堂的追求，奇能異象的嚮往，對未來命運的預卜，及祈求世間的福祿壽等。歸納而言，宗教中的人文部分可以用一個「捨」字來統括；而巫術部分則可以用一個「得」字來統括。佛教、基督教、伊斯蘭教的基本教義無疑是重「捨」而輕「得」的，然而當它一旦傳入中國後，就必然會與中國傳統中的儒、道中的重視現實師法自然的精神揉合而產生異變。以佛教而言，禪宗的發展，顯然是中國的知識分子擷取了佛教中的人文菁華而演化成的一支教派。至於在民間，則巫的成分又大大的超越了佛法的本質。此所以關公、媽祖、王爺、祖師爺等也都魚目混珠變成

9

了佛教徒膜拜的神祇。也因此，中國人的信仰很難用「某某宗教」來界定，而這也無怪乎我只能在「宗教信仰」一欄中填上一個「無」字。

中國人的這種對宗教的態度，從西方人的角度看來是「教性不強」，佛不佛，耶不耶，幾乎可以列為「無神論」者。但從另一角度而言，中國人不像猶太人、阿拉伯人或西藏人那樣完全生活在宗教的規範中，從政治到婚姻，從起居到思想，從法律到飲食，無一能逃離宗教的束縛。中國古代雖然也將「禮」字賦予祭祀的內涵，但一般的庶民則並不受「禮」的規範。也因此，中國人對不同宗教的容忍是相當寬大的，因為在他們的心目中沒有一套固定的宗教真理；沒有一尊可以稱為至尊的神祇也因此中國歷史上從未見宗教戰爭，也未見血流成河的宗教迫害。

西方人的基督信仰中由於具有救贖的精神，造就了許多傳教士摩頂放踵，苦行救世的偉大行誼，佛教中（尤其是大乘佛教）也講求以身餵虎的慈悲情懷。這種偉大的榜樣在中國卻不易點燃火花。中國人會讚歎這樣的「菩薩行」，但卻缺乏一顆以身試之火熱熱的心。中國人在宗教中所追求的，上焉者是宗教中人文的菁華，以之修身、養性，甚至是治國、平天下；下焉者則以之求財、求官、求子、求壽。也因為這種「冷效應」，宗教之間沒有仇恨，宗教之間也較有對話的餘地。最近佛教教團「現代禪」的教研部出版了《佛教與基督教信仰的交會─現代禪與中華信義神院的對話》一書，書中內容主要由現代禪的李元松老師與中華信義神學院院長俞繼斌牧師就禪學與基督信仰的溝通與對話。從雙方對話中，看到他們雖然分屬不同的宗教，但他們相互讚歎，相互感動，相互欣賞，也相互詰難，但沒有詆毀，沒有攻擊，沒有各據真理而各執一詞。從這本書中，我看到了宗教的寬容，甚至是彼此間的讚美，也讓我呼吸到一股宗教山頭間早已聞不到的清新空氣，我深感不同宗教間的整合也許需要必較缺乏強烈宗教對立的中國人去努力完成。

　　靈鷲山創辦了宗教博物館，將各種不同的宗教呈現於一個博物館中，如今又網羅了各階層的菁英，讓他們盡情的對宗教中的各種問題各抒所見。也許這只是一個開始，但好的開始畢竟是成功的象徵。這些成果，讓我們看到靈鷲山心道法師整合各種宗教的弘願，而這本書的出版也許象徵他的弘願能早日完成。

導讀

釋了意（世界宗教博物館發展基金會執行長）

　　我們處在一個新的時代，一個所有價值都需要重新檢證、建構的時代，一個容忍所有差異卻又不斷衝突的時代，一個需時時觀照自己內心、卻又時時面向全球的時代。隨著資訊科技的發展，許多既有的概念面臨新的詮釋，許多新的想像也面臨語言匱乏的窘境，主體／客體、經驗／理性、真實／虛擬、唯物／唯心……二元對立的思維在資訊科技時代重新的正、反、合，而人類的思想，也推向一個更多維寬廣的世界。

　　在神聖的領域中也是一樣。

　　資訊時代下的宗教面臨了被解構的危機，這種危機動搖到了在心靈層面上宗教對人類的影響與幫助，衝擊到宗教的心理功能與宗教本質的意義，那是不同於以往人類歷史上的那種由神學走向科學，對宗教做出反思與批判的模式，而是信仰的主體消融與客體的被取代；簡單的說，每個人希冀的夢幻天堂、宗教上追求的超凡入聖，在資訊網路的虛擬世界中似乎都可以找到，大千世界、三千法門，同歸於桌上的那台電腦。

　　在愈面向科技的同時，人的心理反而愈來愈空虛，也愈難找到心靈上的平靜，但人若在現實中難以找到一個可以安身立命的定位與空間時，宗教，便扮演了讓生命無限可能延伸的角色，人精神的超越、心靈的依託，都可以在宗教的神聖領域中，找到回應。

　　然而，在資訊時代下所建構出的世界宗教圖像，是必須依附在科技網路世界中的；當人類在追求精神（靈性）的提升時，其所建構出來的理性超越，是有如網路空間般的既虛擬又存在，能空能有，能作為一個依歸的對象。過去的神在人的理念中，皆是以一種跨越生命實體，並且創造出超越生命的無限可能而存在人的設定中的，而資訊科技發展下所產生的一種無窮無盡的、跨越

相對有限性的無限可能，都將使人重新去省思靈魂不滅與上帝存在的問題。當人已經可以透過科技去接觸到傳統無法觸及的「神聖國度」，並且與之在生活上形成一體化，人必須以一種新的方式向傳統的宗教回歸，而宗教也必須在資訊科技邏輯下被重新建構與運作，未來的傳統宗教邏輯，也將與資訊科技邏輯辯證性的結合。

另一方面，宗教的本質是基於人的需要，或者是說，因為有人的存在，「宗教」這樣一個命題才有了意義；就人性的共同面來看，宗教必須回歸到人性中，在人類共同的基礎之上去企求人性的超越，即靈性的生活；也因此，宗教本身內含的全球化、普世化的願望，是必須建立在人性的共同面去論述，否則，宗教的發展，會成為意識型態甚至文明間衝突矛盾的開始，而宗教本質的意義將不復存在。也因此，所謂的宗教全球化，並非某一宗教或單一宗教的全球化，而是復歸不同宗教間基於人性的共同價值，讓人重新反思宗教的真實意義，以及喚醒人類內在素樸對和平、愛的渴望，以跨越國家主權全球性聯結的方式，找出宗教及宗教發展的未來。

「世紀宗教對談」的意義，就是在這樣一個虛擬與真實界線已然模糊，全球文明碰撞日漸劇烈的全球化時代，重新面對及思考宗教本質的轉變，在神聖與世俗的不斷對話當中，開展出清晰明瞭的新世界宗教圖像；混雜著傳統與現代、過去與未來、此岸與彼岸的多元繽紛世界，是人在新的世界宗教圖像中所要面對的；跨越時間與空間的對話與思辯，在資訊科技的發展下已成為人真實生活的一部份，一心之中具足了十法界，而婆娑十方也歸於方寸之中。只是，至此也許有人要問：這是一個真實的世界，人們虛假的存在，或是人們真實的活在一個虛假的世界？或者說，我們如何建構一個跨越真實／虛擬的新世界？

在精神不斷的向上超越的同時，人面臨的是與世俗／現實的衝突：從西方神學來看，曾經，上帝應許的天國和告誡人們的原罪，讓人的此世失去了意義，人的生命必須在上帝的光照下才能

有一絲些微的力量，面對俯視萬物睥睨而笑的造物主，人們嘲諷、懷疑思考的價值，輕易的放棄身爲人對現世該有的責任與義務，以一種虛無、犬儒的態度去做微弱的對抗；經過宗教改革及啓蒙運動，人重新找回了人的主體性及價值，但在過度強調理性價值後，工具理性宰制了人的生活，資訊科技取代上帝成爲另一個神祇，人類又陷入另一種虛無。

從神聖到世俗的凝視，是宗教回歸以人爲本的價值重構，以此爲基礎，對終極價值的重新關注，是人們找回自身存在意義的開始；而對世俗凝視的過程，便是一連串的對話，藉由語言、思想的交通，人們可以在出世間法與世間法中，自由自在的找到可作爲依循的智慧之光。對談只是一個形式，重要的是，「百千法門，存於一心」，我們如何在紛雜的十方法界中，超越語言文字的限制，如實的觀照我們的心？

另一方面，人類在二十一世紀所要面臨的重大課題，就是如何藉由普世共同價值的建立，找到人類社會永久和平的方法；不論是國際社會貧富的兩極差距，亦或資訊科技所帶來「人」異化的負效應，透過不同宗教的交流及宗教語言的論述，我們希冀能找到一個超越性普遍性的全球倫理價值。華嚴經上所云的善財童子，藉由遍尋許多有智慧的菩薩大德，與這些智者對話中去成就自己，「世紀宗教對談」是我們的「善財童子五十三參」的開始，也是我們與眾生共享生命終極價值，以及跨越神聖／世俗對話的開始。

《目錄》

上篇──對談：全球視野

上篇——對談：全球視野

人在「網路社會」的崛起
—— 全球網路社會對人與宗教的衝擊

與談人：謝清俊（中央研究院資訊科學研究所研究員）
　　　　陳德光（輔仁大學宗教學系所主任）
主持人：林谷芳（佛光大學藝術學研究所所長）

林谷芳：

　　我對於今天這個座談，真的是覺得有點茫然無緒，因為這是一個新的議題，卻對未來影響深遠。我們看到整個資訊革命如何席捲全球，改變了大家的生活樣貌，這使得活在比較傳統中的人，要來談這樣的一個題目時，坦白講並不是很恰當。只是因為從接觸到的經驗裡面，感受到這些資訊科技，對以文化做為生命重心的我，產生了一些衝擊；我看到它的有限性，當然也看到它的有效性，因此答應前來主持。

　　今天的兩位主談人，一位是宗教專家、一位是資訊專家，我相信他們對彼此的領域都有一定的熟稔度。首先就讓我做一個開場引子。我想生死對於任何一個宗教人來講都是個核心問題，也是最基礎的問題。

電動玩具改變人的生命觀念？

　　我那小學三年級的孩子，每次在打電動玩具面對「生死關頭」時可一點都不在乎，我會說：「小心一點，要死了！」「爸爸沒關係，我還有三條命。」我們曉得人只有一條命，但是孩子打電動玩具的時候他有五條命。於是我發覺電動玩具對小孩的影響，要他理解生命的某些極限，可能就不及我當年六歲看到一個投繯自盡的老人那樣有深刻的感受。說不定要等到他長大，受盡一些衝擊折磨，面對實境的時候，他才會有我六歲時的感觸。當然，這是從負面來看。從積極的一面來看，這一代孩童的世界不是我們

當年所能及的。接下來是不是先請謝教授這位了解宗教的科技人為我們發言。

謝清俊：

　　要討論網路社會對宗教的衝擊和影響，可以從兩方面來看。一從網路社會，另一從宗教的角度。從網路社會來看，需要瞭解資訊科技對現代社會的衝擊和它帶給我們社會文化的影響。不過在這之前要先弄清楚什麼是資訊、什麼是資訊科技。

學術上「資訊」的定義有四百多種

　　一般人對資訊的了解都很泛泛，欠缺深度的思考，做起事來大概都是屬於「不知而能行」之類。從學術的角度看，資訊在各行各業上的定義就超過四百種。這四百多種定義裡，沒有一種是足夠用來討論資訊科技對人文社會衝擊的；它們都屬於「工作上的定義」，是針對解決某一問題而設定的。這四百多種定義裡，沒有一個概括的定義可以適合用來討論像「資訊科技對現代社會的衝擊」這樣的問題。

　　然而，從佛學的觀點和作法來解釋資訊是很容易的。簡單地講，資訊就是「所知之相」。「相」就是形式；「所知」指的是對所有「知道的」或「了知的」一個集合。我們每個人都有自己的所知，那是一己之所知。例如林教授有林教授所知、陳教授有陳教授所知，我有我的所知；而眾生的所知則是各個眾生的所知的集合。資訊可以定義成：任何一個所知它所呈現的相。因為它是相，所以是一種形式。這資訊的界定，我曾請教過許多佛教學界的人士，包括惠敏法師、柏克萊的Lewis Lancaster教授，日本京都大學的勝村哲也教授等，他們都同意這個說法。從傳播的角度來看，傳播者想要傳播的「意念」表現在媒介上的形式，就是一種資訊。從這個角度著手可以更深入地了解資訊。

　　比方，達文西的蒙娜麗莎，他要傳達的訊息是什麼？又如，隱含在某一個形式裡面、某一篇文章中、某一首詩裡，它所表達的想法是什麼？用媒介傳遞某些訊息，牽涉到美學裡面所謂的表

達（expression）和內容與形式等問題。我要特別強調，資訊只是一個形式，它不是內容（content）。這點非常重要，一般人恐怕分不太清楚。

「資訊」是一個形式，不是內容

　　以上是由資訊的創作者，或從傳播者的角度看資訊。接下來談一談接收端的情況。接收端在接受了以後，歷經看資訊的過程就是大家都熟悉的色、受、想、行、識的過程。例如看到蒙娜麗莎的畫像，你的想、行、識，得到的是什麼？比如說林教授得到很多、很深刻，而我比較鈍，得到的比較少，可能別人得到的感受又不太一樣。所以，接受者得到的資訊經常是不一樣的，這一點也很重要。

　　如果大家能接受以上的觀念，資訊對佛學來講就不再是陌生的東西。從佛陀說法的時候就有資訊：指月之「指」是資訊，經、律、論三藏是資訊，文字般若也是資訊，而這些都是可以融會貫通的。其實，無論以什麼媒介和形式呈現，資訊都是形式，都是因緣所生法。再者，從電腦的角度看也會很有趣。電腦本身的結構，無論軟硬體，都是百分之百的屬於「形式系統」（formal system）；而電腦能做的事，也全是屬於「形式」的（機器語言的指令也屬於形式）。電腦能做什麼不能做什麼？這是個很難回答的問題，但是瞭解以上的界定就很容易了。電腦是指能直接處理「形式」的機器，它不會直接處裡「內容」。電腦裝作可以處理內容，是因爲它把那個形式當作內容來處理。例如：它知道一加一等於二，但永遠不瞭解爲什麼一加一等於二。

　　當了解什麼是資訊之後，對資訊科技的界定就不是什麼難事了。簡言之，資訊科技－就是處理資訊的科技，是從人類有了文明之後、電腦發明以前就有的。從目的上來講，資訊科技是傳播所知和處理知識的科技。不管是手機、無線傳眞、網路或是電腦，都具有溝通傳播的功用，這也都是資訊科技的產物。這裡說的溝通和傳播是廣義的，像是教育這麼大的系統，也是一個特殊

目地的傳播或溝通系統；它有特定的對象、內容（課程）、進度和方法。

所以，簡單來講，資訊科技就是溝通和處理知識的科技。知識處理包括儲存、理解和轉換。從這個角度來看，就知道資訊科技對人類社會的影響是如何的既深且廣。因為，沒有溝通就沒有文化，文化是溝通製造出來的，如果知識處理沒有進展的話，文化就沒有進展、沒有進程。所以，資訊科技事實上攸關我們文化的創造和文化的走向。

資訊科技創造人類的未來

有人說：現在的資訊科技是在創造一個未來的文化。這是真的。只要想想我們現在的生活和五年前有什麼差別，沒有手機和網路的日子是什麼日子，答案就很清楚了。現在社會變遷的速度極快，而且一切都在轉變，找不到沒有變的事務，真是「無常」的最佳示現。有人不同意這看法，說：海枯石爛此情不變！真的嗎？試想，從前的人從出生到死，認識幾百人就難得了。現在的人一生認識幾千人是輕鬆的事。以前得一知音已經很了不得，如果這知音出了問題就如喪考妣，但是現在失去一個再換一個新的是很容易的，感情的質當然沒有以往的醇厚，不論人際關係或是男女感情都和以往不一樣了。

所以，電腦創造出來的資訊科技，深深地在社會結構的底層牽動著社會的發展和變遷，再加上現在所有的溝通情境、程序、效果種種的改變，以及這個社會對知識處理的變化，包括對知識的擁有、散佈和利用等等的變化，都使這無常的社會變遷顯得更加複雜和難以預測。

那麼這個改變和宗教有沒有關係？當然有！傳教工作是要靠溝通達成的，所以資訊科技對宗教來講，是特別有用的。從歷史上我們可以找到一些見證。德國的古騰堡發明了活字印刷，第一部印出來的是《Golden Bible》，現在世界上還有四部。中國畢昇發明的活字板，據說第一部印的也是佛經（近來有其他的考據，

認為不是佛經）。但是一般來講，當一個新的媒介、媒體出現的時候，宗教界總是率先使用它。因為宗教是無私的，不以牟利為目地的，希望將教義傳給所有的人知道。佛經經過口耳相傳，到文字集結，這些都是不同形式的佛經資訊，也都是指月之指。

「真理」以「虛擬」的方式呈現

在現今這個「網路時代」，很多人提到有關「虛擬救世主」、「虛擬佛陀」，以及「虛擬的環境讓大家做早晚課」等議題、現象。然而這個虛擬世界，並不是在有了電腦之後才開始出現的。事實上，人類從發明語言後就開始有了第一道的「虛擬」，因為嘴裡說出來的不是實際的東西。人類的文字則是第二道的「虛擬」。在第二道的「虛擬」以前還有一個過渡時間，那是一些在文字發明之前就在使用的圖案、圖騰，這不也是一種「虛擬」嗎！所有美術、藝術是一種「虛擬」。有電腦後，電腦模擬（simulation），更是「虛擬實境」（virtual reality）的前身。

總而言之，凡所有相皆屬「虛擬」，用佛教的觀念來看所有這些「虛擬」的東西，包括語言、文字，一直到現在的電腦，都可以用「因緣所生法」這句來概括。既是各種不同的因緣所生法，便沒有什麼是不可以使用的；因此可以善加利用，並不需要有分別心去對待。可是，請注意，修行時又不同了，修行是往自己內心的世界，不可心向外界攀緣。所以，修行時如果不能放下電腦虛擬的花花世界，那就成了「心隨境轉」，就枉費功夫了。所以，從理事上去瞭解這些俗世之中資訊的世間相的變化，就能利用資訊為我們做事。然而，在修行的時候則要知道：所有的相，也就是所有的資訊，都不是究竟的存在，它們都是空性的，不可以心攀緣。

林谷芳：

從謝教授的結語已經看到一個真實的匯通。他提出的一些觀念、問題值得我們觀照，其中兩點我有比較深刻的共鳴。第一是從溝通的角度來談資訊。我現在主持佛光大學的藝術學研究所，

25

裡面的同學大部分都是再回來讀書的社會人士。從創作、藝術的理解方面，他們已經不需要我來教些什麼，除了新的基點。這個基點就是從行為與文化的角度看藝術，也就是剛才謝教授講的所有的藝術都是溝通。

一個藝術行為，基本上一定牽涉三個層面。第一個層面是創作展演者。一個讓藝術出現的人，他當然要心有所感；第二是藝術作品本身，就是所謂的「虛擬」；第三是解讀者，也就是欣賞者透過作品來理解創作者的世界。如果表現的過程和解讀的過程內容無誤，或是相差不遠的話，就產生了藝術行為中最重要的追求──共鳴，可以說沒有共鳴就沒有藝術。

「資訊」需要經過解讀

我接觸過很多藝術界的人，每一行都有不同的特質。以多數的舞蹈家來講，他們共同的生命特質就是自戀。後來我也理解為什麼會如此自戀，除了對身體的重視外，他們每次練習四面都是鏡子，非顧盼生姿不可。但如果一個人在家裡裸身，然後對著鏡子舞動，覺得自己是上帝的傑作，這只算自戀，不能稱為藝術，因為他沒有傳達任何訊息成為一個外顯的行為，而且也欠缺了欣賞者的檢驗。

五○年代有一頭很知名的黑猩猩，牠的畫作非常「好」，但是這到底算不算現代藝術？以行為角度來看這並不算，因為你很難檢驗你和猩猩的想法有哪些相同之處。所以，藝術講求的溝通和資訊的本質是一致的。在人不可能完全自證的世界裡，有很多的事物我們都要與人溝通。我們要面對環境，無論是自然或人文的環境。那麼，資訊從這樣一個廣義的角度來看，我覺得心有戚戚焉。

第二個有關虛擬的問題。當然虛擬的對面就是實境，這中間真與假的關係是什麼？虛幻和真實間是否有一個有機的關聯存在？以密宗為例，如果要對一個外行人作介紹，我會說密宗就是最典型以假做真的宗派。唐卡那個世界需要用觀想的，你不能先

想像那個假，否則觀想就無效，你所要的是如實的佛菩薩世界應到你的腦中。當然佛教還有各種心的不同層次，最後你和祂相應，於是你轉身成佛菩薩。所以什麼叫真？什麼叫假？也許從宗教的角度才會有所謂的生命的實質體驗。

陳德光：

感謝世界宗教博物館的邀請，因為我對資訊是完全的外行，不過林教授說不要怕，因為很殊勝，我也心安了。我想分兩大點來談：網路和社會的關係以及網路和宗教。

首先回應剛才兩位教授的一些觀點。我們可以看到，網際網路的興盛是最近十幾年的事情，網路的表現就像哲學家海德格爾（Heidegger）形容近代文化所講的一句話：近代的文化是個表象的文化，也就是「相」的文化，所以和剛才提到的「所知之相」是有關聯的。

資訊科技下的「人」

我們可以說網路社會基本上就是一個表相的、影像的文化，而這個表現特別與文藝的表現有著密切的關係，因為它和電腦、畫面有關，所以比傳統的傳播媒體更具有彈性。

我把它歸納出幾個特徵，第一是有互動性，網路的作用特別是如此；第二是表象化，等於說每個人都可以把自己虛擬成為偶像或明星，以特定設置過的鏡頭來看自己或別人。它的特色是什麼？是局部、短暫，是喪失了直接全面的溝通，甚至連自然的溝通這些特徵都丟失了。第三個特色是「匿名」。以電子遊戲為例，在裡面幾乎用一種不為人所知的方式來表達，一個人可以化身成很多的角色，甚至分裂為數十人。有人開玩笑的說，遊戲裡面的「人生」比真實的延伸還要真。或許你也聽過這個說法：半夜裡當別人都進入夢鄉，這個人開機之後，才是他的真我。所以，一個人可以藉著匿名的方式來表達出自己的另一面，但問題是失去了自我的中心，哪一個才是真的自己？哪一個是本尊？

從資訊化走到社群化是網路社會的最後一個特徵。資訊化是

說資訊的取得或提供，而社群化發展到另外一個問題就是人跟人之間的問題、自我定位的問題。所以我和別人的關係有一種新的發展，而新的社群的發展，其實就是所謂溝通的問題。如果從表現層面來看，事實上表現有它的目標，就是所謂的溝通分享。弔詭的是當一個人在網路文化裡面過度的包裝、虛擬的時候，人跟人產生一種間接甚至於化約的關係。

特別在這些匿名的虛構世界裡，它只有文字，沒有肢體的語言，所以很容易養成冷漠的態度、缺乏同情心、作假、不負責任、沒有耐心和禮貌等等所謂負面的後果，這些都有損於原來表現層面的目標——溝通和分享，以致最後形成網路社會裡面一種機械式的操作。這樣的情況很容易誤導人，以為一切可以重來，就像剛才兩位教授提到的電動玩具一樣，好像按鈕就可以重來。美國頻頻發生青少年拿槍亂殺人的事件，與這或許不無關聯吧！

網路社會的幾點特徵當然會影響到宗教的層面，因為它和社會是分離不開的。今天後現代、後物質主義的社會，誤以為科技的發展可以讓人更幸福，有更多的時間去做一些發揮人性、創造性的一面，事實上我們看到科技的發展只讓人更累、更焦慮。因為整個社會基本上是被大型的娛樂業所操縱，社會的口味是標準化、制式化的。科技並沒有帶來那種多元、可以反璞歸真地找到「真我」的一個目標。相反地，經過大眾媒體的催化，我們的思想更放在商業功利掛帥的一個層面，因為我們所接收到的資訊全是充滿機械、物質和一元化的性質。

今天，我們所處的後物質時代就是對物質時代的反響，特徵是所有的消費已經和需要脫節。他要一個東西不是因為需要，而是因為消費，為了體驗產品包裝上的幻想，如香菸廣告上那個西部的景色，你會從吸煙體驗到有如身處美國西部寬闊的速度之中，等於說消費已經變成一種滿足、一種想像。再比如名牌的打扮，在後物質時代它顯現的是一種身份的表徵。說這些是文化的危機，事實上也不為過。

網路的極限

關於宗教和網路的關係，可以從「需要」與「影響」兩點來談。宗教需要網路，它對網路有一定的依靠，已是不爭的事實。因爲不論是弘法的課程或是傳達教團的資訊，透過網站傳遞資訊，都可以把宗教的理念落實。以韓國爲例，他們首先把整部《大藏經》輸進電腦；再比如台大佛學研究中心，也有中、英文的佛學資料庫，還有BBS站。這些都說明網路對宗教研究和傳播有一定的正面影響。

網路社會當然克服了很多物質的障礙，不過，屬於心靈溝通層面的障礙，在物質的那一部分被克服之後才更加突顯出來。原來，宗教涉及的主要對象就是人心——人最隱密的深處。此外，它還涉及到團體生活和社會的改造，而這兩個層面都是要離開冷氣、電腦室或是上網的地方與現實生活碰觸的。嚴格來說，宗教的教育是一種師徒因材施教、人格改造的教育；一種信、望、愛的心靈碰觸、對生活見證的教育。中國傳統宗教不是更有所謂的「密傳」、「法不傳六耳」嗎？等於說這個法只有兩個人聽到，是師父徒弟之間的一種傳承。就這些部份而言，從網路社會是難以獲取或達成的。

所以，回到我們的議題——上網拜拜是否可以取代宗教生活？我想答案是十分清楚的。在虛擬的道場裡面，假如你配合著一起做早晚課，甚至皈依、受戒、懺悔等等，雖然有它的功效，但是它的結果就好像你聽唱片、看錄影帶並不能取代你在現場聽音樂會、欣賞歌劇一樣。網路它能擴充你的知識，但是它不能建立一個所謂感召的關係和師徒的關係，最後還是要走出個人的工作坊和師父面對面的應心，或去接近人群走進神聖的空間。

打個譬喻，如果我要激發學生的同情心，不是讓他坐在冷氣房裡看災區的網站或錄影帶，而是他必須親身到災區直接體驗災情。特別是宗教有一個本質，它的終極之處是神聖的境界。何謂神聖？神聖是不可言喻，無以倫比的，它是一個眞實、眞如的源頭，非常豐富的一個源頭。任何表象都牽涉到人爲的設計，事實上它是無法越俎代庖的。修道和宗教的本質都不會因此而消失！

創造出虛擬天堂？

　　說到影響的層面，網路又如何影響宗教？這事實上有一個很弔詭的經驗。很多人明知道網路的東西是假象，但就是愛不釋手，就是喜歡。為什麼有這樣一個矛盾的態度？或許這世界上本來真和假就是相對的，所以有人說假的像真一樣，或真的像假一樣。我們常說一張圖畫美得像真的一樣，或是形容一個小孩子可愛得像洋娃娃，所以真真假假，連小孩、大人都分不出來。有時候被騙是很人性的，人性就是會被騙，因為它本身就是相對的。

　　網路社會可以是個天堂的模擬，甚至表達出一種新的「宗教」。為什麼？在網路社會裡面可以排除個人的條件，隱藏個人的美醜、肥瘦等，把最理想的一面呈現出來，這不就是描寫出一個「天堂」？因為負面的都丟掉了，可以完全地改頭換面，而以一個新的姿態出現。這樣的說法其實有它的深意在，瑪丹娜或是瑪麗蓮夢露就是實例，我們在看她們的表演時，並不是在看本人，而是在看她們代表的一個「原型」，所代表的一個理想女性；我們欣賞她後面所代表的一個理想和世界，所以才會讓人百看不厭。

　　討論到「真」、「假」，「真」還是一切的基礎。但為什麼虛構的故事總是特別吸引人？因為故事具有「原型」的作用，它可以隨時隨地用各種方式在現實的人生裡重現。所以任何人讀到一本好的小說，雖然是虛構的，但還是會覺得像是看到自己或別人身上的一個故事，其實虛構的故事還是得回到真實的世界來。宗教追求一個終極的真實，有助於讓人看清網路的多變，世間法的無常……等等，偶像終究是偶像，工具終是工具。

在虛擬中找回真實

　　我們談宗教事實上不能避開台灣網路社會衍生的問題。今天有隱私權、版權、色情暴力、愛情和性分家、網路寡婦，還有過度上癮的問題，宗教家都注意到了。舉個例子：二○○二年二月二十八號，羅馬天主教發表有關網路倫理問題的聲明，宗教希望能幫助人克服心靈溝通的障礙，藉著網際網路喚醒人的靈性，特

別是人的良心、理想、使命感和無畏無私的精神，珍惜生命、土地等價值，這些很可能會變成一個新的社會共識。

宗教提供一種追求真實生活，沒有障礙的空間、時間，一種生活的希望和勇氣。這種沒有缺陷、完美的，處處相通感應的真、善、美的彼岸，幫助人在過程裡培養出真正抗壓的能力，不會因為自我關閉於這個虛擬的世界，一旦離開就發生適應不良，造成尋短或是殺人的社會問題。我的想法是現在宗教對網路社會利用得多，如弘法、傳播思想等，不過真正的整合還有待努力。

林谷芳：

謝謝陳教授提出了一些樂觀看法中的省思。宗教家本來就是那種「生年不滿百、常懷千歲憂」的人，他們的睿智神聖於此，他們的杞人憂天也於此。宗教一般給人保守的印象，可是宗教卻也常是最先運用一個新溝通手段的領域，對新的東西常常也是宗教第一個提出觀照和警語的。我相信在宗教世界裡，面對資訊語言或溝通媒介，它是永遠不斷在調適，在接納、吸收、整合、抗拒、提示警訊的過程。只不過現在我們面對的對象和歷史的不一樣，歷史中的是語言，是文字，而我們現在面對的是一個可以高速運作的資訊能力，狀況完全不同。

我相信今天的議題以後還是會不斷的被重複，被反思，就好像佛教史其實就是不斷的對語言、文字在不同宗派裡的辯證的紀錄。最典型的例子就是禪宗裡面講不立文字，但是禪卻留下了最多的文字資料：《傳燈錄》、《指月錄》、《古尊宿語錄》等加起來超過藏經的大部分，這裡面可以看到中國人講的相生關係。相生的另一面當然就是相剋，剋與生之間，可能就在剛才謝教授所提到的主體的態度，以及我們能不能納為己用。從宗教的角度提出這樣的警語後，一個科學人可能會有怎樣的互動呢？

找回「人」的精神生活

謝清俊：

我想稍微繞個圈子談這個問題。所謂媒介就是我們表現所知

的一種物質、所用的工具以及相關的技術，而媒介和我們人類社會有非常密切的關係。最具特色的沒有文字的文明，如原住民的文明，你可以看到他們大都樂觀進取，有很多宗教的儀式、傳說和故事，他們生活愉快，身體健康。世界幾大文明全是有文字的，有文字的記載已經把時空扭曲了，所以陶淵明不得意的時候可以詩友古人，鑽到過去的時空裡。

坦白講，數位科技尤其是網路科技帶來的影響，比發明文字的影響可能還要大，為什麼？文字主宰人類的文明將近兩千年，有些西方哲學家說這兩千年是視覺文明，因為所有的文字都是從眼睛看的。眼、耳、鼻、舌、身，只有眼睛最重要，其他就變成次等的。但是網路出現以後，耳、鼻、舌、身又活了起來，因為網路是多媒體的，不只是眼睛而已，身體的各部分都可以用到。

網路是可以搖盪性情、改變理智的。從這個角度來看，佛教或其他宗教利用網路是必須的。就好像以前口耳相傳佛陀講的經，後來必須行諸於文字是一樣的道裡。因為不同的媒介有不同的功能，尤其是數位媒介，它幾乎突破了時空的限制，突破了物質的障礙，在人類歷史上，它是唯一這樣的一種創造。詩人蘇東坡說「江上之清風，與山間之明月，取之不盡、用之不竭，乃造物者之無盡藏也」。除了清風明月以外，有什麼東西是人類文明到現在可以取之不盡、用之不竭的？就是數位資訊。抄錄影帶、抄歌曲、抄程式，抄得不亦樂乎！我們現在設了種種法律去限制它，事實上並不「自然」。如果從技術的角度來看，它可以一直抄下去，抄到真的無盡藏也。基於這些功能，宗教界使用網路這個新的媒介是必然的。

最後我想說：並不是一個新的媒介出來就取代了老的媒介，希望大家不要有這種想法。打個比方，鉛筆一出來就取代了毛筆，原子筆出來就取代了鉛筆，事實上大家知道沒這回事。真正的問題是我們要如何運用各種媒介互相配合，把要做的事情做好。舉個簡單的例子，美國運用各種媒體教小孩子科技的知識，他們利用廣播安排節目，告訴小朋友有哪些科學實驗可以做。為什麼用廣播？因為小孩子都有收音機，打開收音機很容易聽到。

廣播當然沒有文字，但是可以在廣播裡告訴你網址，你要資料可以上網路的什麼地方去取。如果你有問題，網路也會指示你什麼時間到哪個學校去，有老師等著指導你。所以事實上你可以看到各種溝通媒介、各種不同的媒體聯合起來解決一個問題。我覺得大家不要有分別心，才可以客觀地把這些媒介好好用在自己的事情上。

林谷芳：

謝教授提到了一個很重要的關鍵：媒介既然為人所用，就不需要在這個世界裡二分。媒介本身有它的殊勝性，如果自限於某種媒介的話，可能就會出現問題，這也是一位科學人替大家提出的一個警訊；不要以為網路很進步，其他的就無足觀也。剛剛陳教授說到生命的原點，那個最真實的原點，一切的東西都要為它服務，所以特別提到網路上的倫理，我覺得很有意思。因為倫理的本身牽涉到人，沒有人就無所謂倫理，是不是請陳教授再多做一些發揮？

陳德光：

剛才林教授提的很有趣，禪不立文字，但是佛經裡面卻有那麼多禪宗留下來的著作。同樣地，我們覺得網路對於宗教來說只是一個相，但是它的作用是驚人的。剛才聽到網路科技的發展，事實上它就是不斷的copy，不斷地發揮它的作用，能夠抄多少你就抄。

我現在提出一個問題：我們能夠做什麼？以及我們是不是一定要做？事實上這是兩個不同的問題，不能劃上等號。一個是科技本身的問題，一個是我們究竟為了什麼？怎樣可以讓人生更為幸福？為了人生的幸福，很多事是能做卻不去做它的，像在自己家的牆挖一個洞，技術來說沒有問題，但是挖洞以後家就被破壞了，對不對？所以回歸到宗教的一個理念，究竟人生、人的幸福在哪裡？宗教回應人最根本的問題。

針對網路社會，我想再做一個補充。網路社會基本上是經由設計的充滿人為色彩的模擬方式，但是宗教強調一種自然，甚至

幾近被動。在基督教裡它用了一個特別的字——「恩寵」來說明。最好的東西、最美的東西是不能自己設計的，只能到一個地方等待，好像作曲家的靈感突如其來，瘋了似地跑回家，寫下剛才從心中聽到的那個音樂片段。所以人生中最好的東西歸根究柢是一種不期而遇，是緣分，是一種自然，是要離開一切的人為設計。為什麼宗教這麼強調最後一定要和師父印心，或是一定要走到人群、走到神聖的地方，就是這個道理。

我承認網路對資訊的提供，特別是知識的層面絕對是一流的。在自己小小的電腦房間去模擬，雖然有它很大的功能，但是實修實證、生活見證的一面，是應該離開網路的社會，回歸到真實的社會裡去的。

「藝術」VS「電腦網路」

林谷芳：

自從有了電腦和網路以後，藝術界很流行拼貼，也蠻後現代的。它的好處在哪裡？就和現代藝術一樣，人人都可以變成藝術家，但是也就出現了剛才陳教授所提到的一個問題。譬如電影「臥虎藏龍」的配樂家譚盾，現在他可能是世界上最出名的華人音樂家，可是最近他回中國大陸一趟，卻遭受到非常嚴峻的批評，雖然不至於鎩羽而歸，基本上是很低調的進出。這個問題就是，在拼貼的世界裡，可能只有沒有實證經驗的人會得到滿足，有實證經驗的人會覺得你很表象。比如我們用拼貼的元素拼貼成東方，西方人看了會覺得過癮，因為它就像我們之前談到的原型問題，看到那個原型，或至少是他對東方想像過的那個原型，單單那些符號就滿足他了。可是對於我們東方人，或活在中國的人不一樣，它是如實的生命經驗，不是符號。

不過話說回來，我非常同意謝教授所提到的，從一個表達溝通的方式以整體文明來看的話，根本就決定了它的定向。記得人類學者曾這樣說過：人類文明的發展有四個革命：一是用火，第二個是文字的創出，第三個是產業革命，第四個是資訊革命。第

四個革命的影響層面絕對不會比另外三個小，因爲它大量的複製、拼貼、創造，使得人的思維產生很大的改變，衝擊長遠而巨大。不過就像陳教授所說，這裡面有一個眞實經驗是不可被取代的。我想宗教的思索都是這樣，當人類爲了追尋生命自由，文明手段發展過多時，就回到了禪宗所講的「頭上安頭」，反而就不自由了。所以這裡面運用之妙，眞的是存乎一心。

謝清俊：

陳教授剛剛說到在網路傳遞知識是非常好的，我完全同意。因爲知識性的東西都是形式，尤其是科學知識，你知道了就是知道了，不用去身體力行。但是人文、藝術的東西，就必須去行以後才能有所得。

大家都認爲網路之所以傳遞知識性的東西比較方便，是因爲在網路上的人多半把它用來傳遞這些形式、知識性的東西，只是網路不見得只能做這件事。打個比方，早期剛有文字的時候，大家恐怕只想到它只能用來記錄歷史性的資料。但是隨著詩歌、散文的出現，文字發展了另一層的功用——抒發人類的情感。就這個過程已經不知道經過多少百年的歷練和學習，人類才學會如何運用文字去表達感情和感受。網路亦然。我認爲網路絕對有搖盪性情的功能，但是如何運用得宜，現在沒有人知道。就好比現在有人開一門課，教你怎麼寫遊記、報告、應用文等等，但是沒有一門課告訴你多媒體的東西該怎麼表達，除非你去做導演、編劇。但是事實上這樣的人才似乎門檻高了一點，不是每個人都可以做的。

現在的小孩子都在玩網路，玩畫、繪圖的軟體，但是沒有一堂課教他們該如何用這些多媒體去表達感受、感情，或說一個故事。我想就這方面我們下的功夫不夠，所以站在宗教立場也許這是一個基本的問題，就是我們能不能夠花時間去瞭解這些東西，然後看看它們的傳道、授業究竟有什麼不一樣？或是站在藝術的立場，就把它當作第九藝術好了，看它如何表現？功夫如果還沒下夠之前就「貼標籤」，說網路不適合做這件事，我並不贊同。

「真實」和「虛擬」交錯的倫理問題

關於倫理的問題，我也講一個故事作為回應。不知道有沒有人記得「電子雞」或養過「電子雞」？它是日本人發明的。電子雞剛發明的時候非常受到重視，因為它是所有電子遊戲裡面唯一可以培養愛心的，你必須按時照顧牠、呵護牠，幫牠解決問題，這個小雞才會慢慢長大，要不然它就「死」掉了，也不會有第二個生命。但是台灣的廠商就加了一個reset button（重置鈕）；也就是電子雞死了，只要按鈕它又會重新活過來。你知道台灣的小孩有一陣子玩電子雞是怎麼玩的嗎？他不耐煩了以後，就拼命地按，「怎麼還不死啊！」然後好多小孩在一起的時候就比賽，看誰先把它弄死。這不是開玩笑，是真的。我舉這個例子，因為科技和人文的交會就在這個地方，就在那reset button。你有人文的考量就不要有那個reset button。

我記得達爾文講過一句話：「當一般人披上科學的披風後，就變成一個人造的神。」現在在網路上，任何人一旦披上了這個網路科技的披風後，就有無限的分身，可以化身男女老幼，甚至和別人結合，變成一個合體之類的怪物，然後匿名，完全擺脫世俗的羈絆。

事實上這個部份和人性的陶養有很嚴重的衝突，因為在這樣的環境下，一個人很容易在無形中被潛移默化，把這樣的意識埋在心裡成為種子，說不定那一天失去理性的時候，這些種子就爆發出來了。

另外一個問題，虛擬的世界事實上和實際的世界是有一段距離的，但是這兩個幾乎像一體的兩面，並不容易分。前一陣子你還在實際的世界，上了網路以後，下一刻就進到那個虛擬的世界；虛擬的世界做完以後，成果又被帶回實際的世界。你想想看是誰在這兩個世界之間往返？往返之間又帶來哪些東西？它的影響是整體的，絕對不是實際的世界歸實際的世界，虛擬的世界歸虛擬的世界。我相信網路對修行是會有影響的，但這個影響究竟在哪裡？不做深入研究的話，現在一時還回答不出來，但是我覺

得值得花一點時間繼續觀察下去。

林谷芳：

　　剛才講那個電子雞非常值得省思。我也拋出一個問題：從人文素養來看，當設定電子雞死了就死了，可是問題就是你不能要求廠商這麼做，所以永遠有一種現實的拉拔，這也是做人文探究比較憂心或無能為力的地方。

陳德光：

　　謝教授非常的敏銳，聽出我話中的意思。事實上，我也是很防範這個傾向，就是二分的傾向。應該把實驗證明的知識，和生活見證的知識加以整合，建立一種和諧的關係。

透過網路（媒體）傳遞真理？

　　我想趁這個機會再說明白一點。迪爾泰（Wilhelm Dilthey, 1833—1911）把知識區分為兩種，一種叫explanation（說明），另一種叫interpretation（解釋），或者叫understanding（領悟、明白）。一種是科技的，一種是人文的。科技的知識很客觀，沒有什麼主觀的成分。比方說一些數據、歷史上發生的事情，或一些科技上很嚴格條件下得到的結果。個人覺得這種知識透過網路傳遞是很自然的，沒有什麼表達方面的問題。以佛典來說，把它呈現出來，很可能只有該以一本書或是一個網頁的方式呈現的問題，亦或這個字是不是原來的古字等考據工作，這樣的問題可以去爭議，但是這種技術問題也許有一天也可以解決。

　　我比較想知道的是，宗教如何走到網路去？因為宗教傳達的不是explanation，而是understanding。因為它不是要給你一個東西，而是要教你去回應、改變你的生活。它是一種人格的刺激、靈性的觸動，你可以認同它或反對它。我在想，究竟兩種給的方式是不是一樣？或者根本不同？如果在網路上傳教，我覺得它透過很多的包裝、設定。比方說你訪問一位大師或師父，你會透過鏡頭、化妝或背景去瞭解他，事實上和實際的接觸是不一樣

的；我們看到的他是透過攝影師採取的角度和焦距，而不是你和他之間的關係。

在網路的社會，這種傳授、這種人文知識或關係的建立，有它實質上的困難，這是我的一點質疑。我也想知道以謝教授的專長背景，對這兩方面的表達，即所謂資訊性客觀的科技的知識，和人格養成的智慧，是不是一樣？或者有特別要注意的地方？

謝清俊：

這個問題很難回答。在網路上傳遞說明性的知識，是沒有問題的，但是對於interpretive（可說明的）的東西，我想舉個例子來說明。前一陣子流行一部叫「阿信」的日本連續劇，以二次世界大戰前後為背景，描述一個日本婦人如何持家的故事，相當感人。事實上裡面所講的，和中國傳統的文化不謀而合，在台灣這樣亂的社會播放這齣戲，我想至少有一部份觀眾會被它感動。所以電視裡面播的一些影片，甚至於網路裡面所傳遞的不管是卡通、多媒體、還是文字也好，絕對有一部份可以搖盪性情、改變人的一些觀念和看法的。但是就像我剛剛指出來的，多媒體的這部份該怎麼做？因為我們在這方面花的功夫太少了。

使用文字有一個好處，因為它面目呆板、毫無表情，可以讓你發揮想像力，充分體會它所講的東西。它有它的好處，因為至少它不會表錯情。但是如果變成多媒體的話，每個人看得感受就不一樣。我只能這樣間接的回答陳教授的問題，不過我還是認為這些傳教的東西在電視上是可行的，比方一個師父的開示，現場聽有現場聽的感受；如果在網路上傳播，大家看到師父虔誠的樣子，以及他所講的內容，也會被感動的。也可能這兩種感動是不一樣的，但是它可以有類似的效果。

林谷芳：

剛才談的其實隱然涉及一個問題，但是我們並沒有把它挑出來談，就是我們在談一個文明現象和談一個個人修行，其實是不同層次的東西。談文明現象的時候，譬如網路或是資訊社會的改變，不只是一個歷史巨輪不可逆轉的發展，而且它的影響就像謝

教授所講的，必須積極去回應，因為它必然改變我們，因此我們要讓它改變的更好。至於剛才提到弘法的現象，現在無論是利用網路或直接在電子媒體上弘法都無可厚非。

它不只是具有普遍性，還有一個正義性在。因為過去想要聽法會的人不只是要有時間，有時候還得有錢；現在一開就有，十分平等，等於回到眾生平等的立場，有它積極的宗教意義。問題就出在做法會的人和一般大眾，能不能透過媒介從法會中領受法益？我們有沒有那種警覺性？畢竟，就個人修行的層次而言，這又是另一回事了。

再舉個例子。林清玄那件事為什麼會造成社會的喧嘩？他那些有益於世道人心的書具有積極的社會教化意義，這一點備受肯定。但是回到個人修行的世界，為什麼很多人在事件發生後反應激烈？因為林清玄在他的書裡面全部用第一人稱寫，真假已經混淆了。當時有一位小姐差點自殺，因為她買了林清玄全部一百零五本書，而且認為都是真的。陳教授講這裡面真中有假，假中有真，我們其實很容易分清楚的。

在「假」裡面我們看到那個原型的「真」，於是我們攝受了那個「真」，卻沒有被假的所迷惑。可是林清玄都用第一人稱，把自己放入一個虛擬的世界。一個作家當然有那個權力，可是作家難道沒有一種倫理要對這個社會或讀者負責？這是第一層。第二個層次，回到個人自我修行的立場，是不是看到文字就要相信它是真的？是不是對作者產生偶像崇拜就信其所言所行，以致於有一天他其實只是做了一件人性很正常的事——再婚而已，我們就痛不欲生？所以我覺得這兩個層次要分開來。

謝清俊：

我想補充一下。第一，我覺得語言、文字都不是真實的，這是佛經裡面所講的，因此就語言文字方面去痛不欲生，實在沒有這個必要。想想看，不是有人因為看了《紅樓夢》而開悟嗎？出家人好像不應該去看《紅樓夢》，但是有人真的因為它而開悟了。書中有句對聯「假做真時真亦假，無為有處有還無」，這個真真假假

假就看你如何去分了。所以，如果《紅樓夢》裡面的故事，不管是賈寶玉、薛寶釵或其他人的例子，可以提供一些教訓讓我們開悟的話，為什麼林清玄的故事不能作為開悟的教材？事實上，每個人生活的故事都是一個現場的教材，如果從這個角度去看，不要執著於語言文字就好了。

所以我倒覺得不必在意，其實這個世界上所有的一切有為法，不都是這個樣子嗎？不必那麼認真。這句話講的有道理，不過卻有問題，因為如果用各種新的媒體去做宗教的傳播或修行，這中間會因為媒體改變了以後，整個內容的表達會產生變化。這個細微的變化，一般人不太容易去理解它。

我舉個例子。佛陀在口語相傳用語言傳道的時候，和以後五百羅漢集結所記錄下來的文字絕對是不一樣的，這中間是有差異的。比方說，文字的記載不會有佛陀當初講經的表情，不會有祂的肢體語言。同樣的情形，文字記載的東西放到網路上去變成多媒體的東西，或者透過各式各樣的媒介呈現出來時，表達的情況也會不一樣，表達得不一樣會不會因此差之毫釐、失之千里？

網路（媒體）只是傳遞的工具

林谷芳：

當真和假之間的距離變得那麼接近的時候，對人到底是福是禍？主體到底又在哪裡？這倒是需要反思的。我們有了語言、文字以後，擴充了層面，但是文字不能和親身的經驗相比。剛才講的提供了一些抽象的空間，但是如實的經驗卻比較欠缺。可是網路就像剛才講的，眼、耳、鼻、舌、身、意一起來，它又重構了一個太像真實的東西。那麼這個真實、太像真實的東西是真實的擴充，還是真實的倒錯，其實就是修行者最大的考驗，對道場也是如此。坦白講，世界宗教博物館將來可能也要面臨同樣的問題，是不是？世界宗教博物館也用了很多資訊的東西，這樣的東西是形構成對宗教比較假象的瞭解，還是因為透過這個東西，反而對宗教有更深刻的認知？其實是運用之妙的問題。

陳德光：

從佛教之外的觀點來看，語言其實有兩種。由媒體或網路上得知有世界宗教博物館或有佛陀，是全然不同的語言。「世界宗教博物館可以坐幾號車抵達」，或「這裡有一個杯子」，這些都是單意，只有一個意義存在，你不會懂錯的。相對來說，有沒有佛陀牽涉到你是接受或拒絕，悔悟或更加頑固等等，這些語言的解讀是多意的。即使是「阿信」連續劇，我相信雖然絕大部分的人看了之後，會認同「阿信」是個好女孩，但是難保也有人看了之後完全無動於衷的。所以牽涉到語言的多意，只有有心的人、被觸動的人，才能看得懂，而且需要解讀和解釋，否則也無法達成溝通。

舉個例子，部份小學實施生命教育的課程，讓小朋友把眼睛矇起來在外操場走一圈。有些人回來後對殘障人士更有同情心，也有些同學不但沒有激發出他的同情心，反而很害怕，他害怕變成這樣的人，他覺得那是很不被認同、很悲慘的一種情況。所以回應到我原來的想法，宗教類的資訊，特別是要引起生命的共鳴回應，需要一些人幫忙解讀，否則會誤導或錯懂。

林谷芳：

剛才陳教授的意思是，人文的東西是多義的，它有一個主體詮釋的問題。實質上，就是實際的生命經驗對當事者有它絕對的意義。現在科技發達，網路其實很虛擬又很具象，具象到有一天色香味俱全的時候，它已經有它的絕對性，你只有被它傳輸的東西限制，而缺乏主體詮釋的空間，這可能也是個大問題。

我想用超現實的畫作一個引申。很多人喜歡超現實的畫，因為那是你生命中沒有的經驗，對美感是一個很大的刺激。但是超現實的畫也有一些問題。首先，在人類那些抽象或者不是具象到可以客觀共同擁有的世界中，它們千奇百怪，那種圖像常常不是一個定型的圖像。就和我們作夢一樣，夢境富有變化，有彈性，雖然有點模糊。可是，超現實的畫就缺乏了這一層彈性，它原來是要加強我們的想像，可是事實上它除了給你快感之外，常常是

把你的想像限制住了。這很有意思。所以我覺得所有的溝通媒介、外顯的行為，或多或少都有這種矛盾的本質存在，只是看你怎麼去運用罷了。

因此，是不是未來在做研究的時候，對於網路傳教、電視說法，可以從這個方向作現象直接的探究，然後建構出某些倫理、檢驗基點，也許對文化有反思的作用？坦白講，一個正教的道場和江湖術士在電視上弘法，有時候真看不出分別，是不是？這當然有一點價值判斷，因為旁邊放了太多外緣的東西，結果核心的東西被混淆到了。所以電視弘法，我相信應該回到剛才陳教授所說的，雖然透過了電視機，可是個人的影響力，也就是你對這個人的形象、語言和肢體一種直接的感受，雖然不是親臨其境，但是也如睹斯人！現在也許有不少的弘法透過電子媒介添加太多的包裝、催眠，而沒有回到陳教授所說的裸露真實，這方面如果能好好討論，對於台灣的宗教現象會有很大的幫助。

謝清俊：

剛剛好像一直圍繞著傳道、傳教這個角度。其實宗教裡面還有最重要的一環，就是修行。對佛教來講不管是多少個法門，八萬四千法門也好，總而言之就是信、解、行、證的過程，就是信、願、行。這事實上和網路世界、花花世界是毫無關係的。所有的修行都是要往內收，對修行者來講，你可以不要理會網路究竟是什麼，放下它，不要管他。就宗教來講，如果修行的目的是要能夠離苦得到大自在、得到一個無礙的境界，它和網路是全然沒有關係的。站在宗教的立場，我們去做宗教的事業是一回事，自己的修行卻是另外一回事。今天談網路上這些光怪離奇的種種，對於修行來講我的看法是完全絕緣的。

林谷芳：

謝教授說的是如果回到原點，一切其實都不成問題，會成問題是社會學家的事情，是不是？我們請陳教授也就宗教的角度來做回應。

無法用網路取代的「聖事」

陳德光：

基督教不講修行，因爲它要依靠神，它是神修，而神修的方法就是有所謂的「聖事」，比方領聖餐，領洗等等。天主教的聖事有七件，一直到今天都不能用網路來取代。有人也問是不是可以用網路來辦告解，做彌撒？至今不被允許，因爲神修強調一種團體性，也許到今天這問題還沒有被克服。至於比較像佛教的那種修行，在修道院裡面也有，但是都是謝絕網路進去的，是透過誦經人和神直接的溝通，是一種很直接的關係。

林谷芳：

總之，不要心外求法就是了。今天會成爲問題，是因爲我們的道場都有一個社會性的事業，自然會遇到這些矛盾。另外，在台灣有太多對宗教感興趣的人，所以新興宗教那麼發達，可以想見有多少的能量要在那裡被抒解掉。這個能量因爲大就到處竄，所以特別會出現這些矛盾現象。

宗教是一種體證

回到剛才電子雞的問題。因爲我自己做文化研究，我曾提過漢文化的一個特質，就是它的神聖性和世俗性不二分，這是它基底的一個特質。這個文化總括一句，就是沒有一個神話體系來做它的支撐。以中國文明所能涵蓋的範圍之廣、歷史之長以及人口之眾，文明的斑斕多彩，很難想像它的神話加起來都沒有一個創世紀那麼清晰。這樣的好處是如果回到宗教修行的原點，就是不離人間而行解脫。如禪所說的，要超凡入聖，還要超聖回凡，於是凡聖兩忘，凡聖雙泯。壞處就是反映在國人的宗教行爲裡面時，有太多功能性和交換性的考量。

你很難看到一個基督徒對上帝要求些什麼，但是我們的民間宗教裡，對神明要求東西簡直是理所當然，在大文明的宗教裡這是一個很特殊的現象。這樣一個現象，也就是當它變成比較交換

性，比較世俗性、功能性，乃至於功利性時，這個新興的資訊媒介在我們還不能完全有效的運用它的時候，所產生的弊病也就會比較嚴重。

我個人的建議是，不管你是信哪一個宗教，既然它是一個直接的體證，就不能心外求法。在這樣的一個基礎上，我想有很多東西就像剛才兩位教授所講的，它歸它、你歸你，台灣在這方面可能要學習的還很多。

上網拜拜是否有意義？

陳德光：

在網路上接觸宗教的活動是很好的，但它只能是個過程，或者是你沒有辦法在實際的狀態和條件下去參與，逼不得已情況下的一個前期作業。但是如果有機會的話，還是應該回到眞實的世界，那才是最究竟的。

謝清俊：

網路只是提供你另一種選擇，每一種有每一種的用途、好處和缺憾，科學的方法只是提供一個多元化的選擇。當你有時間的時候，你應該帶著你的家人去掃墓。但是假如你忙得一點時間都沒有，你可以在網路上做這件事情。兩個都是一樣的好，這是我的看法。我再舉電子雞的例子。日本電子雞眞正流行的時候，還有一個網站，就是專門替電子雞做超渡。小孩子的電子雞死了，可以到那個網站上去替它超渡。這件事情並不是壞事，因爲讓小孩子學習到這個儀式，學習到關懷，事實上是一個很好的成長的過程。

林谷芳：

我想補充有關生命質感的問題。爲什麼要談「質感」？如果回到內證的世界，它其實就像藝術一樣。藝術不關聯到生命究極的解決，可是宗教和藝術在這一點很相近，就是講「質感」。例如我們可以透過很多的媒介來認識蒙娜麗莎，尤其當科技愈來愈進

步，連複製畫都幾可亂真。對於真實的藝術家來講，跟真跡差距的只那一點，但就有「絕對」的分別，這個就是我們在看一張畫的差別。

譬如國家文藝獎的得主王攀元，他的畫面都很簡單，印刷和原作差別何在？一張畫的肌理被複製時有些東西會失真，也就是說把色彩一層一層塗上去帶來的感覺和直接印出來的效果，單從表象感覺就是不一樣的，還不只是一個立體和非立體的差別。這個肌理對於一個學畫的人，對於一個從畫的媒介去尋求一種生命觀照的人，它帶有絕對性。所以他看一張王攀元的複製畫，他不會有什麼感動，當他看到真畫的時候，哇！原來如此。我想只要把這兩個層次分清楚，大家就明白了。

宗教的「虛擬實境」？

提問：

我剛好是網路的業者，雖然從事這個行業，我覺得網路真的就是一個工具，不要把它想得太神聖。網路在我心裡可能和別人心裡的定位不太一樣，我在網路上也推了一個虛擬宗教，叫「心主教」，以心為主的一個宗教。因為全世界的宗教都有經書，所以在五、六年前我們寫了一個「假經」，裡面全部都是假的、瞎掰的東西，一個題目就有好幾個答案，可能不小心會矇到幾個真的，可是因為這些都沒辦法證實，比方說宇宙的起源，或是人類的起源，諸如此類的，也許有一天被證實了。所以我想真假之間，就只是一種心靈的感受。

網路上面很多東西都可以擬真，那些喜歡玩網路遊戲的人，他們的心靈狀態是如何呢？或許比較接近乩童，他把自己變成是神，認為神已經附身了。過去在作虛擬實境的時候，大家很難去形容到底要如何表達進入虛擬實境的那種感覺，後來創立了一個名詞叫「入靈」，就像是神鬼附身的那種感覺，也就是說你的靈魂已經跑到那個假的裡面去了。你在感受、體驗那種假的感覺時，可能和那個原創者就很接近，可是你一定要想辦法進入到那個情

境才會感受到那個快樂，否則可能就白做了。我認為全世界最虛擬實境的東西就是宗教，比方說它談整個宇宙的起源等等，那些神話都很像，但因為那是真經或是聖經，它記載的都是真的，所以虛擬實境最成功的其實就是宗教。不曉得各位專家的看法怎樣？

陳德光：

　　就基督教的傳統來看，剛剛您提到虛擬的聖經、宇宙的起源、真真假假的問題，這個實證有兩個層面：一個是科學的實證，一個是宗教的立場。當聖經說宇宙是這麼起源的時候，是用生命去見證，經過一番生活的經驗，最後體驗出原來人是有限與有罪的。我不知道您設計的那個網站裡，有沒有顧及到這個問題？這個經過生活體驗、經過多少代人的血淚體驗出來的真理，不是一般的道理，它是更為嚴肅的。不要以為不能證明的東西就是宗教，其實剛好相反，它是最能證明的，因為他解決了多少代人的生死問題。

需要考慮生命責任的問題

林谷芳：

　　我覺得台灣的知識份子在看這個問題的時候，可能比外國的知識份子看得更輕挑或更輕率一點。以我們主流媒體上的副刊而言，全世界沒有哪一個文明裡，它的副刊專門在處理邊緣問題。當然我們對邊緣問題要有同情心，比如嗑藥、同性戀、性倒錯，再譬如個人的人性幽微等等，但別人在處理這些問題的時候，是以嚴肅的心情看待而產生悲憫的。個人做為一個文化觀察者，我認為台灣的知識份子處理這些問題是為了自己除罪化，因為當世界、生命中沒有任何是嚴肅時，做什麼事情就可以沒有罪惡感，也就不需要負責了。

　　從這個角度，照陳教授所講的兩個層次，我們在做虛擬宗教的時候就需要有一個反思：這個虛擬宗教我會不會玩上癮？這很重要。你原來虛擬你是上帝，如果一上癮，你就不是上帝、主

人，反而變成祂的奴僕。其次，既然不只是在家裡玩，而是上網對外發出的，它就有生命責任的問題。當我們凸顯宗教的某些特質，譬如說神聖不可侵犯，你無論是要顛覆或挑戰它，只要是設定在公領域，你就必須注意到自己公領域的角色，這個時候的作法就會不太一樣，因為在這裡面即使是弔詭、虛幻的背後，還是有非常嚴肅的一面。

陳德光：

因為今天的主題是網路社會，所以也談到很多溝通以及有關物質、精神障礙的問題。我想宗教的目標就是要打破障礙，尤其現在已經有這樣發達的科技協助打破物質的障礙，那麼，心靈的障礙也應該克服，這是宗教能夠貢獻的。宗教提供一個對未來希望的勇氣。所以關心宗教的人請加油。謝謝！

謝清俊：

我對陳教授講的頗有同感。現在資訊科技對文明的影響的確非常深遠，大家有沒有想到，究竟是哪些人把世界帶至現況？是電腦從業人員還是學者？現在好像沒有思想家了。在中古時代和文藝復興時代，都有哲學家指出未來的社會應該如何去追求一個比較理想的世界。現在的電腦、網路、各種通訊技術、科學技術究竟要把我們帶往何處？這群人究竟在哪裡？除了宗教以外，我們不知道還有誰。不過我相信「境由心造」，未來這個世界是什麼樣子，大家都要關心，大家都有責任。站在宗教的立場，網路的未來應該是什麼樣子，我們應該不分宗派去打造這樣的一個世界。境由心造，這是我的結語。

林谷芳：

科學與宗教之爭，至少是中國上個世紀一個很重要的文化主題。事實上，即使不講背後的原理，只要談到實證的事例，就可以看到非常多的科學家有很好的宗教實踐。而科學的發展，的確也讓宗教在某些方面更加地堅實。台灣這二十年來佛教大興，不知有多少是科技人出來支撐的？同樣地，當科學界的人能夠深刻

地感覺到宗教的基底而來追尋宗教的時候，人文學界或宗教界是不是也能夠更正視科技的發展，作一個反省？這個問題也值得大家來思考。

總結：以宗教寧靜的本質安定網路的虛幻

心道法師：

宗教是講體驗的道理，知識只是一種符號。網路雖然有各種假象讓人體驗，不過從精神上的感受來說，它是有別於置身教堂、寺院之內的。

密宗修法使用的方式，有很多和網路一樣都是假象，但它屬於體驗的層面；雖然講假象，但可以不折不扣把它當成體驗。如果密宗那些東西可以從網路上觀想，可能是有幫助的，但技術上若是無法克服差異性，就很難做到觀修。網路是資訊性的媒介，一個學習系統；它的知識性強，體驗性卻不足。最主要的，宗教強調一種安定，臨場感的安定性，而網路上的臨場感是晃動的，差距在於一個是動態的，一個是靜態的臨場感。

目前網路的使用相當普遍，這有時會錯誤地表達一些修行傳承的東西。實證的東西需要好的傳承去證明和體驗。現在有些人為了生活、圖利，在一知半解下搖身一變就成為大師，不可避免地他可能會編造一些傳承性，影響所及可謂不小。網路的流通會讓這種錯誤發生機率相對增加，的確不得不讓人產生隱憂。對宗教而言，網路帶來的負面也不少，但它有值得我們使用的地方，比如它快速、直接，如果臨場感這方面能夠突破，它會是很好的左右手。

（前文整理於2002年4月20日「世紀宗教對談」）

挑戰「媒體狂潮」的逆流
── 全球媒體時代下的「新」宗教

與談人：丁松筠（光啟社副社長）
　　　　俞國基（自由時報副社長）
主持人：陳瑞貴（淡江大學未來學研究所副教授）

多元價值的媒體時代來臨

陳瑞貴：

　　我是一個從事未來研究的人，未來學家們曾提到一個問題，一九五○年代中期以後影響人類(第三波革命)的因素有四個，最主要是電腦革命，第二是科技革命，第三是傳播革命，第四是社會革命。因爲科技革命帶來了傳播媒體的普及化、多樣化，然後帶來了其後的社會革命，包括家庭、教育、政治和青年的革命，當然也帶動了所謂的宗教革命。

　　我們可以發現，現代媒體對宗教的影響愈來愈深；而同時我們也發現，愈來愈多的人一輩子信仰的宗教將不再只是一個。一個多樣多元化價值認同的時代來臨，宗教團體面對這樣的環境，如何去自處、去面對這樣的挑戰？媒體對整個社會，甚至於對一個宗教團體來講，其衝擊、影響又是如何？

媒體傳播應該要有「內容」

丁松筠：

　　我從事大眾傳播工作大概有廿八年，我們天主教有一個「利年」，就是每一個禮拜都去紀念耶穌基督的某一段生活，比如下個禮拜是紀念耶穌基督的復活，而這個禮拜是所謂的Palm Sunday（Palm是棕櫚的意思）。爲什麼叫Palm Sunday？因爲當年耶穌基督進到耶路撒冷，祂的朋友、門徒擔心很多人要殺祂而堅決反對，

但祂還是堅持要去。他騎著一頭驢子到的那天，人們都拿棕櫚葉子來歡迎祂，因為人們希望他們的救世主會救他們脫離羅馬人的統治。耶穌之所以騎驢而不騎馬，是因為馬代表戰爭，驢子象徵和平；祂不是要以打仗的方式把羅馬人打敗，而是要以精神上的和平來戰勝。

　　我自己做媒體的工作，很多人也很好奇我為什麼不直接傳教？因為我覺得應該先關心觀眾。而他們真正需要的是什麼？雖然可能你給他們的不是他們當時所要求的，可能所有的人都要求一個很快的答案，很快的把他們的病治好，或是很快的打勝敵人，但我覺得在生活裡面沒有那麼快的辦法，那麼簡單的或清楚的答案，我們的生活是一個很長的尋找、朝聖的過程。做媒體就是要真的給大家一個內容（subtext）；比方說我現在在教英文，因為這是市場的需要，不過我真正的目標不是教ABC，不是教英文會話，而是還有一個更深的目的：我還在騎一頭驢子。我希望大家會慢慢注意到，我是騎一頭驢子，而不是一匹馬；教英文不只是幫助大家賺錢，而是能夠在我教的內容裡體會到生活的另一面，比較有意義、精神的一面，如果有機會的話，我都會提到應該照顧我們的環境，尊敬別人，盡量建立一個比較祥和的生活。

　　有一個歌劇叫做「Jesus Christ Superstar」，我覺得和媒體很像，也和我自己所想的宗教和媒體的那種關係很像。耶穌基督為了討好觀眾，到祂的觀眾面前做秀，人們都很歡迎祂並以掌聲鼓勵。不過人們弄錯了祂真正的目的，祂的目的不是要帶他們打勝羅馬人，而是讓他們體會到精神的價值，和對生活正確的態度，但當時大家並未認知到這一點。

分享價值觀與刺激思想

　　談到媒體和宗教之間的問題，我覺得首先要問：當一個宗教團體在使用媒體時，它到底想達到什麼目標？是不是想賣它的產品？還是希望說服大家信教？我想可能基督教在這方面的企圖心比較強烈，它會希望說服大家去接受其信仰；我並不是批評，而

是每個人有不同的方式。我記得曾經在一個座談會上，有人說天主教在媒體上都不傳教，而我認為這樣的說法是沒錯的，因為我們是把它當作一種分享，而不是一種說服。那個人說就是因為這個原因，我們的信徒才愈來愈少。

有一次我也被我們自己的神父批評，說我們教會的信徒不會增加，是因為我們的神父都只是教英文。我覺得他們並沒有理解我的目的，我真的不願意將我的信仰變成一個產品，然後透過媒體賣一個產品，我遇到別人時，並不會把它拿出來強迫對方趕快買下來，我希望這種不同的方式，有時候也可能會產生比較好的效果。

媒體的其中一個目的是分享價值觀，這比較接近我們光啟社的方式。不知道大家有沒有看過我們以前做的一個節目，叫做「一家之主」，這個節目是由天主教教友拿錢出來奉獻製作的。我們曾兩次分別介紹靈鷲山和世界宗教博物館，大部分的教友都有很好的反應，而且也有教友去靈鷲山體驗那邊的生活，這是很好的事情。我們是要分享我們自己，不是要強迫大家接受我們這一套，因為人生是沒有那麼簡單的，每個人都有他自己的一條路。我們以前也做過一個紀錄片，叫做「宗教交流」。在日本，有位神父和一位佛教的和尚合作辦一個「閉靜院」（或是「閉關院」），不管你是什麼宗教信仰都可以到那邊去。另外，在菲律賓也有一個神父致力於伊斯蘭教和天主教的合作，從年輕時就開始辦很多的活動，讓大家在一起分享他們的宗教信仰。

有一次我去斯里蘭卡拍片，有人說我們絕對找不到一個佛教師父願意接受訪問，因為他們對基督教、天主教有很多不愉快的經驗，而且會覺得你一定是在利用他們，是來傳教的。不過，我們認識一位在做社會工作的義大利神父，無論佛教、伊斯蘭教或基督教，都會一起幫他做為窮人服務的工作。有一次我去找他，他正在訓練義工，這時候來了一位佛教的師父，穿著迦裟，帶一個很大的傘，坐在前面開始念經，念了二十分鐘後又講了二十分鐘道，那位義大利神父從頭到尾都跪在地下聽；雖然我完全聽不懂卻覺得蠻感動的，希望這種神父與和尚的合作真的可以成為未

來的現象。等那個和尚講完後，神父告訴我，說那個和尚沒有一句話不適合我們天主教的耳朵，也就是他所有的話都是非常符合天主教的。

後來我和這位和尚有一個很棒、很好的訪問，其中有句話一直留在我的腦海裡，他說：「我們所有的人都是在同一條路上，只是我們每個人坐的車子不一樣。有的坐腳踏車，有的坐計程車，不過有的時候我們會在路口碰面，那個時候我們就有相遇的機會，而趁這個機會一起為世界的和平做一點事情。」我當時就覺得，這句話一定要放在我的紀錄片裡面，而這就是不同宗教透過媒體分享彼此價值觀的一個例證。

雖然，一般來說大家還是比較喜歡看看新聞或一些八卦（gossip），但我認為媒體另外一個目的應該是去刺激人的思想。我們(光啓社)所做的節目是為讓大家輕鬆（relax），但我們還是希望透過這些節目，能讓大家想到生活上一些比較深入的問題，這樣才能達到宗教的目標，例如有時候歌曲的效果也不錯，一些歌詞像「No matter what they tell you, no matter what they say, what you believe is true」，這時就可以提到良心和良知的主題。另外，媒體可以觸發人的行動力，例如看了慈濟的大愛電視台，會讓人覺得應該去幫忙那些受害的人。九二一大地震之後，我參加慈濟所辦，為期一個月的希望工程活動，我覺得這就是透過媒體刺激人思想的一個方式。

還有一種是讓人體會到大自然的奧秘。透過自然界動植物的生活，人們會覺得這個世界上實在有很多東西是無法瞭解的，只能夠以神聖的心去朝拜它，但是這不一定是宗教團體才會做，例如像國家地理雜誌頻道就是一個例子。至於大家可能最有興趣的靈異節目，會不會帶大家到一個正確的宗教觀念？我不知道，不過我覺得可能有些問題。

以上談的都是一般大眾化的節目，那宗教節目呢？其實宗教節目的觀眾是最少的，而且看的人可能是那些不太需要看、已經得救了的人。而那些真正需要看的人是絕對不會去看；他們只會看綜藝節目、看脫口秀這些其他的節目，如果能夠在大眾看的節

目裡出現一些宗教人物或宗教理想，效果可能會好一點，這裡就談到宗教明星的問題了。

宗教明星是否為大眾傳播的產品？

宗教明星是不是已經變成大眾傳播的一個產品？可以用剛才我們談的一個宗教節目和宗教的關係來分析。比方說一個宗教明星，他應該只是站在那裡做一個偶像，或是帶動他的觀眾或「宗教迷」來成長，為一些比較窮、有需要的人工作？朝拜一個偶像並不是一個成熟的人該做的事，我們每個人心中的真理才應該是我們的偶像，宗教明星只是一個嚮導而已，不是一個目標；宗教明星應該帶我們到我們自己的內心，得到更多獨立、自由、愛心和服務的精神，發揮人生的意義。如果一個節目能做到這點，不管它是大眾傳播媒體做的商業節目，或是宗教團體做的節目，都一樣會帶我們走向一個正確的宗教目標。

最後，宗教要不要和大眾傳播媒體合作？宗教和媒體的價值觀是不是有衝突的問題？的確，宗教和媒體兩者不完全一樣，不過我覺得宗教團體面對這些大眾傳播媒體，雖然可能會被利用，但也可能可以達到一個雙贏的情況，不過後者不是很容易，雖然可以做到。宗教可以一方面幫助媒體達到他們的商業利益，同時也讓宗教的目標顯露出來，但這可能要做一點點的妥協，這也不見得是不好。

我記得很久以前，光啓社有一位導演林福地先生，邀請我參加一齣連續劇「巴黎機場」的演出。我說我很願意合作，可是有兩件事我不能做：一不能演壞人，二不能談戀愛；他說絕對不會。後來我看劇本，我在劇中飾演的法國記者有一個中國女朋友，但是導演說她在中國大陸，你在巴黎，你們不會在劇裡面見面。不過有一場戲，是我收到女朋友的信，我必須在這個漂亮中國小姐的一幅畫面前念這封信，導演要求我要有感情。由於當時有不少神父、修女和教友在看這個連續劇，一定會覺得這個丁神父有問題，所以我有點擔心，而且有一個修女團體可能因為我太

入戲了，甚至質疑我會不會還俗！不過一位老修女說絕對不會，她說她認識我，說我在念這封信的時候，想的一定是聖母瑪莉亞！所以我覺得大眾傳播總是有一個未知數，你可能會幫助一個人，但是卻讓另一個人感到反感，不過只要能達到百分之八十五的效果，我覺得已經很值得做了。

陳瑞貴：

丁神父讓我想到《觀世音普門品》裡面有一句話：「觀世音菩薩以種種形遊諸國土，度脫眾生。」事實上宗教家們在share（分享）嚴肅的宗教訊息的時候，是以不同方式去做呈現的。這也讓我想起小學時曾念過一篇富啓發性的課文，內容是說風和太陽在對話，要比賽讓那個穿大衣的人把大衣脫掉。結果誰贏了？不是風猛吹吹贏了，而是太陽開始發熱，到最後那個人自己把衣服脫掉。我現在在教育上也常用這種方式。

俞國基：

我和丁神父的角色不太一樣。他既是神職也做傳播工作，我是純粹做傳播工作，和宗教沒有任何關係，所以今天我比較站在一個傳播媒體角色的位置來談這個問題。

歷史上廟宇和教堂是作為傳播媒介的

宗教的傳播其實比任何一個媒體還要厲害還要快。從基督教的發展來看，耶穌釘了十字架，而祂的門徒開始傳播基督教福音，大概一個世紀左右，地中海沿岸地區幾乎都有大量的信徒，甚至有了教會。佛教的傳播更厲害，從佛陀涅槃後慢慢發展，到後來一支往西藏傳播，一支漢傳——就是往中國傳播，另一支往斯里蘭卡，佛教的傳播幾乎幾百年以內，差不多遍佈了這些地區。那個時代的傳播媒體根本不發達，沒有報紙，也沒有電視、廣播，為什麼宗教的傳播可以橫跨幾千里？這個力量其實蠻奇怪的，今天我們談宗教跟傳播的關係，我覺得蠻值得去體會，為什麼一個宗教的傳播基本上不需要一個載具、不需要一個媒體的東

西，一樣可以傳播的很廣、很深，而且很久。另外，就是剛剛丁神父提到的宗教傳播，我們希望往哪幾個方向走？這個觀點非常的好，值得我們去思考，就是媒體在宗教裡面，到底要扮演什麼角色？

我個人感覺從宗教發展以來，譬如說佛教從漢平帝開始傳到中國來，幾百年的時間，幾乎中國大部分的地方都有佛教的信仰，而且到魏晉南北朝的時候，廟宇之多，在歷史亦有記載，而且執政者也都是信仰佛教。基本上是佛教本身就在扮演傳播的角色，而不是傳播去幫助佛教，或幫助其他的宗教去傳播宗教，可以說，是宗教在做傳播工作，而不是傳播工作在幫助宗教。在台灣也有這個現象，比如說我們到基隆，廟口是最熱鬧的地方，為什麼廟口最熱鬧？你到中國大陸看看，所有的廟口都是最熱鬧的地方，因為廟宇本身是帶有大眾傳播角色的任務的。以前沒有文字媒體，沒有電子媒體，是用口耳相傳的，而廟宇本身就擔任那個傳播的工作，所以廟的主持人或它的信眾捐出來的錢，有一部份是在做傳播工作的。我不知道西方教堂前面是不是最熱鬧的地方，恐怕也是。

文字和電子媒體取代了廟宇的傳播功能

但是後來文化的發展、文字的發展或電子媒體的發展形成以後，情況開始有了改變，其中最大的改變就是所有的傳播的功能大多不再透過口耳的方式，而是透過文字或電子媒體，把廟口的傳播功能慢慢取代了。大概十年前，當時我在中國時報工作，附近的龍山寺前面經常還是很多老人在那邊傳播選舉新聞，我不知道最近幾年的情況是不是還是這樣，看來現在電子媒體這麼發達，那些老人家大概也回家看電視了。

當大眾傳播媒體開始轉向文字和電視的時候，它對宗教的態度怎麼樣呢？當年宗教擔任媒體工作的時候，它也有傳播宗教的功能，例如城隍廟是講報應、講審判的，你生前不做善事的話，死後就會到閻王那邊報到，可是到了現代的媒體，這個功能沒有

了。我們很少看到現在的媒體去傳播宗教理念，或是某一種精神價值，所以很多人對現代媒體批評很嚴格，認為現代的媒體不是暴力就是色情，是反對宗教的。

因此，我這個三十年的媒體工作者常想，到底我們媒體做了些什麼？我們對宗教，對其它的精神價值到底有沒有幫助？有時候我覺得答案好像是相反的。現在的媒體有時候也關心宗教，但大部分是以宗教不好的部分，譬如說神通，或一個能看穿前世今生的高僧等等議題去做報導；又或者像佛指舍利來台，報紙就大篇幅的報導，但內容就有很多的政治性、傳奇性和神異性，但是宗教本身的精神價值卻沒有報導。也就是說，現代媒體對於宗教，並沒有什麼正面的幫助，大概負面的比較多。比如佛教界某一個人談戀愛了，另一個人又怎樣了，報導的就很大，至於他一生裡面怎麼樣去傳教、怎麼樣去度人、怎麼樣的為佛教奔走，都沒有報導。

但是或許我們也不能夠完全怪媒體，因為在商業社會裡面，媒體需要生存，要有廣告收入，也需要廣大的讀者群。有責任感的媒體工作者不是沒有，而是很多有媒體責任感的人今天被這個大的浪潮所帶動，只是要生存下去。有好幾個報紙因為沒有辦法單獨生存，而開始合併，但是像《中央日報》、《新生報》、《中華日報》，《自立晚報》、《勁報》則是倒閉了。媒體為了生存，便要追逐感官的刺激。比如說《壹週刊》出來後賣得非常好，因為它的感官刺激特別強。它會不會有宗教的關懷？我想是沒有的；它有沒有人文的關懷？我想也是沒有的。

在這個情況下我倒過來想，宗教界本身要不要站出來從事媒體工作，來改變這個風氣，做一點我們想要做的事情。過去中國大陸有個天主教辦的《益世報》，現在在美國有一個《基督教科學箴言報》（Christian Science Monitor）。台灣很多人不知道《益世報》，它最早是在成都辦的。它不是為了傳教，而是基於宗教的情懷來辦一個普通的報紙，一樣報導普通的新聞，水準非常高，但是它的廣告不多，我想它的生存是需要由教會補助一些經費；它們的人才非常優秀，文章也很好。美國的《基督教科學箴言報》

是需要透過訂閱郵寄給你的，一個禮拜出五天，做的非常精緻，內容也不傳教。所以我認為佛教界也應該有一份不是為了傳教的報紙；如果是為了傳教，則格局會比較小，看不到什麼效果出來。

宗教界扮演媒體工作的角色

所以，無論哪一個宗教，我倒是期待能不能夠也產生一個媒體出來，比如辦一個月刊，把它的重點放在人文上。一個組織如果沒有媒體，它們在推廣的時候就完全沒有著力點。許多基於宗教寬容的觀點和情懷都可以去推廣，譬如全世界都在做消滅貧窮的運動，我們也可以利用這個媒體來響應這種大的胸襟、大的關懷，去做這一類的事情。現在的媒體為了生存和市場，幾乎是不可能這麼做。宗教因為在媒體裡面已經慢慢的不被重視了，才應該自己站出來，在文化上做一點工作，把宗教的基本關懷推廣出來。

最後，剛剛丁神父說宗教基本上是一個精神價值的問題，那這個精神價值是什麼？精神價值的面非常廣，包括政治、經濟、社會、教育、人倫、甚至於一般的生活，都有精神價值。如果我們自己有一個媒體，你可以面對所有這些問題，來開釋宗教的精神價值，這是我個人的一點期待的。

宗教和媒體合作創造雙贏

陳瑞貴：

今天這裡我的媒體資歷最淺，只兼任過《淡江時報》的主編和《明日世界》的總編輯共五年，當時是跟一位新聞界的前輩冷峰教授學習。他曾提到媒體有時會突顯一些話語，比如說「發現一具屍體」，這樣的報導沒有人要看，但如果說「發現一具豔屍」就一定有人看。我曾經問過一位記者，為什麼我們學校的好事你都不報？他說你們教育界的好事新聞界向來是不報，但如果是壞事，保證一定報的很大，所以No news is good news；你們只要

不上報就沒事，有上報一定不是好事。在宗教界裡面，事實上每一個宗教團體都有它的一些媒體，比如靈鷲山有一個《有緣人》，佛光山有《人間福報》，當涉及到生存的時候，它們是不是也有這些問題？媒體界和宗教界之間雙贏的願景，事實上是不是遙不可及的呢？

丁松筠：

有時候我們也會怪媒體為什麼只報導壞事情，不報導好事情，事實上我們自己也沒有主動的讓媒體知道那些好事，所以宗教團體要主動的把那些好事傳達出去。

比方說CNN前一陣子有一個很短的三分鐘節目，叫做「Unknown Heroes」，就是在每一個節目的中間會有三分鐘，講一個令人感到溫暖的好人好事的故事，我覺得很棒，會帶來非常積極的影響，無論光啟社或宗教團體都可以做這種事，不過在經濟方面會有很大的問題。我以前曾任光啟社社長七年，當時我一直覺得很吃力，也覺得非常遺憾沒把事情做好，因為我們每個月都不曉得下個月能不能繼續下去；我們所有的收入都花在節目裡面，沒有什麼盈餘，所以一直非常的不穩定，但現在我是蠻驕傲的。我現在的觀念不一樣，雖然我不是一個好的生意人，不過錢不是最大的問題，而且可能會走我們這條路的人，錢是永遠不夠的，而且如果真有很多經費，我們會不會做得更好？我覺得這是個問號。比方說，我贊成不同宗教團體合作，雖然可能會比較困難，不過效果會比較好，因為不會有一種自私的或我們教self-serving那種不好的動機，合作的目的是為了大眾，而不是為我們自己。

我第一次去拜訪證嚴法師時，她還沒有開電視台，當時我告訴他，她做了一個很偉大的事情，因為慈濟所有的會員都是為社會施予，是很好的一個新文化的發展。她很謙虛地說了一句話令我很感動：「丁神父，我這個工作做的時間很短；我還沒有落髮之前，已經在看光啟社的節目了。」這時聽得我的眼淚都掉下來了，因為如果我們對任何人有一點點的影響，不一定是很大，即

使只像一粒砂一樣，那我就覺得我們四十幾年的工作已經很值得了，所以宗教做媒體工作應該做得踏實一點。回到今天的主題，我想我們的錢永遠不會夠，不過我相信我們的動機、我們的想像力、創造力、合作的能力，可以彌補這一些，不應該把金錢的匱乏當做藉口。

俞國基：

剛剛丁神父說證嚴法師說他落髮以前就看光啓社的節目，我也差不多，而且也是剃光頭的時候；因為我們做中學生的時候都是剃光頭的。我覺得光啓社本身的發展蠻可以做為台灣宗教媒體互動的一個參考。台灣早期很多的角落裡可以看到光啓社的節目，但是現在反而少了，也許因為它們沒有自己的頻道播放。早期台灣媒體硬體、軟體都不夠好，本身也沒什麼節目，當時設備、軟體都不錯的光啓社適時的推出一些節目，各媒體自然和他們有很多的互動。但是當台灣的媒體開始壯大，硬體軟體都很好的時候，它就不理光啓社，不要光啓社的東西了。所以看光啓社的發展，就證明台灣宗教跟媒體的互動，是屬於一種非良性的關係；當媒體很強勢的時候，它不大理會、或願意和宗教界互動，但當媒體弱勢的時候，比如現在有一個報紙財力很差，很希望跟一個宗教團體合作時，態度就不一樣了。

不同宗教應可以合作經營媒體

目前台灣媒體和宗教的互動關係基本上已經近乎零，大部分都是宗教團體本身的節目，比如慈濟「大愛電視台」的節目、佛光山「佛光衛視」的節目，都是自己在做；報紙如佛光山的《人間福報》也是。丁神父講的有道理，一個一個山頭去做畢竟勢單力薄，做不好，因此各個宗教是不是可以合作起來做？因為宗教也不需要有這麼多的衝突，大家有一個共同的理念，就是精神價值，我們真正應該關心的是如何把這個精神價值宣揚出去。

今天宗教界經營媒體最大的問題不是經費，像大愛電視台，從來沒有聽說它有什麼財務上的問題；而《人間福報》幾乎沒有

廣告，也一樣可以做下去，主要問題在於基本的一些觀念問題。我不知道天主教是不是有這個問題，但佛教界有兩種不同的系統，一個是神學系統，比較宣揚神學理論；一種是比較行動派的，像慈濟就是實際去做不要講什麼道理。而當宗教團體在經營一個媒體的時候，基本上都是神學派，也就是理論派在掌握。理論派有很多偏見，固執自己的一些看法，心胸不那麼大，如果宗教要合作，最大的困難是這個。當每一個人都認為我就是真理，別人都不是真理的時候，問題就大了，就會有衝突了。

不過，假定今天幾個宗教能夠嘗試合作起來，從辦一個小刊物開始，或者從做一個小眾的電視台開始，去除彼此的偏見和傲慢——雖然一般宗教都是最講究謙虛、包容的，可是在宗教團體裡面有時候會看到最不包容、最不謙虛的一面，所以如果這一步能做成的話，後面那個宗教大同的世界說不定真的會發生，我覺得這是件很有意思的事情！

陳瑞貴：

俞副社長講的我感同身受。幾年前，有一位電視節目製作人提了一份企劃書給某宗教電視台，找我做主角之一。我說最好不要找我，因為我不是皈依在那裡，可能會有問題；但是他說不會，因為佛陀普度眾生。我說我也知道，不過那是佛陀的事情，跟我們人世間沒有多大關係。那個案子移送後，對方問他：「你有沒有看過我們某某法師的言論集？」他說沒有，後面就沒有第二個問題了；換句話說，這件事到此結束。不過如果真的依大家的期望合作的話，媒體宗教化的問題如何解決？同時會不會也因此造成了宗教變成商品化，不再是傳播精神價值的問題？

丁松筠：

有時候我覺得錢不夠也有它的好處，誘惑比較少。不過，這方面真的是要蠻小心的，因為媒體有很多的影響是負面的，所以教會、宗教團體開始進去的時候很容易被感染到，光啟社也曾經有過這個問題，我想基督教宇宙光、大愛電視台也多多少少會有這個問題，所以需要繼續不斷的檢討，但這個問題可以克服。

宗教商品化及意識型態化的問題

光啟社的節目現在在台灣確實比較少看到，真正看到的人數卻比以前多好幾倍，因為我們是透過鳳凰台到大陸去播，它們有四十七、四十八萬個家庭在收看。無論電視或報紙都有一個很大的毛病，就是只有一種方式（one way）──「你說，我聽」。網路就不一樣，大家都有一個機會回答。現在我們在做一個實驗，是個很便宜的實驗。我們在大陸的每一個英語教學節目的結尾寫上我們的網址，而這個網站大部分都是節目的內容，你可以重新再看你喜歡的一段，或是看它的文字；我們還打算將來設一個聊天室，可以和觀眾互動，因為宗教要避免產品化就要有互動，而且產生一個團體也是宗教的一個目標。

以前廟口或教堂前的廣場是生活的重心，現在大眾傳播媒體成了那個廣場，如果我們的廣場能夠產生團體，需要互動。網路給了我們一個方向，未來如果大眾傳播媒體和網路能夠搭配的話會更好。至於如何避免產品化的問題，是要靠自己的毅力，而且也要有一個理想；必須要常常檢討，接受別人的批評，才能夠避免。

俞國基：

商品化的問題我比較不擔心，這要看你的做法。我擔心的是意識型態化的問題，這個可能還超過商品化的問題。因為現在所有的媒體幾乎都商品化了，假定我們幾個宗教團體能夠合作來達到一個理想，那麼自動會避開商業化，因為我要跟你有區隔，但是這一區隔，反而會往反商品化的方向走。往反方向走很可能又走到意識型態化去，而且這一定會發生的。

我對《益世報》印象很深，常覺得天主教最了不起的是它真的是不宣傳自己，它宣傳的是一個大的理念，也不排斥別的宗教；基督教排斥性比較強，佛教這方面也還好，但是佛教的缺點是傾向於保護自己。所以如果一個宗教團體去辦媒體，會不會走向意識型態化？能不能夠完全專業經營？美國《基督教科學箴言

報》的內容非常專業，而且沒有一點點宗教的氣味在裡面，完全是正派的。台灣有幾個醫院讓我有一種感想，連醫院裡頭都有意識型態，有些神職人員在裡面干擾專業的操作，他們覺得這個醫院是我創辦的，你要聽我的，可是專業人員不這樣想，所以會產生衝突。如果你這樣來辦一個報紙、辦一個電台，衝突會更大。當神職人員要干預的時候，意識型態就進到媒體裡面去了。如果這個問題如果不能解決，到後來還是會有問題，節目會變得不是那樣的受到歡迎。這一點光啓社做得蠻好的，它的宗教色彩比較淡，所以能受歡迎。

丁松筠：

最近有一份雜誌叫《陪伴》，靈鷲山也有參與。每一個宗教團體都有它的空間：你打開其中一頁是佛教，另外一頁就是基督教、天主教、伊斯蘭教，這是一個好的開始；不過還不夠，因為各宗教間彼此的互動、交流仍不夠。光啓社也是一樣，如果我們歡迎各個宗教到我們那邊做節目，那將會是一個非常大的挑戰，我們也真的需要更開放。

有一件事我很感動，就是在兩年前，大愛電視台在每個星期天早上的時段重播我們「一家之主」這個天主教的節目，而且是一個小時免費播出。我想他們這麼做，有一些心胸不那麼廣的人會批評，認為佛教的電視台怎麼可以播出天主教的節目？當然我們的節目不是那麼直接在傳教，只是分享我們的信仰和價值觀，不過我覺得很感動。

陳瑞貴：

無論過去、現在或可預見的未來，都會出現宗教活動所帶來在媒體上所呈現正、負面的問題。很多宗教團體既期待和媒體之間能夠有很好的互動，但是又怕受到傷害。站在一個宗教團體的角度，面對這樣強大的媒體世界，宗教如何去和媒體接觸，才能獲得一個正面的結果？因為今天我們都強調一種精神取向，希望能對社會有所貢獻。

宗教團體應正視媒體時代的來臨

俞國基：

　　這問題牽扯蠻廣的。媒體對不同人物的要求是不太一樣的，比如某一些新聞發生在政治人物身上，新聞報導就會很強烈。同樣的道理，如果宗教明星涉及到兩性關係，媒體也會馬上大肆報導，因為這是讀者最喜歡看的。我不知道西方的情況怎麼樣，但是我看過很多小說也有這個問題，譬如說某位神父戀愛了，大家都很好奇，甚至變成一個小說的題材，或一個新聞的報導。

　　所以，當社會現代化以後，宗教團體和媒體之間怎樣溝通其實很重要。如果不溝通的話，傳聞會愈傳愈嚴重，愈傳愈離奇。譬如一個宗教團體發生了某件事，媒體要去找誰？找什麼人談？如果當事人不願意談，各種傳聞就會匯集到報紙上，甚至把它誇張了，反而會對宗教團體造成很大的損害。所以我建議，由於現在的媒體已經現代化，同樣的，宗教團體也應該隨著現代化，按照現代化的方式去處理問題。一般記者的宗教知識是不足的，對於教團內部的組織或發展也不可能深入了解。因為宗教本身就是一個比較封閉的組織，一旦發生事情，媒體就會用好奇的眼睛去看去寫，造成外界的誤解。所以平常宗教團體和媒體就要有很好的互動，有一個很好的對話窗口，很多事情就會淡化、簡化了。

丁松筠：

　　宗教團體除了發言人外還應該有個聯絡人，不只常跟官方，也要和媒體接觸，而且跟他們做朋友。我們教會是有發言人，不過沒有聯絡人；有時候發言人不在，記者也不知要找誰。以前有一本書叫做《刺鳥》，我記得這個書出來時，有個記者來找我，問書中的神父做了主教而且還有孩子，這種事情到底可不可能發生？我說其實神父也是人，也有他的弱點；每個人都可能發生這種事，不過小說可能誇張了點。第二天報紙報導出來，內容除了我，還有其他人，包括台北鍾主教的回答；他的回答是這事情絕對不可能。我知道他是保護我們的教會，不過我覺得好難堪，當時我整天都守著電話，等著他打電話罵我，但他並沒有這麼做。

如果有一個發言人就可以減少這一類的問題。我常覺得要在理想和實際中間找一個平衡點，比方說《自立晚報》來找我，我應該會很開放，但如果是《壹週刊》來找我，那我可能會保留一點。

宗教可以帶動媒體的正面發展

有一點之前沒有提到的是，宗教團體雖然可能覺得，大眾媒體對社會或對精神生活的負面影響大於正面的影響，但我覺得宗教界還是不應該跟媒體站在對立面，還是應該把媒體當做建設社會的伙伴。如果有時他們真的太負面了，我們也應該說話；我們有興論自由，不需要攻擊，只要把真實的事情提出來，因為媒體界也有它來自各界的壓力，我們還是要諒解，有時候他們做的也不見得是他們自己願意做的。很多媒體人還是非常的優秀，這是大家的問題，我們不一定要怪別人，應該積極想辦法地把事情改善、共同合作。

俞國基：

我自己從事幾十年的媒體工作，覺得沒有那麼樂觀。社會整個的商業化，要迎合這個趨勢，就不得不把自己的身段放下來，如果宗教界真的要扛起這個責任的話，應該發一點大願，做一個正面的東西出來，讓這個社會能夠振奮一下。我常想，今天如果有個《益世報》或一個很好的雜誌出來，它會帶動社會的議題；雖然不一定每個人都能看到這個報紙，但是你可以帶動一個議題。譬如現在的古典教育慢慢在沒落，古典音樂裡面像巴哈這種宗教音樂幾乎沒有人聽了，這是一個危機；新的流行(popular)的東西愈來愈多，但是很多都是像一些垃圾。因此，宗教團體是不是應該把這個人文教育的責任也扛起來。如果你能製造這種議題，別的媒體也會跟進，就好像《壹週刊》可以製造議題出來一樣。正面的力量應該慢慢的累積起來，就是佛家所說的業力，如果真做到的話，功德無量！

陳瑞貴：

今天兩位專家都有一種期許，希望媒體和宗教團體能有一個

好的互動，同時宗教團體能夠彼此合作，共同為社會的進步、品質的提高，還有精神價值的闡揚共同努力，最後結果無論是樂觀或悲觀，都會是正面的。

宗教辦報如何能兼顧「市場」與「理想」？

提問：

　　俞副社長提到希望能夠辦一份刊物，可是如果是由教團來辦，它如何發揮它的影響力？大家為什麼要來看這份刊物？整個媒體的未來既然還是會比較考慮到市場的功能，內容方面怎樣去保證？因為如果這份媒體不是這麼多人看，我們原來希望達到的目標和理想就無法完成了。換句話說，當理想落實到實際的層面上時，如何能讓它有銷售量，或和一般的媒體多少有一點有可以競爭的地方？

俞國基：

　　專業化和領導議題是兩個重點。如果能夠領導議題，市場就一定很熱絡，但是如果還是意識型態掛帥，或者商業掛帥，人家就不會注意到，當然也不必辦了。如果有一個團體願意出來，發大願把這個東西挑起來，我相信很多人會呼應。雖然開始的時候可能比較寂寞一點，但慢慢的就會熱絡起來。

提問：

　　兩位都曾提到不同宗教之間的合作，可是似乎不同宗教之間彼此都有一些排斥的情緒存在。如果真的去和其它宗教合作，那在自己教團內部是不是多少會受到一些排擠，這個問題怎麼去克服？當自己想要走出去，可是卻不能夠受到教團內部支持的時候，這個問題要如何處理？

如何克服不同宗教的合作？

丁松筠：

　　世界宗教博物館是一個很重要的步驟。我記得世界宗教博物

館第一次辦一個比較大的活動的時候，光啓社做過報導，不過當時一位大家都很熟悉的、也是一直希望能夠促進各個宗教之間關係的馬天賜神父發現，與佛教相關的會長都沒來。於是他親自一個一個去拜訪他們，說服他們參加。這很有意思，一位神父出面希望促成不同的佛教團體合作，這種精神我很佩服。我自己是從佛教學到很多關於打坐、靜坐，對我自己的精神生活幫助很多。我也曾經住在廟裡面一段時間，從比丘尼那裡眞的學到太多，從此對佛教的看法完全改變了。每次經過一座寺廟，我都還有好像經過自己家一樣的感覺。在那之前，當我經過廟時，總是覺得很陌生，也有點害怕，因爲我以前學到的是不可以到別的宗教建築去，無論是基督教或佛教。當然現在這個已經變了、沒了，不過當時我受的教育就是這樣子，還好那些比丘尼打破我這個落後的想法。

所以，我覺得不同宗教之間，大家必須彼此幫忙；世界宗教博物館是一個方式，還有很多不同的方式，不過這會要很長的時間。剛剛兪副社長說不樂觀，不過我覺得很多事情要用「知其不可爲而爲之」的精神來面對，即使一輩子不會看到太大的成果，只要這個方向值得，還是要拼命去做。

媒體如何擔負起它的社會責任？

提問：

我記得小時候老師要我們看新聞報導，但現在的家長可能不會鼓勵小孩子看新聞節目，因爲台灣的媒體有一種傾向，就是以前小時候不可能看到的戰爭場面，現在都看得到了，眞正的槍戰和死人畫面都可以看得到，媒體的規範已經不見了。譬如九一一事件，我覺得在台灣看九一一事件的新聞和在美國看是不一樣的；美國的角度是關懷，會避免不斷的重複血腥的東西，可是台灣的記者連口氣都是不一樣的。就像兪副社長剛剛講的，一個人文關懷的責任是在社會的規範裡面，應該不只是宗教團體去做，那到底怎麼做？其次，當一件事發生時，很可能成爲領導議題的

話題，還沒有一個具體的事實，就已經變成一窩蜂的新聞；可是真正有事實的東西，它又好像不報導。所以議題該如何去引導？媒體所扮演的角色和它的責任、規範的問題又如何？

俞國基：

　　從媒體的角度來看，說不定還認為這些現象是進步。怎麼講呢？以前西門町發生一個大火災，電視攝影記者趕到現場大概要二十分鐘，等他到現場拍完以後再送回電台去播，那個火大概已經滅了。現在每個公司都有SNG車，由無線電控制，假定今天西門町大火，總公司馬上就通知最近的SNG車；如果它剛好在中華路附近，三分鐘就到了，天線一架當場就可以播，所以從某一個角度來看它是很進步的。因為現在競爭的很厲害，單單TVBS在台北市就有七部到十部的SNG車，隨時都可以由電話通知趕到任何地方去，有時候媒體的SNG車子甚至比警察還到的早。

　　其實美國也一樣，美國CNN播九一一事件的時候，大概飛機撞上去以後的五分鐘，電視就播出來了，全球都可以看得到，這就是科技的發展，但這是正面或是負面的？它讓我們享受到快速、正確的資訊，但是這樣的快速、這樣的沒有經過思考的資訊播出的時候，對一般的觀眾群是好是壞？這個問題新聞界也一直在檢討。但檢討歸檢討，播照播，因為不播就輪給別人了，你有七台SNG車我就買十台，你有十台我買十五台，滿街都是SNG車，任何地方都可以看得到，但是只有我們這個座談會它不來，因為他們沒有興趣；這是一個可以思考的問題，也是我們宗教團體應該站出來做一點事情的重要原因。我想今天我們就談到這裡，最後請心道法師來為我們做一個總結。

總結：以宗教的精神建立社會道德防線

心道法師：

　　其實從宗教跨足媒體，它必須是超然的；超然再加上正義，自然能建立社會道德的防線。我想媒體原來也是注重社會道德的，只可惜商品化以後，這部份就消減了。用超然的角度去辦媒

體，宗教與專業合作，不過，在合作的過程中，意識型態倒是一個關鍵問題；如果宗教主觀太強，就不能發揮應有的效果。做任何事業每個人多少都會有盲點，如果知道那個「死角」在哪裡，事先就能做好防範彌補。所以如果辦媒體，我們會留意不去犯那個意識形態的問題。

至於商品化的問題，我想如果它是商品，就是商品；如果不是商品，它就一定有它的特性。宗教畢竟有它的特性，不會為了傳播而傳播，而是為了它的神聖性與道德性，這是它的屬性，也是必須強調的地方。

當然，媒體是無法「掌控」的，它有資訊性的要求，就像烏鴉一樣，不管是好是壞，光明或黑暗，這兩面都報，但喜鵲就只揀來一面。所以，媒體本身要有正義感，也就是社會正義。不過，現在大家滿口正義，卻不一定去做正義的事。如果由宗教負責經營媒體，那麼，它維護這個社會正義的品質就變得非常重要。但更重要的是，媒體一定要永遠站在關懷的角度去處理報導。

宗教就是傳播，傳播也是宗教

說起來，全世界最早的媒體可能就是從宗教開始；宗教就是一種媒體，因為它不斷地在傳播之中。就這部分來說，我想最重要的是怎麼去做好協調性的問題，不管是分享也好，說服也好，都是宗教的工作。事實上，媒體和宗教是分不開的，如果不是扮演「媒體」的角色，宗教就失去它的推動力，換句話說宗教就是需要傳播，傳播本身就有宗教性。

（前文整理自2002年3月24日「世紀宗教對談」）

跨越「神聖・世俗」的藩籬
── 宗教律法與世俗法律的對話

與談人：李永然（永然聯合法律事務所所長）
　　　　王綠寶（耶穌基督後期聖徒教會教育機構督導員）
主持人：陳瑞貴（淡江大學未來學研究所副教授）

陳瑞貴：

　　今天探討的是世間及出世間的律法，這是很值得思考的問題，記得幾年前一位警界高階主管告訴我，他說有一位重刑犯被判死刑，當要執行時，很多宗教人士出面努力爲他奔走請命，理由是他們認爲他已經懺悔，一心向善了，不應該維持死刑判決。這中間涉及的問題，我們發覺在生活裡面是一種弔詭的狀況，一方面法律要規範我們的行爲，另一方面我們卻又不斷訴諸宗教或者精神層次的活動，讓我們這個社會能夠延續。

　　在這樣一個既要兼顧世間法律，又要滿足宗教信仰需求的一個社會生活裡面，如何找到它的均衡點呢？這是今天對談的意義，首先我們請李永然律師從生活層面來分享對這問題的觀點。

李永然：

　　世界宗教博物館曾和我提到，希望有一個關於宗教與世間律法的主題對談，來讓社會有一個反省問題的平衡態度，我覺得很有意義。我個人因爲一直從事法律工作，對宗教律法沒有深入研究，但是這幾年來多多少少與佛法有所接觸，今天就嘗試把我在接觸佛法以及處理各種案件的過程中所體會到的，提出來和大家分享。

以佛法精神處理世俗案件

　　世間刑法有約束言論的法律規範，是對他人名譽權的尊重，

如果你透過言語對他人名譽造成損害，基於對名譽權的保護，刑法第三百零九條有「公然侮辱罪」，刑法第三百一十條有「誹謗罪」。在佛法的戒律，對於「口業」非常重視，佛法講身口意的戒律中，最不容易修、最不容易守的是「口業」，每個人時時都會用到口，吃飯、喝水、講話等等，尤其講話，無意間可能會傷到別人。古人說「病從口入，禍從口出」，如何守口是很重要的。佛教講十惡有所謂「身三口四意三」，這個「口四」中有所謂的「兩舌、惡口、妄言、綺語」都是十惡之一。

以佛法精神處理世俗案件

有個案例說有一個人到公家單位洽公，結果因為一個公務人員對他請託幫忙處理的事處理得不順利，於是他在離開時順口就講了一句三字經。平常有些人在生活中比較沒有約束，養成了口頭禪，可是我們覺得他或許不一定有惡意，只是因為他沒有這個修養，順口講出三字經來，結果被另外一個工友聽到了，這工友跑去跟那個公務員講，於是公務員就到法院去控告他公然侮辱。事實上也是公然侮辱，因為那確實是一個公開場所，是一個不特定之多數人得以共見共聞的狀態，所以這個行為顯然已經造成「公然侮辱罪」，而且有工友可以作證。

所以這個人就被控告成「公然侮辱罪」，除了要負刑事責任，在民事上也是一種侵權行為，須要負損害賠償責任。兩人之間已經交惡到這種地步了，如果他們都能夠有一種修持，這事應該不至於釀成糾紛。就是當你對我講這種話時，我會看你是有心還是無意，如果你真的沒有那個心，只是一種口頭禪，那可以不當一回事。就算你有那個心，我也不去理會它，其實也等於是不存在，這就是個更高度的修持！另外一方面這個民眾如果平常多修點口德，也不會為自己招惹這麼多是非。這個案例我們可以瞭解到，佛法所說的口業是很嚴重的，所以「修口德」非常重要。

在世間法裡，言語是一定要到達你侵犯他人名譽權時，法律才規範。可是佛法認為修口德甚至不能有二舌、妄言、綺語，當

然更不得有惡口。所以佛法的要求事實上又要比世間法的標準更高，但是我是覺得一般世間法律規範的是所有的人，宗教的律法是對於有信仰的人，他自願去接受、去遵循著修行，然後對自己達到一種潛移默化的作用。從「佛說四十二章經」第七章「今子罵我，我今不納；子自持禍，歸子身矣」，可以瞭解修持的重要。

宗教和世俗談「錢」的不同態度

第二個案例談到「財」。我們知道佛法非常強調「佈施」的修持方法。人性中最難戒除的就是「貪、瞋、癡、慢、疑」，稱為五毒，尤其貪是輪迴的根本，所以佛法講「佈施」對治「貪」；人們所貪，尤其貪財物，是一個最普遍的問題。在世間法中，憲法第十五條規定人民的財產權依法應當予以保障，所以我們對於財產的態度，屬於我們的，法律要保障；不屬於我們的，我們也不能去侵犯，甚至應當合理看待財產的作用。人不能沒有物資的來源，因為沒有物資的來源是沒有辦法生活的，但是過多的錢財反而不是好事。所以我們應該善用錢財。

常有人說人是兩手空空的來、兩手空空的去。但大家都會講，卻老是錢財看不開，也不知道如何在有生之年善用自己的錢財。歷史人物曾國藩曾在家書中，對弟弟和一些親友特別強調對待錢財的態度，當他有多餘的錢財，會在親友當中散佈出去，絕對不留太多錢財給子女，因為他認為留多了子女就不會去奮鬥，反而是一種傷害；如果又分配不均，子女間為爭財而起爭訟，不僅破壞親情，以後下一代也變得相互不來往，對家族也是一個相當大的危害。然而如果他把錢財散在親友當中有需要者，就是一種廣植福田，是一種佈施，也是一種藏富於他的方法，不僅對他的親友、子女，都是最大的幫助，所以我覺得曾國藩先生是一個非常有智慧的人。

案例二是為繼承而產生的問題。民國六十七年我開始執行律師業務，到現在已經二十幾年。我發現當年開始當律師時，繼承案件中十件頂多有一件糾紛，現在的繼承案件則十件大概就有九

件是問題，只要有錢財遺留下來，十之八、九就有糾紛。這種情形難道是繼承制度有問題嗎？其實，這主要是人性貪婪的寫照。有一個實際的案例，一個父親死亡時留下一千八百萬，他有六個子女，在法律上媽媽與六個子女都有繼承權，所以財產應該分成七份，每個人得七分之一。但是一開始兄弟姊妹討論認為母親最偉大，應該多給她一點，所以先給母親六百萬，剩下一千二百萬由六個兄弟姊妹各平分二百萬。本來這樣的分配多好，子女表達了孝心。不料老三在父親出殯後改變主意了，認為應該是每個人拿七分之一，母親不能獨得六百萬，老二看到老三如此不孝想要告他，於是二人就為了這樣起爭執。

但是，其實老二也不對！為什麼？我們平常說佈施，是對一般不認識的人都要佈施，今天我們對於周邊親友，對於自己生我、育我、養我、教我的母親，你都不能夠多捨給她一些，甚至對自己的兄弟姊妹，都不懂得多退讓，那還奢談對任何人做任何佈施嗎？倘若有也只是騙人而已。所以儒家說要由親而疏、由近而遠，「近者悅、遠者來」，就是一個基本的道理。

關於「情慾」的不同規範

這個案例，老二最好的處理方式應該是說——好！老三你希望得到七分之一，我們其他兄弟姊妹就成全你，媽媽還是拿六百萬，其他我們五個人來分，反正這也不是我們賺的，是多得的！所以世間法律雖然有規定你應該得到什麼權益，但是它只是一種最低的標準，尤其在處理親情時，應該用更高的標準，才能合乎情、應乎理。事實上錢財真是身外之物，你在有生之年能對這些親情表現一念心意，才是最重要的。所以透過第二個案例，我們可以瞭解對自己的親人、父母、兄弟姊妹，應該要能夠放大心量。如果能夠對自己周邊的人放大心量，你就能夠對一些不相干的人更能有心量，這是我第二點要談到的。

第三個案例要談「色慾障道」的問題。佛法中非常強調淫戒的問題，尤其是邪淫更是不應該。人常常會感情用事，在世間法

律是一夫一妻制，男女之間一旦結了婚，就是一種契約行為；這不是「財產契約」，是一個「身份契約」。這個身份契約就是你們兩個之間才能發生性的關係，是「正淫」，但是配偶以外任何人就是「邪淫」，絕對是在佛法禁止的。我們知道邪淫會對我們個人造成相當大的妨害，尤其介入別人的家庭，對別人更是傷害。可是我們眼前的社會男女關係非常複雜紛亂，這是很不好的現象，造成非常大的問題，怎麼辦？至少我們應該要遵守法律規定。

在宗教戒律中對此要求非常嚴格。在一個案例中，有一個女孩子，她是有夫之婦，本身有一個很好的家庭，但是因為在外面的活動關係認識另外一個男人，結果就跟這個男人同居了，使她原本幸福快樂的家庭受到毀害。而這個男人只是在利用她，藉著她在金錢、經濟利益上得到一些方便。後來這個男人因為太過於善用心機，對外負債過多，最後涉及詐欺罪被控告收押。

一般人在失去自由後，最想爭取的就是恢復自由，但這個案例中，他倘若沒有交保在外，應該不至於被逼債，可是後來他終於交保在外，但精神上承受不了債權人逼債的壓力，最後和這個女人雙雙自殺了！我們可以說這個女人虧大了。第一她失去原有快樂的家庭，第二她連累自己的弟弟，把弟弟的五千萬借給這個男人，結果這個男人自殺了，不可能再還五千萬，最後甚至連自己的命也喪失掉。所以我們常說人要守本分，種什麼因就收什麼果！尤其在人的交往過程中，我們應該知道別人是以什麼樣的態度來接觸我們，是怎麼樣的出發點，不要迷失自我，陷入一些陷阱，到最後不可自拔，甚至喪失生命。

從前面這三個案例，我們分別看到修口德的重要，也看到人不能太貪財，在男女交往中也要謹守本分！這三個案例是我想先提出來，來教各位的。

從「心」調整，避免偏失

陳瑞貴：

李律師剛才提到，我們如果能夠從「戒、定、慧」著手，也

73

就是從「心」做一個調整，在法律的層面上就不會在一些行為上有所偏失。其中有幾點很值得我們去思考的：一是佛法與世間法，哪一個是較高標準？另外就是宗教律法是不是在某一個角度上，可以取代世間法律？如果說每一個人的行為都符合宗教這一個最高的期待的話，是不是世間律法本身的作用就很少了呢？它是不是會被取代？

律法？法律？神聖世俗的不同規範

王絲寶：

僅以個人的看法來表達律法與法律之不同：宗教是用「律法」這兩個字來講，而世間是用「法律」來講的。「律法」對宗教而言實際上就是一種服從。服從什麼？當然是「服從誡命」，但是誡命本身不是一種約束，以宗教來談誡命本身是一種祝福！首先，當我們在看宗教律法與世間法律時，我們必須很清楚的界定，宗教也是在法律之下的！任何一個信徒或宗教人士應該有這樣一個觀念，就是我們都從屬於國王、總統、統治者和司法長官，我們要服從、敬重和維護法律！

從宗教面來看，李律師認為宗教律法高過世間法律，但是當我們真正研究宗教律法時，實際上我們會發現宗教律法是非常低標準的。大家不要把宗教變成超高標準，認為它可以超越世間律法，這樣就會產生很多衝突。宗教律法實際上是低標準的，它是用一種服務的原則，當你要成就偉大的時候你就要做眾人的僕人，當你瞭解這點你就開始進入宗教的律法對你的約束。摩門教是耶穌基督後期聖徒教會，這個教會相信聖經律法，所以信徒皆是基督徒。

對於西方宗教或基督教，某些律法是最根本的，我們可以分成三大類。第一是「十誡」：除了我以外，你不可有別的神……；不可崇拜偶像、不可妄稱耶和華的名、遵守安息日、守為聖日、孝敬父母、不可殺人、不可偷盜、不可姦淫、不可做假見證陷害人、不可貪婪。實際上在十誡這個律法裡只有一條：除了我

以外不可有別的神！如果你真正相信了神，那你會去做這些事情嗎？你當然不會去做！所以宗教律法就開始轉變，因為人要相信祂，而那個時候沒有國家或任何法律可以約束，律法就開始慢慢轉變成為民俗宗教的律法，比方安息日、五旬節等。或者我們有很多一般宗教說法，什麼東西可以吃、什麼不可以吃，或什麼是潔淨的、什麼是不潔淨的。

當成為民俗宗教的律法之後，它有一個很隱藏的表徵，它不只是戒律而已，而是用「犧牲」與「獻祭」來表示，所以每一個「犧牲」與「獻祭」都有它一定的教義，一定的影響。然後，最根本的是從個人，然後到家庭，然後再到他的社區。一個人所能夠影響到的地區，絕對低於這個國家或政府所能夠影響到的地區，所以才會有「燔祭」、「素祭」、「平安祭」或「贖罪祭」，以奉獻祭來表示對神的遵從。

為什麼我會很直接了當就講到「宗教律法」低於「世間法律」呢？其實宗教律法它所能約束的只有在幾個面向而已！從研究舊約來談宗教律法的根本，它有兩個很大的特色。第一，某些律法大部分都是「判例法」，就是不這樣子就是死，很直接了當，沒有什麼反駁餘地。另一個特色我用律法與法律比較，律法是非常消極的，所以大部分都談什麼不應該做，而不是談什麼應該做。

當我們談到什麼不應該做，人的心理就會感覺到：「哇，那太嚴肅了，我也不能做！」很多人在講摩門教不能抽煙，不能喝酒、咖啡、茶，還要繳什一奉獻。然後他還要做這個、做那個，「太嚴肅了！我不願意去！」但是對一個一直按照這種規範在做的人來講，他沒有感覺到律法的存在，這已經是他生活的一種習慣，律法變成無約束，「實際上就是對律法的服從，誡命亦能轉換為祝福」。那和世間法律有很大的不同。

我再做一個解釋。經文裡談到當摩西訂立十誡後就立了律法，他用「判例」、「賠償」，比方說你偷了人家一頭牛，你就要賠人家五頭牛，做什麼都有很清楚的律例。但是現在已經演進到一個很多元、很複雜的社會型態，一個人、兩個人可以來談，三個人就成了社會就會產生很多複雜的事情、意見，所以經文中大

概都是在談正義與邪惡的分別。

以宗教來講，可以分成兩件事情：行式和儀式。這些律法慢慢就變成了行式與儀式。你看到師父怎麼做，你就跟著去做，當你做了之後，慢慢它就成為一種律法，在你自己的身體裡面。所以在這個行式與儀式的律法裡面，宗教是用三個來分別：一是用「犧牲」與「獻祭」！犧牲與獻祭有一定的規矩，就好像佛教做法會的時候有「焰口」，它有它的規矩，都有它象徵性的表徵在；另外一個是「潔淨」與「不潔淨」！讓人們很清楚、很根本的去瞭解潔淨與不潔淨；第三個才是大家公認為高標準的律法，就是「慈悲」與「正義」。當我們看律法時，它實際上就是公道與慈悲。公道與慈悲可不可以放在天平上呢？很難！但是在宗教裡面，它就是能夠讓你體會到公道與慈悲。

宗教律法的三層標準

陳瑞貴：

終於學到很多有關教會的事情，這中間我覺得有幾點值得再切入。剛才王弟兄提到律法與法律之間是不太一樣的，這是第一點；第二點是宗教律法與世間法律的名詞問題。因為我們做教授的常常碰到一個定義就可以談幾天幾夜，簡單問題複雜化討論清楚一下。剛剛王弟兄提到律法是規範不可以做的，那法律方面是不是也是同樣的，也就是規範不可做的，而不是做一個相對的鼓勵？

李永然：

剛剛王督導特別強調宗教律法應當屬於一種低標準，但我個人倒是一直覺得它是屬於高標準！或許我對目前基督教有關的「儀式」並不是很瞭解，但是我接觸到佛法的戒律要求，比如八關齋戒、菩薩戒或五戒，這種戒律不是對出家人，而是對在家居士的戒律要求，在我們來看就遠遠高過世間法律的標準。再說佛法要求一個人最重要的是「心」，如何不讓自己的心如脫韁野馬？如何駕馭心？這是最不容易的事！每個人在任何剎那之間可以產生

很多的心念，這種情形你怎麼去掌握？在世間法中法對心念是沒辦法去控制的，在世間法裡面只能約束你形於外的行為，所以在刑法中有個觀念叫做「思想無罪」：你要怎麼想都可以。

比如以前在刑法「叛亂罪」裡面有一種叫意圖顛覆，就是所謂的陰謀叛亂。後來刑法一百條修改掉了，因為人有思想的自由，你怎麼可以認定他這個思想是不可以，而且他還沒有著手施行，這種情形你不能處罰他！

宗教律法約束的是人心

可是，如果從佛法方面來說，起心動念只要有邪念，都是不對的！比如你動了一個念頭，要對一個對你不錯的人做不好的事，雖然你沒有做，反省以後你也認為不應該做，但實際上你已經不對了！你還是造了「意業」！因為你動了惡念。所以我個人感覺這個宗教律法是從「心」開始約束，一般世間法因為必須要有一個判斷標準，約束的是外在行為，對於你內在的心是沒辦法做約束的。我個人之所以認為持宗教律法比世間法律來得高標準，其主要理由也在這裡。

但是，王督導的一些意見對我有很大的啟發。或許從另外一個角度來看，在宗教過程中先從一些「儀式」要求，然後慢慢達到內心的轉變，是很好的著手與入門，這可能是從入門方式切入所做的分別，這是我對第一個問題的看法。

第二個關於宗教律法規範。王督導特別強調，規範大多是規範一些不可以做的，是消極的，那到底世間法又是怎麼樣？其實整個世間的法律結構，除了規範所謂的禁止行為以外，也有課予義務，就是規定你必須要做什麼，所以法律規範不外就是權利義務，不能做的就是消極的義務。但是也有積極的義務，就是你必須要做什麼，比如法律上規定子女對父母負有撫養的義務；子女未成年以前父母對子女負有撫養的義務。當你是一個住戶，依照公寓大廈管理條例，負有繳納管理費的義務。你做為一個國民，如果你土地所有權有移轉，就負有繳納土地增值稅的義務。所以

法律規範的義務中，有些是屬於消極的義務，有些是屬於積極的義務，消極的是你不能做什麼，積極的是你必須要做什麼。

陳瑞貴：

從這個角度我們發覺有一個比較大的差異，一個更值得討論的論點，就是李律師認為宗教是一個高標準，王弟兄認為宗教是屬於一個低標準。不知道在這種情況之下，所謂的宗教的低標準，是不是也和李律師所提到的高標準，其實是一樣的標準？

世間法律是解決問題

王綠寶：

我不敢給法律與律法下一個定義，但是我非說不可，世間法律實際上是一種「約束」與「解決問題」，而宗教律法是「約束」與「避免問題」。好比基督教的精神，一直講到你們要成就偉大就要做眾人的僕人，所以它應該要尊重這一些世間法律。至高必為卑，實際上凡至卑就會升為高，這就是別人對它的界定，也是宗教應該有的態度。另一方面，我很想再和大家進一步解釋，為什麼律法是比較消極的，一般人不喜歡這一個消極的律法，說這不可以做、那不可以做！比如上禮拜五，我帶兩個訪客去見監察院長。錢復院長和他們聊到教育，錢院長講到他的孩子做錯了事情，當他表示要對孩子做出約束的時候，他兒子說：「Daddy，你不能夠告訴我的孩子說：你是個壞孩子。你應該告訴他：你是一個有潛力的孩子。應該怎樣做才能改變他成為真正有潛力的人。」實際上是時代在變遷！錢院長又講到，當他做到高官的時候，回家遲到了，他媽媽還是會叫他站好，然後再訓一個鐘頭，他從來沒有怨過媽媽，因為他覺得能夠讓媽媽這樣訓話，媽媽覺得有意義，只要媽媽好自己也很高興！

家庭有家庭的律法，當我們約束孩子時，實際上是讓他有更大空間去瞭解他自己的自由選擇權，一旦他要被考驗或者想要去做的時候，他就會有這一種思念。就好比我年輕的時候，我從學校畢業等候去當兵，每天晚上和朋友出遊，有一天晚上回到房間

已近清晨兩點，在書桌上有一紙條，是母親的字跡：「綠寶，你想一想這樣對嗎？昨天我等你等到十二點，今天等你到一點，想一想你多久沒有研讀經文和祈禱了。」頓時一陣感動，我跪了下來，第二天早上大概五點鐘我就坐在媽媽房門口，一看到她我就對她說：從現在開始，我不再做任何讓您難過或者是丟臉的事情。以後再有這種情況時，媽媽的臉就會自動在腦海中出現，然後是宗教中那些聖者的臉，就會出現來警告你遠離罪惡；所以看待宗教律法，我們會談到「約束」或「承諾」。

我再講一個觀念，實際上宗教講的這種自由選擇權叫做freedom。但是自由選擇權的要素是什麼呢？我把它列了四個：一是它需要有「律法」的存在，二是它需要有「智慧」，這智慧看你怎麼來定奪高低，當你到了高的時候你一直以爲你是高的，然後驕傲，這時你就會開始往下走了。有律法與智慧之後「對立」一定是存在的，要不然神就不存在了。第四個是「無約束的權力」。要有這些四者才能夠執行自由選擇權！

宗教律法的五個總綱

宗教一直在教導一個很重要的觀念，祂說：因爲在所有的世上都要去命令是不宜的，因爲在所有的世上都受強迫的人，是懶惰而不聰明的人的僕人，因此他得不到酬賞！說實在的，人們應當切望從事於善舉，並且由他們的自由意志去做很多事，達成很多正義。宗教律法就是在做這種約束，讓人們樂意去實踐，最後開始願意用自己牲口來做「獻祭」。

舉例來說，猶太人的獻祭、贖罪祭或平安祭，他們把羊殺了以後留下血來做獻祭，通常把血塗在人的右耳、手的大拇指，還有右腳的大拇指上面。這都有它的道理。塗耳朵表示他很清楚要耳朵能夠聽；如果手沒有大拇指，你是沒有辦法出力的，腳的大拇指則是要控制我們往正確的方向走。所以宗教律法是很根本的在預言基督的救贖，或是在猶太人的心裡，很清楚教導他們要這樣子去做，宗教律法影響並且改變他們的一生，所以我說如果要

把這個律法變成人們的生活，實際上就要用最低標準去看待它：祂是去約束人們，然後令他們跟著這樣去做。所以總結宗教律法的五個總綱就是：服務、祈禱、寬恕、崇拜神和愛人！

李永然：

聽王督導一席話眞是非常受到啓發。宗教律法特別提到要服務、要祈禱、要寬恕、要崇拜神、要愛人。我覺得這五件事在一般凡夫來講，事實上是最不容易的。因爲它事實上已經是屬於一種修行層面，在佛法當中也經常強調。我之所以說它是屬於一種高標準，是說當人人都可以做得到的，不需要透過任何的改變就可以做得到的這種較普遍的情形，我們可以把它當成低標準；如果任何人需要透過比較大的改變，這改變是指改變他的習性、他的習慣，然後才能夠達到的——也許有大部分的人可以透過這個改變來達到它，但是仍然有一部份的人沒有辦法透過改變來達到，這種情形我們就認爲它是屬於比較高標準。我所說的標準就是指這裡。

我覺得基督教裡面所談的與佛法有相當多相通相應的地方。剛剛王督導也特別提到，你要能至卑才能夠偉大，其實也就是佛法所說當你把一切都空了，空到連自己都放下時，那你的心量就變成無限大，也就是前面所說的偉大。如何能夠把自己整個放空？放空什麼？除了你要將錢財當成身外之物，甚至可以把自己的色身都捨去時，還有什麼比這個更放不下呢？佛法說眞空才能妙有，才能夠顯示眞正的偉大，所以我想這兩者當中有相同之處！

陳瑞貴：

我終於瞭解到心經裡面「空即是色，色即是空」的道理！我們一直在談高標準、低標準，可是李律師所提的高標準是因爲不易達到的關係。我想請教王弟兄，你剛才所提到的服務、祈禱、寬恕、崇拜、愛人等等是不是不容易達到，所以是一個高標準？因此才需要法律？也因此法律變成是蠻重要的一件事情！

王絲寶：

我舉經文中一個故事。有一個律法是耶穌基督說你要盡心、盡性、盡力、愛主你的神，其次要愛人如己；也講到這就是律法的總綱，還有你所應該去做的。我們發現萬事都有對立，否則正義與邪惡，聖潔與慘愁，好和壞都無法出現，就會混為一體。你會發現沒有生命就沒有死亡，沒有腐敗就沒有不朽、沒有快樂就沒有不幸，沒有自覺就沒有麻木。所以在我們的生活裡面一直存在著正負的對立。

宗教律法在人的心中

以宗教來講，我最害怕我們說律法是沒有的，所以我們要超越這些律法，而實際上我們還是有這些世間法律與宗教律法在約束我們。

當我們看到罪惡，實際上沒有正義就沒有幸福，就不會有懲罰和不幸，這是一個很簡單對立。沒有這些，實際上就沒有神的存在，也沒有祂的創造。所以這裡面就產生了宗教律法最重要的一個天平作用，當一個人開始違戒的時候，就會有懲罰。當然法律是只要有人告發他就會被懲罰，如果沒有人告發就算他運氣好，但在宗教的懲罰不是不報，是時候還沒有到。這種無形的約束就有公道，比較俗世化的說法就是良心。事實上神早就把它種在每一個人心裡，這個公道一直存在。所以有了公道作為平衡時，當你違戒你就需要付出在公道下所必須要有的代價。

但是有一些公道你沒有辦法滿足，怎麼辦？實際上是宗教來滿足他，我相信李律師可以舉很多法律上的例子。這些人得不到公道，但是法律就這樣判了，他沒有機會了，怎麼辦？抗拒法律嗎？不是，唯一能夠幫助他的就是滿足另外一個公道，而這個公道實際上西方宗教是叫做「贖罪」。

當一個贖罪產生了，誰來贖這個罪？就是完全沒有犯過罪的，他用生命來贖這一個罪。所以當我們看個人的罪和這種懲罰之間的平衡，神與宗教律法就扮演很微妙的平衡，這種微妙的平

衡是要人們真正的用心去體會，而且是拋開所有後，很直接從這些服務、祈禱去發現。這當中充滿願望，一個指望就是將來有永生，或是能夠成為上品，或是再回到神面前去，那絕對不是一種安慰而已，是讓他能真正得到寬恕。今天如果說宗教律法與世間法律中間有一個奇蹟，實際上就是寬恕的奇蹟，這是由宗教開始把它發揚出來的。

錯誤價值覆蓋人的佛性與本性

李永然：

剛剛王督導談到公道本身就是良心，那每一個人其實都有一個良心。我們常在佛法裡面說人人佛性具足，只是往往會被塵勞覆蓋，本性沒有完全彰顯。其實也就是說，在我們的生活當中最難去除的就是一種社會價值，它使我們的佛性和本性受到覆蓋。怎麼說呢？我們可以看到，其實每個人對於形而外的聲名都非常在意，產生很多的煩惱，很多事情看不開。

比如為什麼很多人必須努力賺錢，雖然他的錢已經夠多了，但問題是當社會界定的成功是一個人必須要有很多錢財時，他認為這才是表現他成功的方式。有朝一日，當他失去錢財時，他可能就沒有辦法承受這方面的變化。或者有些人他原本在社會上擁有某一種名位，一旦喪失掉這個名位後，他會有很嚴重的失落感，會覺得他好像變成什麼都不是。所以一個人在生活當中，怎麼去面對這個問題其實是蠻重要的。

我再談一下第四個案例，其實就碰到這種情形。有個人事業失敗了，夫婦二人對外負債。老婆想到自殺，因為她根本無法面對社會上的評價，她沒有辦法面對這種改變。試想倘若一個人連命都不要，那還有什麼好計較？所以有些人常常會受社會一般既定價值的引導，然後做出一些錯誤判斷和決定。

所以如果能夠回歸原始，認識什麼才是自己真正的價值，這時候你就會知道怎麼去做。其實宗教裡給我們的一個最重要的觀念，就是有來世的觀念，有因果的觀念，讓我們知道什麼樣的生

活才是我們真正要去追求的？當我們知道追求什麼的時候，很多事情你不會去執著。

看破這一點，其實也就無處不自在了，任何事情你都可以很圓融的去處理。這一點簡不簡單？如果看破很簡單，想到就是這樣而已嘛；但是如果你看不破就非常困難。其實每一個人生活中都會有逆境、順境，逆境的時候你知道用這種方式去思考，真的會覺得每件事情都很高興。比如考律師高考，以前在我們的時代考律師高考試是很難的，三千多人考只錄取六至十一個，有一個人考了十幾年後來跳樓自殺；因為他自殺，成就了考試制度的改變，以後錄取率變成百分之十五。所以現在律師錄取率很寬，一年可以錄取四、五百位，和我們以前相差甚遠。這個人如果回過頭想，能夠順利考上可以取得資格，順利就業；可是如果考不上藉這個機會多讀點書，本身也是一種收穫。所以很多事情看你怎麼去看，如果在意它就會變成一種苦惱，不去在意它根本困擾是不存在的。所以怎麼養成看到事情的兩面，不去在意，知道它本身就是一種虛幻，可以很容易，也可以很難。很容易做到是因為突破了，很不容易做到是因為你還看不開。

以「放空」態度面對生命與生活

陳瑞貴：

這是一種面對生命與生活的態度。在校園裡也有很多這類的問題，每到期中考、期末考，一些精神問題疾病就會產生，甚至每一個學期總會有幾個人當「小飛俠」。所謂的小飛俠，就是從十樓、十一層樓跳下來，然後馬上就變成「土地公」。所以，我們如果真的像李律師所講的「放空」不是很好嗎？我也曾經這樣想過，不過有時候也很看不開，學生不來上課的話我就會抓狂，我常常跟學生講被我點名點四次不到，一定讓他「往生」。剛才提到要能夠寬恕別人、愛別人，看起來好像蠻容易的，可是事實上做起來很難。

在這種情況下，如果像宗教教義所說每個人都能一心向善，

都會寬恕、服務，這樣一來是不是有了宗教教義的實踐與履行，世間法律就可以不存在？雖然王弟兄曾提到宗教律法不足的地方是由法律來補足，事實上法律也有不足的地方，那麼宗教的贖罪或懺悔，是不是一個互補性？這樣一個精神層次或心靈層次的滿足或努力，是不是意味法律就可以不存在了？

王絲寶：

宗教最主要的目的是傳道。它唯一的目的就是要人悔改，所以你會發現一個人除非犯了罪，你無法叫他悔改。如果沒有法律，那麼他怎麼能夠犯罪呢？除非有一種懲罰，否則怎麼會有這些宗教律法或世間法律存在？所以宗教裡面也有懲罰，只是懲罰的方式不一樣而已。這種懲罰對我個人而言，如果要我去犯戒或犯法，那種懲罰是一種與神完全隔絕，或者是靈性的死亡，這比把我殺了還要痛苦。我們可以用內疚或自省來形容這種懲罰，它一定要滿足公道。

所以一種公正的法律實際上已經定下來，不管它是用法律或者是用律法，都是一種懲罰，只是你有時候還沒看到。教會還有一種約束是透過「紀律委員會」，會有一定的步驟，最後把你開除教籍。總之，一種公正的律法確實已經定下，而它把良心的責備帶給世人，這是由宗教帶來的，所以相信宗教的人良心指責的確比不相信宗教的人要來的強。如果沒有治罪的這種法律，世人是不會害怕犯罪，所以就會變成非常亂。

法律需要滿足公道

最後，公道能做什麼呢？慈悲又能做什麼呢？公道沒有辦法要求人們做些什麼，但法律或律法既已定下來了，它一定會附上懲罰；那麼從宗教面來講，一種允許的寬恕實際上也跟著公道與慈悲，而從慈悲悄悄的進到人的心裡面。所以我剛剛講這個天平實際上是律法與公道，然後慈悲就進來了。所以慈悲也要滿足這種要求，否則公道沒有辦法取信於人。如果不是這樣公道就會被破壞掉。你說法律是公正的，但是它卻沒有辦法滿足公道，而且

神存在的價值就沒有了。

陳瑞貴：

當宗教思想進到內心內化以後，要任何人犯戒恐怕都很困難。在這種情況下，如果宗教思想發展到極致，宗教律法被普遍化，換句話它變成了我們生活的一部份，那是不是我們就可以完全超越世間法律，就不需要世間法律？前一陣子我接觸到一些言論，是關於宗教政治化的問題，指伊斯蘭教的世界基本上有結合的現象，也就是宗教的意識型態與整體人民政治的法律行爲結合在一起，因此這個爭執點會比較少！在這種宗教發展到極致的情況下，宗教律法是不是基本上就會超越了世間法律？

法律與律法有共同價值

李永然：

關於這個問題我們必須要這樣思考，其實宗教是屬於信仰。我們常講每一個人生活當中，隨時要去體會、去感覺五樣東西兼而有之，就是工作、娛樂、信仰、親情、理想，而信仰是其中之一！每一個人都應該要有信仰，但是信仰的作用在哪裡？信仰是把每一個人生活當中零零碎碎、片片斷斷的事物集中起來而有一個中心思想！

宗教是信仰中的一種，我們講你可以有宗教信仰，也可以沒有，但你一定要有以某一種價值爲中心的信仰，這樣所有行爲、舉止、價值，才會有一個中心力量。在這種情況下沒有任何人可以要求你一定要有宗教的信仰，即使政府的公權力也一樣，也就是說宗教信仰是屬於個人取捨。當然我們相信宗教律法的約束力量是一種自律，是本乎自己的本性的，良心譴責有時候比外來制裁還要嚴厲！

今天這社會本來就是由群體所構成的，在這個整體當中每個人都必須受到約束，可是宗教又不屬於每一個人必須有的，因此當它沒有辦法被普遍要求時，就必須要有世間法律來做一個普遍性的要求。至於說世間法律與宗教律法是不是能夠有一些相應

性，或是有一種共同的價值，確實有一些相通的地方。比如基督教或摩西十誡裡面講不殺、不盜、不淫，世間法裡面也一樣有。

刑法裡面通姦、妨害性自主罪、竊盜或詐欺他人的錢財都是有罪的。盜取他人財物或殺害他人，甚至包括自殺、加工自殺、教唆自殺、幫助自殺，法律上都有處罰。可以說宗教律法是透過一種自發性的、因果的觀念，讓一般人瞭解違反這些戒律會有一種良心的譴責。但是世間法是透過制裁的手段，造成普遍的一種約束和要求，所以宗教律法絕對是有它的作用存在，但是應當是沒有辦法替代世間法，尤其越是一個民主開放、多元的社會，宗教要做為普遍性的要求越困難。

王綠寶：

一開始我就講宗教從屬於國王、總統、統治者與司法長官，我們敬重與維護法律，實際上你沒有辦法跳脫現實，律法與法律你都需要遵守。宗教是在信條裡應外合面約束所有歸信者。如果宗教要走向世界性，律法必須依照不同社會環境的變遷和需求，在滿足最大的公道下制訂。我們是要在宗教律法裡面約束教友，這些約束包括盡心、盡性、盡意、盡力、愛你的神。

其次愛人如己。絕對是不會抵觸任何國家的律法的。我剛剛看了一段經文，是最古老摩西的律法在舊約裡的一段話，我覺得它對所有基督徒的約束應該是長久的，但是有多少人真正去做了呢？祂說：「你們要將我這話存在心內，留在意中，在心裡面、在意念中，要繫在手上，要綁在這個手上為記號，要戴在額頭上，讓他們走的時候可以看。」然後人們因為驕傲，這墜子愈做愈長，表示我很遵守這個誡命；同時，「也要教訓你們的兒女，無論坐在家裡，行在路上或躺下，都要論談，然後又要寫這些，並且要他們很清楚的去遵守」。如果你真的很清楚的去遵守這些經文，那麼律法對這些人實際上已經沒有約束力。

誡命可以不是律法

我常說你生活在這個世上，事實上卻不屬於這個世上，我不

能夠說無我，但是你已經到了另外一個道德標準，這是律法最高的一個期望。人是一直要被律法所約束的，我今天爲什麼不敢去犯罪？實際上很多人認識我是一個原因，另外我內心裡有這樣一個尺、一個標準，這些標準就是宗教律法規範的範圍，但是很多人把這些律法看做是誡命，如果你能夠把這些誡命看做是一種祝福時，你已經超越了這些律法。

所以經文裡面一直很清楚談到，爲什麼耶穌基督要來？事實上祂來是在成全律法的這種約束，讓人們真正的改變，用救贖、用贖罪這種寬恕的大愛精神，來做另外的一種滿足公道。因爲我們人沒有辦法滿足這些公道，就需要有一個祂來替我們做這些。所以律法實際上是因爲這些神，而成全了宗教！然而律法的存在，也證明了神的存在。

李永然：

我想特別強調，其實每一個人都有良心存在，這是做人最高的價值。佛法說是「人人皆有佛性」，其實人的作用就是心的作用，所以我們必須觀照這一個心。我們能看的眼、能聽的耳，我們能嗅的鼻、我們能辨味的舌，都是心的作用。既然心這麼重要，我們怎麼掌握這個心？我們常講做事要憑良心，你做服務業要拿出你的良心、熱心，所以你要去用心，掌握你的心，做你心的主人，就能在一生當中有很好的發揮作用，最後達致成功的結果。宗教是一種信仰，給我們安定的力量和前進的方向，給我們一種指引，但是我們絕對不能迷信，一定要自己作主，而且不只是說而已，同時要知道怎麼去做。

還有，一個人最重要的就是你到底是個寬心還是狹心的人？這涉及到心量：心量愈大自己愈空，把自己放的愈空你就愈趨偉大。比如你願意把財佈施出去，財雖然不在你的身上，你並沒有支配權，但是在佈施的過程中，你將得到精神的回饋，得到善緣。你得到的是一種未來可能性，也就是當你需要別人幫助時，你可能會得到別人的助力。所以我們應該要珍惜每一個緣份，把每一個緣都當成善緣，而不要把善緣轉變成惡緣。如果惡緣還可

以修成善緣，這可說是更高超的智慧了。

心量「放空」就愈偉大

此外，面對社會上每一件事情我們不要去埋怨，要勇於承擔，當對我們不利時要當成一種考驗，若順利時則視為是一種收穫，然後更當知守本分，碰到別人好我們要去讚歎；讚歎是避免產生對別人置喙。但反過來當我們做好，我們不要期待別人讚美，這樣做是在修你的心，也是在累積本身的智慧與德行。在這樣一個紛雜、多元的社會當中，我們應該要多觀照自己的心，用心去生活，這應該是宗教要幫助我們的地方。我想以這個做為我今天的結語，謝謝。

陳瑞貴：

雖然李律師是一位律師，但是從心的角度出發，他不告訴我們如何去興訟，這是一個很高層次的精神展現。如果說我們的社會能夠這樣，一定是非常的圓滿。下面也請王弟兄為我們做一些補充和結論。

王綠寶：

其實宗教與俗世是無法擺脫的。宗教的影響是由內到外，世間的影響是由外到內；世界是要帶人民離開貧窮，宗教卻要從人民中帶走貧窮。以貧窮來講，他可以享受貧窮，而後再教導別人走出貧窮。所以，世界常常是以改變這個環境的方式來塑造人，但是宗教卻是改變人，然後由這些人來改變環境。因此世界可以制定很多人類行為的模式，包括律法，但是宗教用的是從心改變到外在的改造。這是不一樣的。

陳瑞貴：

今天我們事實上可以得到這樣一個結論：在宗教偉大的思想與教育，以及人格化的薰陶下，法律雖然也會有它的作用，但是宗教展現的魅力是非常重要的。從另外一個角度來講，宗教要把這個真理加以展現的話，其實也需要法律給予保護。這樣相輔相

成，人類社會一定會更圓滿的。最後我們請心道上師就這個主題來為我們做一點開示。

心道法師：

謝謝大家。我們之所以要談這個問題，主要就是要將兩者區隔清楚，讓每個人知道法律與宗教戒律的重要性。佛教或宗教的律法、戒律，主要目的是淨化人心，達到一個聖化的作用，就是要愛，愛與慈悲是自然性的，而法律則是有一個國家社會自然形成的必要性。宗教對有信仰的人是有幫助的，信者會有遵守的作用；不信者也得到這種對社會公平的要求，那就是法律。法律規範人的行為，讓信教或不信教的人都可以普遍遵守，讓社會公平和諧，生活起來不會那樣非人所居！我們都是人，為什麼要弱肉強食？為什麼有勢力的人可以欺負沒有勢力的人？為什麼有人就是這麼惡劣，善人會被壓榨與欺負？所以，法律的需要性就在這裡。

法律和律法是互相需要

但是，宗教的需要性是從神愛世人、奉獻犧牲的觀念做出發點。宗教戒律是一個必然性、自然性的遵守。在佛法來講，一切是相對性的循環，你怎麼種就怎麼生，也就是因果的道理。所以大家必然要去實踐，否則你就會嚐到那個模糊的果實，你很清楚不好的果實種下去就會得到一個惡性循環，所以宗教律法是有一種帶來無盡福祉的、喜悅的作用，世間法律是有一個公平的、和平的作用。

所以，宗教律法是必然性、自然性的，而世間法律是非必然性、非自然性的，是一種整個團體、整個社會當中約定俗成的一個共同所需、共同規範。它會因時因地改變，但宗教律法是變不了的，是一個必然性的真理。宗教常說「自食其果」，但法律不叫自食其果而叫「審判」。審判就是以一個公平議論下去判決，判決以後大家口服心服。在這個狀況下，可能世間法律就是在做一個大眾化共識相處的規條。

　　眞理是一種服從性、必然性、自然性的，它不是我們人定出來的。如果人人認識到這點的話，自然而然會形成一個守法的精神，也就自然而然從神性、靈性、人性的必然性作出發點來認知宗教律法。宗教是內化的，是慢慢讓你自然而然去畏罪，畏懼這些規條、處罰。世間的法律就不是了，常常是能逃得過就盡量逃，逃不過、被告了，理所當然還要上訴，還要找很多理由去爭取；雖然我不對，我還是要爭取不要被懲罰。

　　我想這種問題就是說，世間法律與宗教律法是必須同時存在、互相需要的，我們說這個宗教性是冥冥中有紀錄的，現在欠的現在暫時逃掉，未來你還是必須去償還，或者被審判。它是一個自然的眞理，你必須屈服。但是法律不是去屈服的，是如果可以遵守就遵守，不能遵守，我還是會去做一些不該做的事情，只要不被檢舉。我是希望宗教的律法、戒律能被社會大眾認知肯定，同時世間的法令也要被重視。如果沒有它，可能這個社會就無法無天。宗教是一個母性的，世間法律可能是一種父性的，這兩個可能都必然存在。這個社會眞正需要從治本、治標兩方面同時來維持它的存在，我想就會很圓滿！

當世俗法律和宗教律法衝突時？

　　數年前有一個案件就是有所謂的「良心犯」，也就是在某一些宗教的教義裡面說他們不可以去習武，藉以達到殺人的目的。有些年輕人爲了不要去習武，所以不願意去從軍，最後被關進牢獄裡面去。這也是所謂戒律和我們的法律有所抵觸的情況。不知道兩位講者對於這個事件的看待方式怎麼樣？

王絲寶：

　　實際上我們常被問到如果兩國打仗，而對面的又是教友，你到底要不要開槍？我剛剛講過當你在遵守這些律法又要滿足公道的時候，你必須要有一個標準，而這個標準如果你是爲了自己的國家，爲了自己的人民，然後爲了服從這些盡忠律法，你就應該去做！因爲如果神要審判下來，那不是你的錯，因爲你是去滿足

這些國法。但是在宗教律法的約束下，每一個人眞的需要誠實、貞潔、仁愛、善良，並願意爲所有的人做有益的事，這是很基礎的，所以任何人都要相信、都要盼望，如此一來很多的事情都能夠忍受。這些問題我基本上是這樣認爲，從一個律師或從一個宗教者來講，那是很難界定的，而這個又必須回到你的「自由選擇權」。自由選擇權是在這些法律、你自己的智慧，以及在這種對立下做你自己的自由選擇。在這種無約束下，然後你去做了，這些被關的人也能夠滿足他自己的公道。

李永然：

　　這個問題涉及層面非常廣。今天如果有人說我是一個教徒，我的宗教告訴我不能殺人，所以如果當軍人的話，我可能在作戰或防衛國土時，對進犯的敵人做一些攻擊的行爲，甚至剝奪他的生命，因此我拒絕當兵。因爲是信仰告訴我不能殺生，所以你不能判我有罪。但是世間法律是在一個規範公權力掌握的社會秩序下，在這種情形下因爲你違反法律所以被判刑，而判刑是屬於法律的作用。至於宗教信仰，是屬於另外一個層面的問題。如果你今天可以用這個作爲理由，那假設有一個法官在判案的時候，面對一個涉及連續殺人的犯人，這個法官能不能說基於宗教原因，我要超越法律不做這個審判，不判他死刑呢？而在做這樣的判決時，我法官本身有沒有涉及到違反法律，以及瀆職的問題呢？這裡面可以看到很多問題。

　　比如又延伸到死刑該不該廢止的問題。有人說死刑應該廢止，因爲沒有任何人有權力剝奪他人的生命，只有神才可以決定這件事，所以有些國家就廢止了死刑。在台灣，從我學生時代讀法律系辯論的時候，這個問題一直是熱門主題。其實很多類似的問題，這裡面就要探討到底什麼人的生命可以被剝奪？人是不是有權力來剝奪他人的生命？

　　無論如何，我想尊重生命是大家共同的看法，可是當有些生命可能會對別的生命造成一種侵犯的時候，是不是可以允許有防衛的權力？這裡面就延伸到對生命的尊重，還要包括相對的防衛

權的概念問題。防衛權涉及到生存權的問題，比如當一隻黑熊即將剝奪一個人的生命的時候，另外一個獵人開槍把黑熊打死，剝奪這個黑熊的生命，這應該值得讚歎呢？還是屬於一種殺生的行為？我想這都值得我們再思考。

（前文整理自2002年3月23日「世紀宗教對談」）

榮耀「地上天國」的資本家？
—— 全球資本主義與教團經濟

與談人：南方朔（新新聞週報發行人）
　　　　王綠寶（耶穌基督後期聖徒教會教育機構督導員）
主持人：韋　端（台灣綜合研究院研究三所所長）

心道法師：

　　世界宗教博物館除了是一個靜態的展示外，我們希望從這個靜態的展示擴展到各種專家、學者、宗教人士都能參與的論壇，而更深入的討論宗教相關的爭議問題，這是我們辦這個系列活動的出發點。今天的題目是宗教團體的經濟與資本主義。從過去到現在，西方的宗教似乎比較沒有這個問題；它們的組織大，資源也大，無論是人才的吸收或教育的體系，整個都是一貫的。當然，它也有一些弊病，但是這個弊病是如何防止的呢？

　　今天談論這個問題好像比較針對佛教，台灣現在幾個比較大的教團在開放的環境下不斷成長，當它成長得愈大，它的資本經濟範圍就愈擴大，這是台灣很特殊的狀況，別的地方不一定像台灣這樣，不過南方朔先生在報紙上寫過，其實台灣這種規模不算什麼資本，比起國外的那些宗教，可以說根本就沒有資本可言。

非營利組織發展所面臨的財務問題

　　在今天這個題目下，我們希望能探討一下台灣幾個教團的成長對社會是否造成了問題？有的團體可能把政府該做的事情都做掉了，這對政府的角色和人民之間的關係有什麼影響？教團是不是應該去彌補政府不足的地方？此外，當教團發展大了以後，是不是一些比較小的機構、團體，它們募款的機會就被奪走而導致它們生存的機會變少？或是兩者的發展方向可以不同？而大教團

之間會不會因為資源的排擠效應而彼此競爭到不可開交？最後，經濟好了以後，是不是我們本質上那種清淨的、修行的特質，因為要競爭而變質問題？也就是教團大了以後還能不能兼顧到教育和修行，而不是把修行的本質完全丟失掉？

我們如何合理地使用社會募來的款發展出一個平衡的關係？在丟出這些問題之後，我希望今天的討論能有任何的建設性，然後讓我們努力透過各種管道來傳播實踐它貢獻社會，即使在某方面無法達到共識，但也能保留思考、反省的空間，留待更成熟的時機，讓大家再度來集思廣益。

韋端：

本來金錢是我們俗世人的事情，但後來想想，出家人也不能不面對這個問題。我們常說錢不是萬能，但是沒有錢連這桌子椅子、這杯水恐怕都不容易張羅到，所以融合形而上、形而下的問題一起討論很有意義。

不論任何一個團體都要理財，如果我們靈鷲山教團是社會團體中的一個，那就是所謂比較廣義的非營利組織。管理學大師彼得·杜拉克曾說過，一個社會如果要更和平美好，「第三部門」要發揮更重要的影響力。什麼是「第三部門」？一般來說，「第一部門」指的是政府；「第二部門」說法很多，有最小的經濟組織——家庭，或是以營利為目標的企業；「第三部門」則是非營利組織。

非營利組織的規模大概有多大呢？以美國來講，非營利組織最寬鬆的估計，產值大概佔國民生產毛額的百分之十，也就是八千億美金的產值。八千億該有多少人在裡面工作？它創造了多少的社會價值？十年前美國各大學財務都非常危險，連它的龍頭學校哈佛大學也不例外，所以當時幾乎每個學校找校長唯一的條件就是能替學校募到款。現在哈佛大學已經有二百億的基金，比較小的長春藤盟校、哥倫比亞大學也有六十億的基金，所以這些學校能有餘力做研究發展，學費也不至於飆漲得太快。除了美國，其他國家在非營利組織的財務上，也都朝著能夠維持它的業務於

不墜的目標努力。

台灣的情況呢？我們檢討起來其實很讓人著急，如何去幫助台灣這些團體，讓它的財務能有一個比較良好的規範，是最近幾年公共財務領域的學者們投入很多精神的地方，其研究成果包括政府基金不能只存放在銀行裡，應該讓它在比較大的範圍內去理財。譬如說政府投資的蔣經國基金會，五、六十億的基金以前只能夠放在銀行，但是在匯率不斷貶值後，由於對外都是以美金支付，產生了很大的損失；榮總也有一個一百多億的基金，也都放在銀行，在政府的補助愈來愈少之後，為了提昇醫療技術，有時連買一台好一點的醫療儀器都覺得非常吃力。在成大、台大醫院都有同樣的問題，其他比較小的幾乎已經經營不下去。

無論哪一個團體都要懂得理財

至於一般民間組織，尤其是過去兩年，在世界景氣不好的衝擊下也受到影響，連我服務的、專賣經濟研究的中華經濟研究院，在我當董事的時候雖然主張要去理財，即使院內有一百多位博士級的經濟學家、金融學家、銀行學家，但是結果也只有第一年賺了一點，去年和前年都大賠。連我們經濟的龍頭研究機關都這樣，因此我覺得非常的遺憾。至於政府的勞保基金、勞退基金、國安基金，甚至中央銀行的外匯，過去兩年都有很大的折損，去年（九十一年）最大的一筆預算四百七十一億，是用來彌補國安基金的。各位想想看我們為了老人年金一百六十億就吵翻天，公務人員調薪其實只要二、三百億，我們卻連一塊錢都沒有辦法調出來，但是一個基金虧損就是四百多億，而且還要編列預算去彌補，這麼說來我們政府是不是在理財上技術不如人家？是不是太過保守？

我再舉一個例子。報紙曾報導挪威的石油基金操作得非常好；這個基金有很多非常重要的基本原則，讓我們為它的領導人的智慧深深折服。挪威的石油只能再開採十三年就沒有了，由於每年政府收入的二到三成是靠石油的稅，因此沒有了石油以後怎

麼辦？所以國家就決定成立一個基金，將石油稅的一部份撥到基金上，如此即使將來石油枯竭後，政府仍能夠維持現在的收入。他們對這個基金的管理者只有一個條件，就是你不能在挪威市場上操作任何一塊錢，你只能到全世界的任何國家去賺錢拿回挪威來，而不是在挪威賺。

其實，心道師父一句「錢怎麼來，錢怎麼去」就已經講完這樣一個原則了。它說你不能玩挪威幣，不能玩本國市場，不能買挪威股票、房地產或放在挪威的銀行，所以它所有賺的錢都是從外面賺來的。一九九九到二○○○年的業績，平均每年成長百分之十二，也就是他理財的利率是十二。去年摩根史坦利全球指數是負百分之十七，也就是說去年基金折損百分之十七是全世界正常標準，挪威石油基金卻是正十二點。所以理財能力的好壞，和你能不能維持你的財富，事實上有很大的關係。

所以不管是教團也好，還是一般的非營利組織，你資金來源的政府捐助、家庭捐助或企業捐助都希望你能夠善用這些資源來達成這個組織成立的原始宗旨和目標。所以錢來了以後如何去維持？以世界宗教博物館來講，博物館都已經蓋好了，基金也有了，再過來要靠自己去善用這個基金。至於如何善用，有什麼樣的投資是我們可以做的？有哪些要注意的？今天就來聽專家的意見。

南方朔：

剛剛聽韋教授說才知道今天一方面要談教團經濟，一方面要談資本主義，我對理財是完全外行的，股票長什麼樣子我從來沒見過，所以這部份我只好缺席。我自己長期以來比較關心全世界宗教的發展，以及宗教的精神到底是在提升還是衰微？據我自己的瞭解，一些西方學者也談過，大概從二十世紀的最後四分之一個世紀，也就是一九七○年代的中後期開始，一直到現在，全世界都面臨了一個宗教復興的大浪潮，而台灣基本上也算是在這個浪潮裡面。因此無論在哪一個國家，都可以看到有愈來愈多的宗教活動出現。

可是，這一波的宗教復興運動卻出現了很多奇怪的現象，這個現象是無論哪一種宗教，在古代都不曾出現過的。它最大的特色就是在復興的內在精神裡面，企業模式特別發達，尤其是在比較新興的教派，我們稱做sectarian；或是傳統教會的改革派裡更新的、我們都不太能夠把它說成是教派，只能說是崇拜團體的cult。所謂崇拜團體就是在既有的宗教裡面更具有挑戰性的，或可能更異端、更新鮮的一個團體。愈是崇拜團體，它那種企業的精神在結合了新的宣傳術、形象處理和現代化的勸募制度後，使得很多原來的教會，或是新教所延伸出來的教派，也不得不跟著這個趨勢走。

伴隨宗教復興運動出現的宗教競爭

換句話說，在過去的四分之一個世紀裡面，全世界都愈來愈以企業精神辦宗教，成為一個很大的主流；也是在這種主流下，我們看到很多很奇怪的現象。

單以美國為例，因為這些新興的宗教活動有很強的侵略性，和老的教會之間的敵意就很強，以致相互的醜化、攻堅很厲害。我自己特別關心美國的基督教聯盟，這是美國一個很奇怪的宗教聯盟團體，它們推出了很多的電視節目，也辦了很多的廣播電台，內容都非常極端化，非常基本教義，也就是說在這種大家為了宗教勢力和金錢競爭的情況下，愈來愈傾向於把宗教應該有的寬容和宗教情懷，慢慢地丟到一邊去了，變成一個純粹的宗教競爭。其結果是把每一個宗教裡面偉大的部分全部丟開了，把每一個宗教裡面比較不好的、基本教義的那一部份通通發揚光大了，所以這段期間美國有很多有良心的知識分子，都在開始反省這個問題。

九一一事件以後，美國，無論是新的或舊的團體，都把基督教新教教派那種好戰的精神做了充分的發揮，譬如有一位曾經選過美國共和黨總統提名初選的Pat Robertson，他的言論就非常的可怕。

97

　　宗教為了勢力的擴張，為了資源的獲得，使用的經營模式好像愈來愈和宗教不相干。宗教變成了一個團體，而這個團體用現代化的方法、現代化的煽動手段募款，擴充教產，這變成它最重要的一個目的。譬如幾年前電視上出了好幾個偉大的佈道師，他們募了很多錢，還辦了宗教的主題公園，結果鬧到最後發現這些佈道師、全國的精神領袖原來大小老婆好幾個，成了大醜聞；類似的新聞出現過好多個，而且還一直在發生中。

企業化經營模式遠離了宗教的本質

　　所以，在一個宗教大復興的時代，宗教的精神反而好像愈來愈稀薄，而我們在評量一個宗教的時候，經常不是很有系統的去解釋一個宗教或教派活動的內在精神，或它是不是有清楚的理路。我們不再檢視這些東西，只看它是不是有很好的現代公關術，有非常聳動、報紙登得很大的內容。

　　雖然西方宗教在中世紀時都有過黑暗期，可是從宗教內在的精神講，今天真的沒有比以前高明到哪裡去。看起來宗教是愈來愈蓬勃發展，很多新興的宗教跟古代消失了很久的神秘主義又結合起來了，還出現了什麼集體自殺這種很奇怪的事情，或挖地下防空洞躲避世界末日的到來，產生很多異端邪說，但這些東西理論上都應該進入宗教的廢墟裡面，可是卻通通都跑出來了。人類的宗教情懷有沒有因為愈來愈蓬勃的宗教活動而提升，我覺得非常懷疑。

　　現代的世界貧富差距愈來愈大；根據富士比、Fortune雜誌的調查，全球超過十億的富翁將近五百個，如果把他們全部的財產加起來，他們一年所賺的錢比全世界最窮的二十三億人一年所賺的更多。這全世界愈來愈窮的五分之一人口在過去十年裡，只分到全世界人類財富的百分之二點三左右，已經夠可憐了，可是今天他們的財富更降到百分之二以下（大概是一點八、一點九），可是對於這個貧富不均的現象，我們卻看不到宗教界的人出來講話，只有歐洲在去年底勉強有一些聲音出來。

宗教和金錢的緊張關係

在西方的宗教裡面，宗教和金錢一直是處於一種永恆的緊張關係。

早期的基督教，我們叫做原始基督教團，是弱者的宗教，所以舊約裡面說人赤裸裸的來，赤裸裸的去；新約裡面則講，耶穌說你們應該把你們的財產全部賣掉跟隨我，富人進天堂，如同駱駝穿針眼，而且這種話很多。古時候希伯來社會裡面，每過七年，我們就要把別人向我們借錢的債免掉，然後過了五十年，我們每個人都要把別人欠的錢、別人抵押給我們的東西，都還給對方，那是一種人類基本的博愛精神。而佛祖的理想基本上也是一個終身平等的概念所建構出來的理想社會。宗教為什麼能夠吸引人？就是它基本上是一個大公無私的社會藍圖，除了在天上要造成，也希望在世界上、現世上能造成。

可是，這種精神在現在這個宗教蓬勃發展的時代，好像愈來愈少了，這讓很多人很焦慮。這情況在台灣社會也一樣，無論是哪一種宗教，就如同民國初年的太虛上人所說的，不管是道教或佛教都有點像雜貨店，我們每一個法師、每一個道士，靠他一個人就開一個小店，慢慢苦心經營，然後本領大、學問大、號召力強、人格高的，他的那個小店就會變成中店、最後變成大店。

我們台灣宗教的發展事實上和台灣經濟的發展是一個模式的。台灣的經濟不都是從種田開始，然後賺了一點點錢，有人就開始開雜貨店；賺了更多錢，開大一點的雜貨店；再賺了更多錢，就開進出口公司，然後開工廠，最後變成跨國企業。我們是這樣來的，王永慶不是也這樣來的嗎？所以我們台灣的宗教也是從這樣一步一步來的。

在過去四分之一個世紀，隨著社會逐漸富裕，宗教裡面出現了一些修行較高深或對教義研究較深入的人，所以我們慢慢開始有一些規模。可是這段時間太短了，頂多不過四分之一個世紀，不像西方從西元四世紀開始基督教就已經很有制度，以致錢的方面我們就搞不清楚了。所以我們如何處理金錢對於一個團體可能

產生的負面影響？我們的教義說宗教是窮人的，可是我們卻慢慢變成一個富人的宗教，我們如何來折衷自己的矛盾？

為宗教金錢問題建立制度

這些問題，在西方都討論了很多，從最原始的舊約、新約到後來中世紀的神學，一直到近代，神學本身的理論就在討論這些問題，調整金錢和信仰這兩個相互排斥的範疇，把它折衷出自己可以辯護，信眾也可以聽得進去，以及在做法上可行的東西。這在西方已經討論了一千多年，而且建立了很多制度，但因為我們時間太短了，都付之闕如，一下子突然出現了好幾個很大的山頭，而這些問題就通通出現了。所以忽然之間，老百姓看到了台灣好多宗教團體都變得很有錢，可是他們的錢是怎麼用的？他們就很懷疑，再加上我們的社會總是討厭有錢人，討厭有錢的團體，所以這問題就突然變成了一個公共議題。

不過，在我看來，台灣宗教團體有錢的程度，跟外國的比實在很不夠看，譬如單單梵蒂岡的財產就富可敵國了。以美國為例，美國大概二十五個主要宗教每年的總收入是好幾百億美金；台灣縱使已經很企業化了，但相較之下，仍然算是很貧窮。可是，我們並不因為這樣就可以忽視宗教愈來愈資本主義化的問題，教團應該去思考如何平衡金錢和信仰之間本質上的矛盾。但是怎麼思考呢？

除了根據我們自己的願景，也不妨多多研究其他國家一千多年來的經驗來思考；它們有很多的理論著作，而這些東西是非常值得我們參考的。此外，前幾天我讀太虛上人的論文集，有一篇文章我到今天還耿耿於懷。他認為中國的佛教（指的是大陸時代，基本上是一家一姓的小寺廟），每一個寺廟都是私剃度，就是我做為住持，幫你剃度你就是和尚了、就是法師了，我們沒有一個在佛教界統一的、有系統的僧侶制度，也沒有一個諸家並存很廣泛的，能夠和現代社會科學、人文科學甚至和未來社會結合的神學系統。他這篇論文讓我覺得很感慨。

太虛上人是生在民國初年中國動盪的時代，他提出這個偉大的遠見，在當時的中國不可能有任何機會讓他實現這個理想，可是今天的台灣是有條件可以慢慢實現的。現在的宗教不貧窮了，台灣整個社會也安定了，而且透過基本訓練的人員也愈來愈多了，所以我覺得教團的宗教哲學、本身的制度，還有階層制度、金錢管理制度等等，已經變成當前愈來愈迫切而且不能不正視的問題了。

韋端：

南方朔先生非常語重心長的希望宗教的事業和團體能夠可長可久，所以他雖然不刻意的去講究理財，但是也沒有排除理財的重要性，同時點出取之有道，用之有道這個深刻的問題。該取不取，是放廉，不該取而取，是傷廉！

宗教是建立在信仰與奉獻的原則

王綠寶：

我想從一位從事宗教教育廿四年宗教工作者角度來談一下自己的看法。我個人的看法並不代表教會。實際上真正好的宗教應該是富有教育性的，而真正好的教育也應該具有宗教性，所以宗教實際上就是一種教育。今天我們談理財，實際上宗教教團最主要的一個經濟來源就是信徒的捐獻。我們很清楚的可以把它劃分為兩方面，一個是你需要先有一個宗教的原則，原則、方向定了以後就是方法。在宗教的原則裡，最基本的觀念就是信心的原則，其次是犧牲的原則。

我舉個例子，大家對摩門教可能只是聽過，或看過兩個騎著腳踏車的外國人到處在穿梭，但可能不曉得在這個世界上有五萬八千多個像他們一樣的傳教士，用他自己從小存下的，以及他家裡存的錢來支持他傳教，而且沒有從教團拿任何的薪水。為什麼他能這麼做？

再舉一個例子，鹽湖城曾舉辦冬季奧運會，而鹽湖城是我們

教會的本部。奧林匹克委員會曾希望能夠找到二萬三千個人次的義工；做義工不僅不拿錢，自己可能還要花錢，但在鹽湖城那個小地方我們卻提供了六萬八千個人次的義工，這對全世界、對奧林匹克委員會都是不可思議的，他們怎麼會有這種組織，會有這麼大的信念或是犧牲的精神？

其實這是一種原則，一個宗教需要負很大的責任來教育教友，如果我們一直教導一個不需要人們犧牲的宗教，就沒有足夠的力量產生獲得生命與救恩所必需要的信心。所以宗教必須要求它的教友要犧牲，唯有經由犧牲一切俗世的事物，人們才會確實的知道他們所行的事在神的眼中是蒙喜悅的。就好像經文裡頭所說，你要盡心、盡性、盡意、盡力，愛主也愛人，反過來就是愛人如己。

但是在現在這種資本主義充斥的社會裡頭，我們又開始教導當你在為人類同胞服務時，你只是在為你所相信的神服務而已，如此這種廣闊心胸就可以開始往外拓展。但是很不幸的因為我們現在的生活富裕了，我們實際上已經俗世化了，所以當我們忽略了這些原則，又沒有方法來處理，當然就導致剛剛南方朔先生所擔心的這些情況一一發生了。

我再舉一個例子。如果宗教是非常簡單的，它的教義也應該是非常簡單，而且能夠讓所有世俗人都瞭解的，那麼如果這個世界上只有一個工具，而這個工具是鐵鎚，那麼釘子就可能要承受所有的問題，那你要如何來解決這個問題呢？你釘下去是要輕還是要重？這時候實際上就是技巧而已。

誠實是處理財務最重要的原則

理財對於一個宗教，實際上也應該是非常簡單的，但是人們把它變得非常複雜；管理也非常的簡單，但是人們把它世俗化、個人意識化了。其實講到理財，不管是國家、個人，實際上濃縮起來只有三個重點。第一個是人。教團需要經濟是對著人、教育也是對著人，需要他們來奉獻也是對著人，所以人實際上是需要

教育的，我需要多少錢，我就需要去教育我的人，讓我的信徒知道他應該怎麼做。第二是管理，管理實際上就在於制度，現在的宗教大部分的制度沒有制定好。制度當然包括理財，實際上它非常簡單，原則就是如果沒有錢就不要去花。沒錢我就不需要去做廣告，不需要為了錢去做不必要的宣傳。理財要好當然要有預算，我想大家都知道預算怎樣做，但實際上這裡面有很多的技巧，我把它歸納為第三重點「執行」。

無論預算理財或管理制度，最重要的是誠實，如果一個教團是誠實的，那麼它的可信度會讓人們願意再拿更多積蓄來奉獻。我們教會的人並不多，在台灣大概三萬三千多，每年大概以三千人歸信的速度增長，在全世界我們有大概一千二百萬的教友，這些教友都被教導要按照經文裡頭所說的，把他們所得的十分之一拿來奉獻給教會。所以為什麼在經濟不景氣的時候，這三萬人在台灣還可以維持五十五個單位、二十多座教堂，而且還有能力在過去這兩年買下許多土地，打算建比較大的聚會所和中心呢？它一定有它的道理在，那就是除了人管理之外，你如何去執行，而執行實際上就是一種方法，一種效率。

我是楊百翰大學（Brigham Young University）同學會在台灣的會長，楊百翰大學是美國最大的私立學校，有四萬五千多個學生，大部分都是這教會的教友。去年楊百翰大學的夏威夷分校舉行募款，因為九一一後有些學生的經濟有困難，結果有一些教友願意和所有同學會的會員來做挑戰，說是只要你捐一百塊美金，他的財團就捐二千五百塊，大家用這種犧牲的精神幾個月就把基金募足了。所以當我們在談執行的時候，除了奉獻精神外，還要有一個周詳的計畫。

最後，我希望和大家一起分享犧牲帶來祝福的這種精神。在我們這個富裕的社會裡，我把犧牲變成一種考驗；以宗教來講，最害怕的是這種犧牲的原則會漸漸的在我們中間變得無關緊要。宗教裡面最可貴的就是這種犧牲價值的見證，教會如果沒有給他應有的教育，他就會變得非常的膚淺；如果見證沒有辦法非常鞏固的建立在信心的基礎上，是值得大家憂心和繼續來探討的。

韋端：

不過，在修行和理財之間，似乎有一個先天性的矛盾存在。我們愈努力修行，就愈沒有辦法去選哪一支股票來投資，所以恐怕委託基金去專業理財是一條重要的路。

剛才活動開始前，南方朔先生談他對理財的看法，他覺得各種宗教都有各種不同的對宇宙的認知，以及對修行的訴求，恐怕就在於我們投資的標的和我們的宗教理念有太大的差距，所以雖然南方朔老師很謙虛說他不懂理財，事實上卻已經提出一個全新的金融理財概念，如果我們夠精明的話，你可以馬上成立一個基金，隨便起個名字比方叫元大，那麼元大清真基金就是給伊斯蘭教用的，然後什麼元大綠色基金就是給講究素食跟綠色消費理念的人用的。如果能夠這個樣，基金所投資的商品和你的宗教理念情懷是一致的，那麼教團可能就願意把錢放到這個基金裡面去。

整合跨宗教資源的期待與願景

今天對談活動的其中一個議題是教團的資源如何彌補社會政府、社會福利經費的不足。政府的預算因為受到景氣很大的影響，去年我們國家的預算總共被刪了八百二十億，單單一月和二月，政府的歲收就比預算數少了二百二十五億，所以我非常慶幸現在沒有在政府裡面工作，也非常同情我在政府裡面接這個工作的好朋友。我們不能再期待政府對我們宗教團體或社會福利對象提供更多經費上的支持，一百六十億的老人津貼能夠勉強發出去已經是萬幸了，所以這個重擔我們宗教團體自己要負起來，這也是我們為什麼要保有資金和理財能力的原因，然後用之有道，否則這個社會就會比我們目前所見到的更困難。

至於各種教團的資源如何整合，真是一個非常大的問題，連佛教幾個山頭之間資源能不能整合，都已經是個問題，更何況是跨宗教的。如果能成立一個佛教綜合基金，我覺得會非常的棒，然後再看看佛教團體的經費是不是能夠和基督教的也一起聯合勸募，或聯合理財、聯合使用。其實站在廣泛的宗教角度來看不是

不可能，但我相信中間的困難很多，而且目前看起來實在是非常不容易，但這也是在廣泛的用之有道的範疇之內。

最後是資本和修道之間本質的矛盾和融合，也就是能不能一面理財一面修行，要不然就是有一些法師要犧牲自己去理財，讓別的法師能完全沒有錢財的困難專心修道。我不知道這兩個哪一個比較容易成菩薩，如果說理財那個慢一點成的話，我覺得他的犧牲更大，應該更容易成菩薩才對。釋迦牟尼不是餵虎餵了好幾次，被老鷹吃了好幾次嗎？有這種情懷才能成菩薩，而且跟銅臭在一起是非常大的災難；如果能夠承擔，師父的加持就應該多一點，不是嗎？就我所知，有關非營利組織的理財活動及台灣經濟規模的整體研究，已經有人在進行，政治大學也有一個非營利組織的研究中心，而且理財是它非常重要的一個研究題材，所以我相信短期內這方面會有新的發展。

將屬世的財富轉化成屬靈的感動

王綠寶：

我們的教會一直鼓勵所有的教友要自立，不要去領政府的救濟金，這裡我想和大家分享一段經文，是有關我剛剛說的原則性。《摩門經》是這樣寫的：「但在你們尋求財富之前，當先尋求神的國度，在你們獲得對基督的希望後，如果你們尋求財富，你們就必得到，你們也必為了行善的目的而尋求財富，使無衣蔽體的人有衣穿、飢餓的人有飯吃，釋放被囚禁的人，並為犯病和受痛苦的人們解除痛苦。」

實際上，這就是一個教團經濟最主要的開始，它有一些方法，但是對宗教而言我們常忽略了，而把這種屬靈和屬世放在天平上來秤，然後把屬世看成是比較低賤，屬靈看得比較重要，失去了平衡。實際上，我們生活在這個俗世的世代，和屬靈是分不開的，所以也沒有什麼屬世，什麼屬靈，因為所有俗世的事物都可以變成屬靈，如果你所用的方法是對的，或者這種福利政策是對的。

　　我一直有這種想法，就是在台灣真的不信教的人不多，當然因為宗教很多，所以他有很多不同的信仰，如果每一個宗教都能夠有同樣的這種理念，來照顧好它自己的信徒或教友，教導他們自立，教導他們彼此互相依賴的必要性，然後幫助他們，那麼就可以減輕政府很多的福利開支。

　　比如，摩門教一直在教導教友不要去領政府的救助金，包括在災區都一樣。所以如果每一個宗教的福利政策是一致的，它一開始就應該找出這些貧窮者，而不是等這些人來向教團要求，如此你會發現到，當你在幫助他的時候，無論他的困難是因為單親、是老人、殘障、孤兒、寡婦，或其他的，他所得到的這種俗世的資源，就會轉換成屬靈的一種感動，當其他人有需要就會幫助他。

　　在教會這麼多年，我發現主動來要求教會幫助的並不是真正需要幫助的；而真正需要幫助的，往往是那些默默的、沒有開口的人，所以教團如果能以同樣的這種心態照顧好自己的教友，我相信政府最少可以省掉一半的福利基金。教會可以幫助他們自立，幫助他們自我依賴，而你也會發現到當人們願意犧牲去幫助其他人的時候，會擴展他的這種愛，而其他人也會很樂意去幫助更多人。在這種互助的方式裡，我們真的就看到經文裡面教導的，說一個窮寡婦所投的二文錢，和一個很有錢的人投的很多的錢，因為窮寡婦是把她所有的都奉獻了，她的錢絕對不輸投了很多錢的人；這種價值平衡產生出很多的漣漪，所以很多人願意把錢捐給教團，但是他們最大的擔心是不知道教團將這錢用到哪裡去，而將來需要的時候，能不能得到教團所給予的照顧。

韋端：

　　王督導的話讓我們想起《法華經》裡面七歲的龍女當場成佛，因為她把她唯一活命的龍珠奉獻給佛祖，就像寡婦那二文錢同樣的重要，我覺得非常發人深省。如果我們國家的福利經費可以減少一半，以現在社會福利經費是一年一千四百億來算，就是七百億，而這七百億的經費發下去，我估計大概有三分之一的錢

是用在發放的流程和人力上，所以如果政府這七百億不要花出去，委託我們宗教團體來代發，我們人事不要錢，說不定每發一塊錢，自己還搭配五毛，所以摩門教會的成功和做法，真的可以提供政府一個再思考的空間。

王督導也提到台灣有宗教信仰的人很多，我們也曾經做過很多研究，台灣至少百分之九十的人有宗教信仰，也就是說台灣是一個宗教情操比較廣泛的國度，社會福利的工作因此可以做得更好。比如九二一大地震，我算是第一批去的，第二天早上七點鐘就到了埔里，結果慈濟早就已經在現場了，所以宗教團體真的是走在政府的前面的。

將金錢回歸到俗世的慈善中

南方朔：

我補充一點，宗教團體在經濟不是那麼艱苦後，該怎麼面對金錢的問題，怎麼去尋找財源？以及怎麼把錢花出去？是一個非常嚴肅的、過去沒有面對過的問題。我的建議是，由研究宗教理論的人來檢視這個問題，因為教團從沒錢到有錢，它必須要有一些理論上的衝突、掙扎，然後才會變成人格的警戒。西方宗教在過去一千多年裡，關於這一部份的討論在神學裡面是非常重要的一部份，在每一個神學家的著作裡面都可以看到他們如何面對金錢的掙扎；有理論就會有警戒，有警戒這個問題就不會失控，或出現大陋規。

此外，台灣從一個相對貧窮演變到比較富裕的社會，我們要怎樣去思考未來宗教團體在這樣一個時代變化裡角色的改變？任何一個宗教，無論佛祖、耶穌基督或穆罕默德，都不是從他一創教開始那個基本教義就從此不動了，而是隨著時代在變化、在調整的，整個宗教制度的內在精神也根據時代而調整，這是每一個宗教都要去反省的問題。譬如說每一個宗教開始時都有很強的古代信仰的成分在，也就是有很強的交換意識，我捐錢是為了獲得良心的補償，可是後來的發展，每一個宗教都會把這一部份消滅

掉，我希望我們宗教的信眾們，能有比較強的慈悲精神和犧牲精神，把那個交換的元素提升到人性化上。

所以，宗教有不同的階段，譬如說早期的基督教是一個弱者的宗教，四世紀開始變成國教，也就是變成統治者的、可怕的宗教，當時也是第一次全面性的宗教復興，偶像崇拜、古董崇拜處處可見，宗教和做生意扯在一起，每一個城市都是一個聖地，到處都搞聖地崇拜，如羅馬梵蒂岡的聖彼得大教堂為什麼那麼偉大？它下面埋的就是聖彼得的遺骨；原始信仰的這些東西沒有被超越，所以才有這麼強的遺物崇拜，透過華麗的教堂，把遺物襯托得很偉大，然後所有的信眾一看到它就會覺得很謙卑，用這種權力的籠罩，作為它某一個階段信仰的動力。可是這種東西隨著時代的發展，愈來愈難被人接受。很多人希望提昇，希望找到更基本的普遍的人性和價值，以作為宗教信眾們聯合在一起的基礎；這就是宗教改革最大的動力，我們讀歷史的人，不會把這個最關鍵的因素忘記掉。

換句話說，宗教改革最大的動力是聖彼得大教堂所激發出來的，花這麼多錢去蓋教堂，然後用盡方法去找錢，找得信眾們因反感而思變。早期的宗教以慈悲為主，慈善這個字最早是從「鄰居愛」這個字產生的，拉丁文叫Charitas，為什麼呢？因為早期的國家本身沒有什麼能力，只是一個皇帝養了一些很差勁的軍隊，迫使老百姓交租，窮老百姓辦的教會因此很強調慈悲、憐憫。可是到了現代國家，政府從老百姓的手上拿到稅賦，慈善事業變成政府應盡的責任，教會團體或人道份子只管關心人類的未來、我們需要什麼價值、做什麼事情等等。

這方面，我覺得美國人做得最好，而且美國人對慈善和人道做過很深刻的討論，政府的事我們不做，你做不好，我透過民主制度來監督你，然後教會這個慈善團體要過渡成一種人道團體，所以很多宗教團體會辦先趨性的文化事業，創造先趨性的機構、先趨性的價值，以及實驗性的教育、公平的文化資源分享。這些東西已經慢慢變成不是慈善而是人道，所以也愈來愈談人道，不

談慈善。這是美國，恐怕我們台灣也要有這樣的一個想法。

台灣很多的教團已經愈來愈富裕，可是我感覺我們在做很多事情的時候，都是隨著西方從前走過的路；別人辦大學，我也辦大學，別人辦什麼，我就跟著辦。他們辦大學不只是辦一個大學，而是一定會設計一套制度出來，讓窮人優秀子弟能夠獲得很多獎學金，目的是一個社會的窮，救濟是沒有用的，因此給他們一個可以脫離貧窮的好機會，然後有一天可以回頭去做社區服務，而這個比救濟更有用，創造出一個新的價值。我覺得台灣教團資本獨立之後應如何去運用財富，這是個可以去思考的問題。只有在台灣宗教團體本身自我提昇了，社會價值才會提昇，社會也才會有美好的前途。

如何調合屬世和屬靈？

提問：

如果我們將宗教也視為一種事業，它一定有物質的屬世和精神的屬靈兩方面，但在現有的有限資源分配上，很難不出現你爭我奪的情況，所以大教團兼顧教義和修行是不錯的思考方向，請問王督導，摩門教目前在這方面是怎麼做的？

王綠寶：

這要從歷史談起。大部分的宗教在要開始快速發展的時候都會受到壓迫，所以美國西部開拓史，實際上就是美國摩門教徒被逼西遷的故事，甚至於在開始興盛的時候，所有的財產都被政府沒收，然後重新開始。那如何使教會持續到現在，而且在今天這個經濟萎縮的時代還沒有財務的問題，同時還繼續向前邁進呢？

我舉幾個例子，我們教會有一個事業叫做德撒律工業（編按：「德撒律」一詞出自摩門經，有勤奮、勤勞之意），它是用教會的資產來買很多的地，然後在上面種植、蓋工廠，任何教友失業經過主教面談都可以到主教倉庫去拿他所需要的家庭用品，這是一個管理化的系統和援助慈愛計劃。

此外，我們有四所大學，其中一個在夏威夷，教會在那裡買

了很大一塊地，成立了一個波里尼西亞文化中心，過去三十七年來一直都是觀光旅遊評鑑第一名，那裡面所有的工作者都是學生，因為教會有一個責任，就是不讓二千五百多位在太平洋和亞洲區的窮學生，因為沒有錢而得不到高深的教育，教會讓他們用自己的經驗在波里尼西雅文化中心工作，來賺取他的學費。

這幾天我有兩個訪客，一個是美國前白宮戰略顧問Dr. Jordan，另一個是BYU-H的就業輔導主任，這兩天在接待時見了很多本地公司的大老闆，目的是為在美國讀書的亞洲學生畢業後找出路，或讓他們在讀完書後能夠回到自己的國家，幫助自己的教會或國家進行建設。我們還有一個慈愛協會，在美國是最大的，當一些災難剛發生、美國政府還沒有要求我們做什麼時，物資已經到達那個地區了。去年底教會還投資了很多錢在生化、醫療、癌症的研究上，其實任何教會當有能力的時候，都應該去做這種廣泛的研究與慈善事業。

今天，世界道德衰弱的一個主要原因是人們沒有依照宗教教育的原則來處理社會問題，所以我非常重視宗教教育，如果有機會我很樂意幫助其他的宗教，讓它們有自己的教育機構，不需要去辦大學，但是一定要很清楚的知道他的主事者的理念，然後其他人能夠很清楚的用同樣的理念去教育其他人，當你取之社會然後回饋給社會的時候，你會發現那種力量非常的大，就像潮水一樣。

總結：讓更多的人參與淨化社會的工作

心道法師：

最早釋迦佛是托缽維生的，他生為一個皇族本來也沒什麼資本，為什麼今天會演化到教團有資金和經濟的問題，主要是時代的演化造成宗教團體生存的困難。今天的出家眾不再能靠沿門托缽過日子，所以演變成現在這種資本經濟，這是宗教團體存活的一種方式。當然這種狀況有它的利弊，但問題是如何能避免？事實上，台灣的宗教大體上跟著西方宗教的發展方式在走，因此大

致上會愈來愈像西方宗教的經濟狀況。但是西方的經濟狀況也有弊病和腐敗的地方，因此我們佛教未來是不是也會有這個問題呢？我覺得摩門教在管理和技術的觀念，其模式是值得我們學習的。

　　佛教是在時代中慢慢演化的，不是一下變成現在這樣，人生存在世上，窮則變、變則通；基金會之所以成立，並不是它要搞什麼，而是這樣才能夠生存下去！如果不用基金會，佛教要怎麼生存呢？台灣基金會的管制特別多，連基金會能不能幫助佛教生存未來都是個問題。當然在修道方面，有錢可以吸納更多的教徒，而吸納更多的教徒是希望更能淨化社會的本質，轉換人心靈的快樂。宗教推廣一個心靈文化，這也許以產品行銷的道裡來看也一樣，每一個產品怎麼銷售，怎麼被接受，都是技術面的問題，而技術面不能說它是利或弊，它只是生存要考慮的條件。

（前文整理自2002年3月17日「世紀宗教對談」）

想像一個「美麗家園」？
—— 全球化生態靈修與生態危機的解套

與談人：心道法師（世界宗教博物館創辦人）
　　　　陳慈美（生態關懷者協會祕書長）
　　　　李育青（生態關懷者協會理事長）
主持人：陳松根（宜蘭縣教育審議委員會委員）

工業文明後的危機

陳松根：

　　人類進入了工業文明，許多人對生態有許多的期待和想像，但事實上和我們期待有相當的落差，今天請陳老師針對生態和人類的關係，和師父做一個對話。

陳慈美：

　　我不是學生態的，我讀物理，後來也接受一些神學的訓練，可是我是在生活當中，特別是成為媽媽之後，自己深刻感受到的。現在不管是自然生態，或人文生態，都已經非常惡化，對我們在教育下一代，或者是撫育下一代，都會產生很大的威脅，所以我就以自修的方式去了解。從參與主婦聯盟，到自己閱讀一些相關的書籍，我很深地感受到，所謂自然生態的問題，其實它的根源是人文生態出了問題，所以我一直認為我們要從價值觀的改變，或者是說再一次肯定我們舊有的那些好的價值觀，才能夠讓自然生態可以回復稍微健康一點。

　　「自然生態」的危機指的就是我們平常一般在說的，空氣、水、食物等各方面的污染，另外就是大自然環境的破壞、保育方面物種的滅絕，還有像台灣這些年土石流的問題。所以「污染的防治」跟「自然資源的保育」，大概是一般人想到環境問題的兩大領域，台灣目前大概就是從科技面，或者是從政策面來看待這些

環境問題。事實上，越來越多人發覺到，其實環境問題的根源是價值觀的問題，是人類對待大自然的倫理沒有被建立起來，或者是說失落了。

人與萬物應該是一體的

心道法師：

非常謝謝陳老師跟李醫師，我覺得很高興我們能夠由不同的角度去共同認識我們生命環境，因為這個生命環境現在面臨一個危機；因為沒有學習到這個知識，所以我們不知道生態環保的影響，跟我們的人文關係。也許是我們的人文影響了生態，或者是因為時代的進步，讓我們忘了進步背後的問題。在宗教領域裡，認為萬物跟我們是一體的，除了對它有一份尊重以外，我們特別希望體驗宗教跟自然的關係是透過心靈的接觸。

在佛陀的時代，認為大自然的一切都是有生命的，連草都不能夠隨便踐踏，因為它是有生命的，所以我們對草都必須要有尊重，而這就是一種宗教的精神。總之，宗教、心靈跟大自然的關係是非常密合的。

宗教界開始關心生態環保議題

陳慈美：

其實現在的所謂環境運動，如果比較我們把它拉近一點來看的話，應該是在第二次世界大戰之後。一九四五年大戰結束，日本遭到「核子彈」的攻擊，那個時候很多生態學家他們發現到，原來人類可以發明摧毀那麼多無辜生命的武器，在當時那是很大的震撼，所以在二次大戰之後，一些生態學家開始呼籲，我們要保護這個脆弱的地球；但是，當時全世界不管戰敗國、戰勝國，都想拋開戰爭的陰影，急速地發展經濟、科技，發展工業、商業。在一九四九年的時候，時代雜誌有一幅照片，照片下面寫說：「消費時代已經來臨」；在人類武器毀滅性的壓力下，以及消費時代的來臨，整個大自然很快速地遭到破壞。不過，環境意

識的普遍覺醒是在一九六二年，美國有一個海洋生物學家，他寫了一本《寂靜的春天》，引起了全世界的震驚（所以通常把一九六二年當成全球環境意識覺醒的一個轉捩點），造成了極大的反應。可是後來人們發現到，環境問題好像不是只有科技可以解決的，不是只有政策可以解決的，而是價值觀的問題。

另外在一九六七年，美國有一個研究中世紀的一個歷史學家，把現代的這種環境危機、生態危機，歸咎於基督宗教的那種宰制自然的態度，所以在學術界有相當多的人認為，所有的宗教裡面，基督宗教是最敵視自然的。剛剛師父說所有宗教都是尊重生命的，好像有些人卻不這麼認為；另外，有其他人認為，在基督教裡，上帝就是要人去管理大地，但人和大自然的關係，應該是像園丁在照顧花園，而不是宰制的關係。

所以從一九六七年開始，這種從宗教的立場來看環境的問題，就變成西方很大的一個力量，但有些教會人士就無法忍受，所以就有了許多正反兩面的文章、著作討論這樣的現象。在一九七〇年，美國發起「地球日」的運動，便是在前述的這個歷史背景中產生的。當時所有的知識份子，教授、學生在全美各地呼籲關懷環境，將四月二十二日叫做「地球日」。到了一九七二年，聯合國舉辦第一屆的「全球環境會議」，第二屆的時間是一九九二年，地點是在巴西；第三屆則是二〇〇二年，地點在南非。其實全球的環境運動是有一個脈絡可怕的，跟二次大戰及後面的發展都有關。

台灣環境運動和反對運動的結合

宗教跟環境的關係其實引起很多的反省。在西方的一些環境哲學家的著作裡面，有相當多非常肯定非西方宗教那種善待眾生、尊重生命的態度。可是也有一些人提出一個質疑，他們覺得，當西方所謂的現代化傳到非西方的國家之後，地方的傳統宗教也沒有了免疫力。當非西方國家的宗教面對這樣子的質疑，是不是能夠有所回應？

　　台灣的環境運動，其實跟反對運動在早期是結合的。在七○年代初期，當時被稱爲台灣「生態之父」的林俊義教授(前環保署長)去談環保的議題，都會有情治單位的跟監。因爲在戒嚴時期，講反省、批判的東西，不管你是多麼單純的學者，一定會被聯想到是假借學術的名義，來從事政治的行爲。不過台灣最早的環境運動其實也是跟一些因環境災害、或者公害污染的災變，所引起的抗爭有關，台灣的環境運動也是這樣開始的。政治一直在改變，環境運動的模式也在轉型。

李育青：

　　我們的環境運動都是所謂議題式的，針對某個特定議題，會有一個很明顯的主題，例如核三、核四，或者是黑面琵鷺，都是有一個明星的東西或議題。很可惜的，沒有人去看那個較全面性的東西，因爲除了這些以外，台灣還有其它的東西在這裡，還有其它的人在這裡。

　　在這個過程裡面，可能因爲當初投入這個運動的人，他們其實一開始都只是很平凡的人，就像我這樣，其實也是被生活重擔壓得喘不過氣來；只有那麼一點點時間，盡其所能的去針對那種特定的、很明顯的訴求。有人反對了一輩子，傾家蕩產，家庭也弄得很糟糕，可是他所企求的目標也是沒有達到，後來有人就會覺得很挫敗，有的人甚至開始怨天尤人；所以我覺得一個最大的癥結就是──台灣的發展太快速了。

人思考反省的時間、空間不夠

　　我們沒有辦法像西方社會有很長、甚至幾百年的時間可以慢慢來反省，我們必須在很快的時間內做出反應，或要依附於主流的社會，或要走出自己的一條路來，這是我們面臨的癥結，就像我們人心的變動其實很快。

　　我看過心道師父的一些故事，我覺得我們一直以爲所有的原因都是來自於外在，其實「心」的問題最重要。假如心沒有辦法定下來，人根本是沒有辦法做出一個什麼像樣的事情，而且就會

沒有了空間。因為我們都祈求一個空間，如我們講vacation，英文就是一個空間；我們渡假就表示我們去一個沒有壓力沒有煩惱的空間，而那種空間其實沒有辦法在心裡面創造出來，只有投射在外在的世界，那這樣的投射你會想說我就可以這樣很不在乎地過自己的生活，然後假期到了，我可以去旅遊、去休息，但是他的心真正有得到休息嗎？只是讓它更混亂，反而會造成內在的失序，而這也會表現出我們在外在的行為也是會脫序的行為；其實這是一種惡性循環，變成說我們在面臨這樣問題的時候，我們都只是把它當成議題。

就像我們把樹當成是一個東西，是一個議題，你不會把它當成是一個生命，我們甚至沒有徵求它的同意，就去談反對或是贊成。關心這個議題的人，甚至有些人沒有去看過那些樹，就在那邊反對或贊成，那我不曉得他贊成的是什麼東西，這是我一直覺得很詫異的地方，人居然可以自我分離到這樣的地步。

與大自然的互動中找回靈性

心道法師：

事實上，只有透過不斷的與環境、生態的接觸，人才能與大自然產生互動，才會真正的認識大自然，也才能真正的感受到自然與人的關係。在這個資訊化的現代社會，人們往往迷失在資訊科技裡，或者是將生命虛耗在電腦網路的世界，缺少與大自然的互動和接觸。因此，人們無法真正的認識自然生態，也就無法去尊重這個生命的空間、生命的環境。我們心靈需要認識大自然，心靈就會靜下來。我在緬甸時喜歡爬到很高的山，躺在那邊大自然中，感受到它，那感覺就是這麼舒服，大自然就是能夠包容你的一切。

在另一方面，人往往因為生活，或者是說經濟的因素，對自然生態產生破壞。例如說，人們為了更好的物質生活，或為了可以享用更好的食物，扭曲或改變了自然界原有的平衡，甚至以科學的技術去改造作物的基因。但是科技主義過度發展下對自然與

生態，包括對人類自己產生的危機，不是短時間可以看出，是要透過人類心靈與自然、與生態的觀照，才能真正的瞭解。就生態的循環的觀點來看，人類吃下過多基因改造及化學食品，破壞的不只是個人，而是人類賴以生存的環境，因為經由人消化系統所排出含有過量非自然成份的廢棄物，污染的是我們的水、土壤及植物，當這些被污染的環境培育出來的食物，又再次的進入人們的身體時，一個惡性的循環便不斷發生。

生態的問題就是因為缺乏安定的靈性，而宗教的意義在於導引人們走向安定的靈性。以宗教的觀點來看，萬物跟人是一體的，人除了對大自然應該有的一份尊重；人應藉著與大自然接觸，回歸靈性，才能真正的反省到生態與自然失衡，才能真正的解決問題。

因為缺乏安定的靈性，人們也就缺乏對寧靜快樂的感受的經驗，無法體會自然環境中的寧靜安詳，所以常常就會造成人們在這個時代的一種虛無感；而為了填補這樣的虛無，人們只好不斷的去追求物質的滿足，在物欲過度被膨脹的今日，宗教所扮演的角色和它的功能，或許是去提醒人們什麼是真正重要的，什麼是生存真正的價值，包括提醒人們只有透過靈性的復歸，才能與自然、生態成為共存的一體。

宗教是一種生活的方式

李育青：

我知道基督教有一些神秘主義者，比較屬於非主流的教派，很多人和自然都有很親密的關係，包括他們蓋教堂那個建築的比例，好像建築每個面向所帶給人的感受；只要人進入那個空間，就會進入到一個很神聖、跟自然融為一體的感受，而那種感受其實是藝術家把他經驗到的東西表現出來，用一種很隱喻的方式講給你聽，這個有點像禪宗的點到為止的方式。其實我覺得他們要講的就是一種很自然、生活的方式。

我覺得宗教對我來講只是一種很自然的生活方式，而不是一

些規範、戒律或教條。其實我們人很奇怪，只要把東西分成兩邊以後，內在就會產生衝突；把事物分成是與非，那是非之間就會有衝突矛盾，人就會生活在這個衝突矛盾當中。如果我們看到事實就會開始去詮釋，開始去解釋，每個人從不同的觀點來解釋，那這樣事實就往往不是它真正的面貌，我們得到的只是解釋而已，也許我們在經驗自然的時候就會感受到了。

我常在笑說，現代人其實都是靠一顆大頭在過活。有時候因為生病，你才會覺得身體的存在，因為它讓你不能動、不舒服，但基本上你可以靠一個頭活一輩子。同樣的，人以為自己是大自然的大腦，可以主宰這個世界；但是等到自己受傷，如發生土石流，它讓自己身體或利益受到損害，才會覺得大自然好像是我們的一部份。好像法師講的，他躺在山上覺得那個山是他的母親，可是現代人好像躺在山上就覺得蚊子好多；我們要住在一個很舒適的地方，自己把自己包得很好。這其實是反映我們現代人心中那種不確定、沒有安全感的感覺。

人和自然、生態的合一

陳松根：

佛法講「分別」是煩惱的根本；當我們跟大自然形成對立，當然煩惱就一定起來了。剛談到生態不只觀賞，它應該是跟生命合一，它不應該再被對立；但人們到底要如何理解，人跟生態是合一的呢？

陳慈美：

我們是以成立協會來訴求理念。其實我們這個團體一開始是我家裡開始，有六年的時間是地下組織，沒有登記，後面四年半正式成為協會；我們一直在思考，到底要做什麼？協會存在是為什麼？為什麼在那麼多團體裡頭多增加一個名額？現在教育部也一直在做環境教育，農委會、環保署也都在做，這個小團體到底要做什麼？事實上，我們一直覺得，這是我們摸索的一個過程；在台灣的社會，每個團體的能量不一樣，有不同的資源，有不同

119

的關注，應該各自去找出自己最能夠勝任的角色。以我們這個小團體來講，我一直定位我們是一個supportive的一個團體，而我當初會想做這個，是知道教會界是一個很注重教育的地方，因為我從小在教會家庭長大，如果我能夠提供教會好的相關的教材去推廣，我寫的東西，就可以走進人家的家裡，我們是希望扮演這樣的角色。

我們在環境倫理這方面所累積的東西可以分享給更多人，這是我們一個很小的能量的團體能夠貢獻的。現在台灣也有生態研究所，各種各樣的團體，大家做的方法都不一樣；我覺得這樣很好，因為社會本來就是很多元的，可是我會感覺到，從宗教的層面來看環境問題，其關注還是很少。我十年前開始推行的時候，很多人並不是那麼能理解。

今天是基督教之外的宗教跟我們接觸，我們會覺得非常榮幸，也覺得非常欣慰，因為生態環保這個問題一定是要往這個方向走的。

不同宗教對自然生態共同的重視

心道法師：

各宗教應該共同來關心生態的問題，因為宗教的本質是愛，包括對環境、對生態的愛。我常常經過濱海公路，看到海裡的垃圾，和河流出來的廢物，想這麼一個小小的台灣，為什麼環保就是做不好？宗教是不是可以去感動人，能夠去推動環保？宗教的力量是不是可以一起來做這些事情？各宗教是不是可以聯盟起來一起保護我們生存的環境？

宗教界跟現在的環保工作者是可以相結合的，在同樣對地球關懷的基礎上，去推動生命環境的永續發展；宗教的意義在於追求萬物的共存共榮，包括生態的共存共榮。舉例來說，宗教的朝聖活動，隱含的是生態的環保概念；朝聖的意義在於神聖性的追求，很多的聖地現今只是一個遺蹟罷了，但是當信徒們去朝聖，可以感受一種神聖，體會聖人們的承擔和超越，那是需要有一份

虔誠跟寧靜的心，去和環境互動，才能找到宗教的神聖性。我認為，以寧靜的心靈和環境的一種互動，是尋回宗教神聖性的一個方法，也是真正保護生態的一個方法。

陳慈美：

我覺得我們應該要提倡生態靈修，一方面也像師父講的，我們要認識我們跟生態之間環環相扣的關係，這個是生態學的知識可以幫助我們。另外，我相信在各種宗教裡頭，在自然裡頭的靈修，應該再去把它落實，讓更多的人學習。

另外，我覺得如果宗教界如果要參與環保，應該把聯合國的地球憲章做為我們的一個目標，一方面又能夠跟國際接軌，一方面又能夠跟環境問題相扣。

有學者認為人類歷史的重大轉變，是要靠宗教來導正那些價值觀的，所以期待基督教界的反省跟改革。但我覺得所有宗教都一樣，就是我們要認清宗教其實是影響人的價值觀，然後人的價值觀才會帶出整個所謂人民普遍的覺醒，因此我覺得宗教界是責無旁貸。

環保和經濟的發展並不是對立的

另一方面，我覺得宗教界應該不是只有談論在個人倫理，有時候也應該在集體的倫理這部份講一些話。美國有一個神學家，他有一本書叫做《道德的人與不道德的社會》，談到也許社會的每一個人都很有道德，可是那個社會的整體政策，本身卻是不道德的，結果導致整個社會變成不道德的。比如說ＷＴＯ，可能是很多結構性的罪惡之一，所以我們個人小小的良善，會被很大的惡把你抵消掉；宗教界應該共同呼籲，對生態問題的重視不是個別的人可以做到。

陳松根：

台灣現在是以經濟掛帥，環保和經濟如何去取得平衡？經濟和環保的是否有一個平衡點？

陳慈美：

　　我覺得台灣一直把環保跟經濟看成是對立。從英文來看，「ecology」生態學，跟「economy」經濟學是相同字根的。學哲學的一定知道，「eco」這個英文字，它原來是希臘文，為「住家」的意思，是你的居所、你所住的地方。所以「ecology」是研究在你人類居住的地方，就是生態學；經濟學是去管理你家裡面的東西，所以兩個其實目標是一樣的，只是一個是了解，另一個是管理。

　　今天為什麼經濟跟環保會有衝突？因為現代經濟的立足點是錯的，它把自然界想成取之不盡、用之不竭，把人類所製造所有不好的東西，想成自然界可以無限地吸收；事實上這樣的假設是不對的，所以現代的經濟學是需要被修正的。西方已經有一些經濟學家，而台灣也有一些經濟學者也在探討這方面，表示應該建立新的替代性的經濟學，不能夠再把自然界想成取之不盡、用之不竭，這樣的經濟學才是跟生態學是一致的。

以負責任的態度去取用大自然的一切

李育青：

　　我們應該想想看，什麼是我們生存所必須的？譬如說我是一個業務員，所以需要一部車子，我沒有車子我沒辦法生活，所以我買一部車子，但我既然擁有一部車子，那我就不需要有第二部；人必須以一種很負責任的態度去取得生活所必須的，而且是沒有就無法生存的。人類在發展過程中，免不了要吃很多的東西，但是卻要犧牲一些生命來餵養我們自己；當然我們終將死去，終將把這個身體還給這個大地，這是一個很自然的循環，但我們應當以一種尊敬負責的態度去取用我們所需的，這樣就是一個很完整的循環。如果我們照這樣的規範這種原則來考慮的話，內在不會有什麼衝突發生，這就是一種生活的模式。

　　我覺得我從自己的反省中學到了很多東西。我讀了很多書，後來卻發覺什麼都沒有用，因為根本很多東西我沒有辦法放在我

生活裡面；我可以擁有一腦袋瓜的知識，但這些知識和生活場合一點也沒關係。像剛剛法師講的，宗教就是愛；書上說愛是一種無煙的火焰，但是想想看，火焰燒起來，但是沒有煙，它是一種完全全然的奉獻跟熱忱，它是沒有煙的火，如果我們人心中那把火是像這樣子，沒有煙就不會薰到人、不會燒到人，但會讓自己持續地發出那種微光。這樣的話，當我們用很負責任的態度來面對自然界或者我們自己的時候，這個社會也許才會慢慢的正常。

陳松根：

曾經有一個人希望這一輩子可以改變所有的人，但是當他老的時候卻認為，如果年輕的時候能從改變自己開始，每個人能夠改變自己，也許這個社會就真的能改變。也就是說，對於自然生態的保護，是不能忽略每一個小我的力量。另一方面，各宗教都有以朝聖作為靈修的一種方式，而這個以聖人曾經靈修的環境作為朝拜對象的宗教儀式，其內涵為何？

關心人的生存問題

心道法師：

其實，朝聖是對神聖的一種追求。我們有時候去看聖地，只能用心靈去感應一個遺蹟，例如說去感應耶穌基督祂的苦行、和承擔，而這就必須要有一份虔誠跟寧靜的心，去追溯這份神聖，所以朝聖和環境的互動性，是建立在心靈對於神聖接觸；也許是因為整個社會的問題，或者是時代的轉變，讓人們失去了對神聖一種感受，所以當人在追求一種自己以為的價值時，有時候就會不擇手段，比如說經濟的發展。

但以宗教的立場來看，是認為環境的保護可以全球化，但經濟全球化可能就有一些問題。過去我們講地球村，現在是不是我們可以變成「地球家」，使它成為一個共識？宗教是關照人的心靈，就是希望每個人都平安和平。我參加過世界上很多宗教會議，深深體會到宗教跟環保是不能分離的；宗教是對整個地球關懷的，它講求的是一種共存共榮。

陳慈美：

剛剛師父說，宗教跟環保是不能分離，我覺得這是一定的，因為宗教其實是在關心人的生存問題，但是今天的環境造成人生存很大的危機，所以宗教關心環保，這是非常自然的。我想這個理想是我們必須好好共同推動的。

環境破壞與人的生存問題？

提問：

這個世界是不是有惡才會有善？是不是善惡的力量應該達到一個平衡的狀態，這個世界才能夠運轉？是不是假如全部都是好人，或是全部都是壞人，這個世界就會停止運轉？我覺得也許我們不應該對破壞環境的人有太多責怪，因為一昧的責怪他，他就會起仇恨心，然後他就會做更大的壞事，所以有時候在面對這些的時候，我們常常會碰到兩難；也許這些人是為了家庭，而且也是為了自己生存的目的，我們要如何達到善惡的一個平衡？

心道法師：

現在地球已經不平衡了，而且是很不平衡，已經到了危機的地步。比如說戰爭發明的這些武器、核彈的實驗，還有我們科技發出來的這些電器產品所排放出來的這些東西，都是沒辦法讓地球環保。這其實是知識的問題，無關惡善，但這樣的觀念需要透過知識的教導去讓大家去了解。我想，由於大家過度運用科技，會造成整個環境、整個生態的滅種，因此地球上的一切，不管是善的、惡的，到最後都會因為自然生態的毀滅而消失，所以現在是先救地球才能救人；救地球是最重要的，救地球才有人種繼續繁殖，繼續再做好人、壞人，否則地球完蛋，好人、壞人通通完蛋。

知識的學習是解決生態問題的要素

生態的問題現在是一個危機，而這個危機產生的原因，是因

爲人們沒有學習到正確的知識，也因爲如此，人們不知道今天生態問題的緣起，都來自於自己本身；人類一昧的追求時代的進步，卻從不知道過度的發展所帶來的，是永難回復的生態問題，造成如今這個原因的，可以說是知識的缺乏。例如說，人們是不是可以從了解生態的相生、循環，到更深入暸解大自然和人類生命的相關，繼而讓人們眞正暸解生態破壞對環境、甚至對人自己生存空間的傷害有多大？

結語：讓更多人來保護我們的「地球家」

由於缺少對生態循環的了解，也就是缺少對生態環境的知識，所以才會有環境破壞的問題，因此，知識的學習，是解決生態問題的要素。舉例來說，科技本身是無善無惡的，但因爲認識的缺乏所導致的科技誤用，造成的卻是生態的失衡，甚至是生態的危機；包括武器的不斷被製造、核能的濫用、冷媒的過度使用等等，這些科技的誤用濫用，造成的是臭氧層的破洞、地球天候異常等問題。在這種科技主義思維下造成的生態破壞，其根源都是於來自知識的缺乏。

心道法師：

借用我們最近常在談的「全球化」這個概念，從宗教的角度來看，我認爲環保也是可以全球化的，只是追求經濟的全球化可能就會有生態環境的問題。當人在追求某種價值或利益時，經常會不擇手段，而忽略掉其他應該考慮的問題，也因此，當我們從過去的地球村，轉向更實質的「地球家」概念時，事實上，就是將整個地球視爲一個家庭，將對地球環境的愛護視爲人類基本的一個共識，這也就是以宗教觀點來看的「環保全球化」的概念。

宗教是講慈悲的，希望每個人都平安、和平的，一個安定的空間可以幫助人們靈性的找尋。同樣的，安定的靈性可以讓人更深刻的感受到自然、萬物及心靈的合一，當然，也就可以正確的對待人們生存的生態環境；正確的教育是獲得知識的方法，而知

識的取得可以幫助人們有正確的思維，去避免許多生態危機的發生。因此，除了從與大自然的互動中學習到對生命環境的尊重之外，安定的靈性及知識的學習，都是解決生態危機的方法。當然，讓更多的人參與，讓更多的人覺醒，一起來保護我們的「地球家」，不但是各宗教的使命，更應該是全人類共同的願景。

（前文摘錄於2002年12月22日「世紀宗教對談」）

下篇——解構：時代議題

無法驗證的神秘經驗？
—— 靈性經驗與科學實證

與談人：李嗣涔（台灣大學電機系教授兼教務長）
　　　　陳國鎮（東吳大學物理學系教授）
主持人：韋　端（台灣綜合研究院研究三所所長）
　　　　邱近思（宗博出版社）

心道法師：

　　一般人對於宗教，如果沒有深刻地體會了解，可能會覺得全部都是迷信。既然大多數的現代人對於宗教感到生疏、懷疑，那麼，是不是可以運用科學來證明宗教的真理？從科學的角度，用實驗的方法，可以間接或直接地證明各宗教所傳述的「道」的虛實。

　　此外，物質真理的科學與心靈真理的宗教是不是能夠串聯在一起？佛教《心經》裡面說「色即是空、空即是色」，說的就是精神層面、心靈層面會延伸到物質的真理層面；而物質之真理，經由現今科學不斷分析，也可能到達心靈真理的程度。現代的知識系統讓我們知道物質的組成有核子、電子、分子和量子。講到量子，可能和佛法的「真空妙有」有關；量子到最後產生物質與精神兩種現象的關係，如果不撞擊，就不會出現，而這種關係等於是一個心靈的變化，可見科學慢慢會分析證明到這個精神層面。而精神層面要做到普及化，也必須從物質層面與一般的世俗理解的層面慢慢地擴展出去。就如同現在很多人都在談「基因複製」，而基因跟佛教所說的因果關係，是不是有一些關連？人家說因果看不到、輪迴看不到，可是基因就可以看得到。所以現在的科學跟宗教，愈來愈接近，也愈來愈可以解剖看清。

　　「如果科學真理可以關連到宗教真理，那麼它代表什麼？」這是很有趣的事情。非常謝謝今天兩位教授前來，就靈性經驗與

科學實證這方面，為我們做一個對談。

科學的方法來驗證宗教真理？

李嗣涔：

今天很高興有這個機會來世界宗教博物館談「科學能不能檢驗靈性經驗？」，我先給個答案：「可以」。不過，要先從歷史講起。我們知道，近代的科學發展，大概是從四百五十年前笛卡兒、伽利略開始的。西方科學的發展，它是循著一套哲學體系在走，這套哲學體系基本上我們把它叫做化約論（Reductionism）。它的基本想法是這個世界實在是太複雜了，有些看不到的部分，也不清楚它為什麼會是這樣運作，那麼該如何去理解它呢？複雜的部分沒辦法理解，就把它切開，切成很簡單的部分，這個簡單的部分若還是沒辦法理解，再把它切開，所以這個叫reduction-ism，就是一直把它分割再分割。

所以西方科學基本的走向，就是從大的一直走向小的，就像是對於分子、原子、夸克的研究。我們要知道，西方科學的基本的目的，就是要一直找到物質構成的最小結構，如果這些都能理解，那麼這個物質世界所有神秘的東西都可以理解了。這是西方科學、哲學裡最重要的基本philosophy，在過去四百年這套方法可說是非常成功的。

今天的科技文明，基本上也是依循這一套哲學體系、科學體系下發展的成果。科學基本的精神就是實證，它不斷重複的做實驗、實事求是，直到得到答案。可以說「實驗」是檢驗真理的唯一標準。但是它也有侷限，它在很多方面是失敗的，譬如就人、大腦以及意識方面的認識，當然不能算是成功。

科學與宗教的對話

說到宗教，它是一種信仰，是感性的，至少兩、三千年來都是如此。它講究個人的證悟、體驗，這些很多是沒有辦法放到實驗室去重複做實驗的。所以雖然科學愈來愈發展，宗教跟科學其

實是走向一個分歧的道路。這個分歧，在三、四百年前並不嚴重。以牛頓為例，當年他發展了萬有引力定律，可以計算行星的軌道而分秒不差，感覺上好像是人掌控了這個宇宙，以及星球運作的的規律。這對當時的整個西方宗教、天主教體系，確是很大的衝擊。所以有些神職人員憂心忡忡，跑去找牛頓理論，「聽說你找到規範星球運動的定律了，那不是取代了上帝的作用？」牛頓回答說「沒有，上帝創造了宇宙以後，交給萬有引力定律去運作，所以功勞還是歸給上帝。」大家聽了非常的釋然。

不知道牛頓是不是因為太聰明，為了抵抗宗教的壓力才這麼表示，還是他真的這樣認為，但是至少那個時代，科學與宗教還是有一點兼容並蓄。二十世紀之後，宗教跟科學的衝突愈來愈嚴重，因為科學要講實證；不能實證的東西，大家的基本想法就覺得不能接受，信仰的東西則被認為是另外一回事。你可以信仰，但是和宇宙的真實是沒有關係的。

話說回來，西方對於用科學來驗證這種靈性體驗的發展，其實開始得很早。早在西元一八八二年，英國劍橋大學的幾個科學家成立了一個學會，是為了理解人類一些奇怪的現象，如超感官知覺（Extrasensory Perception 簡稱為ＥＳＰ），以及念力（psychokinesis）這些奇怪的事。因為在西方傳統裡，的確有很多的靈媒——相當於我們的乩童，他們扮演一個媒介的角色。就是當親人去世，你可以找靈媒把親友的魂魄召回，然後透過他們跟亡者對談。在這個對談過程中，你可以跟親人之間說到非常私密的事情，而且是沒有其他人知道的，所以靈媒的現象震撼了很多人。在西方社會，靈媒其實扮演一非常重大的角色，一直到現在，在歐美各地到處都是靈媒。

當時的十九世紀科學已經相當發達，工業革命已經開始，對於物理學的四大領域也已經很清楚，人類知道萬有引力、會計算行星的軌道，也發明了火車機械和蒸汽機， Maxwell的電磁波理論也問世了，所以知道光是電磁波。似乎眼睛看到的世界都可以理解了，但就是發生在人身上的事情不清楚，所以他們成立了一個學會叫做通靈者協會 （Association for Psychical

Research），psychic就是通靈者。

　　這個通靈者協會的目的，就是要了解這些奇怪的現象及靈性的經驗，到底是真是假。既然科學發達，就用科學的方法來驗證，所以他們建立了一些很嚴格的標準。什麼標準？就是事件的可信度。譬如有個人預測幾天以後就會發生某某災難，後來真的發生了，到底是真是假，那就要看有沒有人證或物證；如果他是作夢夢到的，有沒有告訴過第二個人，他可以作證，證實事情發生之前他就先說了。或者他有寫日記或寫信的習慣，寫完就寄出去，郵戳一蓋，果然郵戳是在事件發生之前蓋的，類似如此。有了證據，他們就派一個調查團隊，把事件的前因後果完整地調查出來，調查出爐後在協會的雜誌上發表，叫做「案例調查」（case study）。一直到現在，這個學會及雜誌都還存在。

科學對靈性經驗研究的疑慮

　　這種科學的研究，在二十世紀以後開始進入西方大學體系中的心理系（Department of Psychology）。Psychology 裡出現了一個分支叫Parapsychology，前面加個 Para就叫做超心理學。所以西方某些大學的心理系，其中就有一個叫超心理學的學門，專門研究這些特殊經驗、靈性經驗。一直到現在，像英國的愛丁堡大學，心理系也有一個講座叫做超心理學講座。這是一個英國的有名小說家去世以後，把他的遺產全部捐給了愛丁堡大學的心理系所成立的講座；而裡面的一個研究團隊，在近幾十年來，專攻這些所謂靈性的經驗、超自然現象的研究。

　　超自然現象和靈性經驗，是完全結合在一起的。西方已經做了將近一百二十年的研究，但是主流科學界對這些還是有疑慮。一講到這個，主流科學會說這個實驗有瑕疵啊！那個實驗的技巧設計不是很完善啊！他們只能這樣講，因為他們自己也沒做，只能拿人家的數據來評論。現在全世界有十幾種學術雜誌登這方面的論文，所以只要從事這個領域的人，都知道科學早就驗證了靈性經驗。

　　但是，要如何將這個訊息傳出去，讓主流科學界相信你的論文是一個可以信賴的事實，還是有很大的困難。因爲西方超心理學的研究對象是那些具有超能力或有特異功能的人，並不是一般人。在西方具有特異功能的人和東方一樣，很多是要靠天生的。而天生的人鳳毛麟角，他不一定會配合你做實驗，他可能來實驗室做了兩次就不想做了，所以你的實驗做到一個程度就發現做不下去了。因此只好發展一套數學統計的方法，利用撲克牌、ESP card，來檢視對的程度是不是超過統計，由統計所得的標準值和標準差來判斷這個人是否具有心靈感應的能力或是這些奇怪的能力。可是講到統計，一個平常人看起來好像也沒有什麼了不起，譬如你做了兩千次實驗，只要猜兩個東西，要是有百分之五十二的正確率，那就有統計上的顯著性。你會覺得百分之五十二跟百分之四十八有什麼分別，還不是用猜的。你認爲是猜的，用統計來講不是猜的，可是就很難說服別人。

東西方對超自然經驗的研究

　　超自然經驗的科學研究，我們的起步比西方晚了一百年；台灣從十多年前開始，中國大陸是從二十多年前開始，但是一開始我們就發現可以很快地超越西方的研究成果。爲什麼？因爲我們有氣功、修鍊的傳統，可以經過各種的修鍊，培養出一大批具有與靈界溝通、特異功能這種能力的對象，尤其是小孩子。中國大陸這二十年間最重大的貢獻，就是發現了小朋友七歲到十四歲之間，他們的大腦具有無窮的潛能。只要方法對、訓練對，在很短的時間內，半個小時、一小時或十個小時，他的特異功能就出來了，像手指識字、耳朵聽字，甚至我訓練最快的，在三小時之內就出現念力。

　　所以它說明了中國有一套方法，從古以來的一套方法，可以訓練出很多對象讓你去做實驗。你可以不斷的重複，很深入的研究下去，有一天你的數據就比較容易說服別人，說服所謂的主流科學界。一般人大部分早就相信了，但是主流科學界很難，他們

會認為是怪力亂神，所以要說服他們就需要靠實驗的數據。

我們發現，東方的這種經驗傳統一旦用科學介入後，雖然晚了一百年，但是一起步就可以遠遠地勝過西方。這麼多年的研究當中，我們逐漸理解，原來人的靈性經驗都在大腦裡面。人身其實是有三層的結構，我們把它叫做「身」（body）、「心」（mind）、「靈」（spirit）。身體先從修身、練功、打坐開始，目的是為了強身保健，治病驅疾，練過一陣子以後就可以感覺到別人感覺不到的病痛。有些師傅甚至可以發展外氣替人治病，即所謂一些特異的現象就開始出現了。

所以，修鍊身體和唸書是一樣有「境界」的，從幼稚園、小學一直到大學、碩士、博士班。比如佛教裡的佛陀、菩薩及眾佛，就是佛教裡的博士，所以佛經就是博士論文。很多人看不懂佛經，為什麼？因為小學都沒唸，怎麼看得懂碩士、博士在寫什麼？以我的半導體研究為例，我想大部分人看我們的論文就跟看天書一樣；佛經看不懂，就這個道理，因為沒進過這個領域，如此而已。所以修鍊當然要循序漸進，不可能一蹴可及。若你練功打坐，想一下子就跳到博士階段，當然很困難。一定要循序漸進，從「身」開發到「心」。

心的能力，練功到了一個程度，即進入入定。我們是從共振到入定，當大腦放空進入一個深層的入定以後，我們發現有些靈性的經驗就開始出現。這些具有高功能的人士，他們常會說其實很多能力不是他們自己的，是來自另外一個世界的，他們在腦裡面會產生所謂的屏幕效應，就是「開天眼」。做實驗的時候，他們的天眼會打開，打開後裡面各色各樣的人物會出現，來教他們，他們叫做師父。

這種現象到底是什麼現象，在中國大陸也爭論了十幾年，絕大多數的一派認為那都是幻覺，大腦的幻覺、幻聽、幻視，心理上的、腦的毛病。因為中國大陸基本上是馬克思唯物論的信徒，所以對這種唯心論先天就無法支持。但是有一派認為，他們看到的那些東西不是在大腦裡面的幻覺，是來自外面的世界，一個叫做「高智能」的信息場，我們俗稱叫做靈異世界。這兩派爭論了

十幾年，沒有任何的結論。

「超自然經驗」研究

　　三年前我們開始進入了這個領域作實驗，本來也不敢碰這個領域，只是在練氣功、特異功能，也就是「身」和「心」這兩個層次內；在做很多實驗之後，我們證實這些現象都是存在的。在嘗試去了解這個原理的過程中，一個偶然的機會裡，我們發現藉由手指認字可以認識另一個世界。小朋友在手指識字的時候，這個文字如果改成宗教裡面的神聖字彙，如佛、菩薩、藥師佛、耶穌等，小朋友在看字的時候出現的景象就完全不一樣。平常看一個「狗」字，他天眼裡面就出現一個「狗」字；看一個「媽媽」，天眼就出現一個「媽媽」。但是這個字若改成了宗教的神聖字彙，他在腦裡面看到的不再是那些字，而是非常亮的銀幕，有時候是一位亮的人出現，還會跟他打招呼。各式各樣，形形色色的神聖現象就出現了。這個現象是可以重複的，而且不同層次的小朋友會看到不同的世界。

　　所以，從這些實驗和經驗裡面，我們漸漸地理解到，代表神聖人物的這個字是一個非常重要的東西。它像一把鑰匙、一個電視頻道、一個網路的網址一樣；我們現在漸漸理解，這個所謂的靈性感應的世界就是和靈界的溝通。那個世界有如一個網路的世界，完全跟我們的電腦網路一樣，它是一個network，所以每位神聖人物都有他自己的網站，有他的web page，藉由他的名字，經過這個手指識字的實驗，可以直接接到那個網站。所以我們可以看到不同的網站，例如看到耶穌就可以看到十字架，那是天國的門口。各式各樣奇怪的現象都看得到。

靈性經驗的出現

　　那麼，科學能不能檢驗靈性？當然是可以的，只要能夠找到對的方法。過去常有人認為「靈」跟物質的世界是不一樣的，所以不能用物質世界的儀器去測量那個世界的東西，所以物質世界

的科學沒有辦法理解靈界。我們發現不然，只要找到對的、適當的方法，經由實證還是可以去探索那個世界。而我們相信宗教裡面所說的，其實很多就是那個世界的事情。所以宗教是不是有科學基礎呢？在我看來當然是有科學基礎，而我們的科學正在走向那個世界。

陳國鎮：

對今天這個問題，我想從另外一方向來談談我的看法，那就是從親身的體驗來談神秘經驗。李教授和我畢竟是學理工科學的人，爲什麼到後來會去接觸這些被人認爲怪誕的事情呢？對於科學，其實我們都很著迷，尤其在我小時候。記得在我小學四年級左右，正好碰上楊振寧、李政道共同拿到諾貝爾物理獎，當時很多人簡直把他們奉若學科學的楷模，很多人立志將來要當偉大的科學家，當然也因爲我自己眞的有興趣，所以就走上科學這一條路。

每一個人的人生歷程，有時候很奇妙，不會是單線前進。當我們選擇走某一條路時，心裡還是會去想別的路，因此或多或少會去接觸其它的事物。接觸多了以後，會發現自己原先選擇的路固然有趣，可是別的路走起來也蠻有意思。於是情不自禁會跑在兩條或多條路上，使得原先不是專業的領域也頗有一番心得，這無心插柳的經驗，反而常令人滿心歡喜。

個人的神秘經驗

由於追求健康，我個人接觸了很震撼的神秘經驗。我相信在座的很多人也曾經爲了健康的問題，去尋找各種可能改善身體的途徑。當時我也是爲了相同的原因而去學氣功，可是學了一段課程以後覺得還不夠滿意，其中有些重點總是交代不清，但是迷糊的地方不弄清楚又不行，因此再去學針灸。

針灸確實是很有意思的文明，一根細長的針刺入穴位，居然可以改變身體的狀況。在中國人的文化裡面，怎麼會有這樣奇妙的文明？所以又花了兩年的時間投入在針灸的學習裡。在學習的

過程裡，我也獲得一些讓自己驚奇不已的療效，譬如在我還不會用針刺穴位的時候，用電針把我母親的心臟病給治好。又如我在一次針灸之後，居然治好一個學生十二年來的偏頭痛。

這類匪夷所思的經驗，在方法上雖然看起來有點恐怖，實際的臨床療效卻十分明確，這些心得讓我十分著迷和投入，因此在教課和研究之餘，我把許多時間都放在學習針灸的奧秘裡。尤其在剛學會扎針的時候，特別有興趣幫助學生、親友解決一些半大不小的身體問題；在走廊上常看到不小心扭傷的學生，就把他叫過來扎一扎針，大概過了半小時，走路的狀況就改善很多。

然而針灸的療效層次亦有極限，它有它的適用範圍。不同層次的疾病要找不同的醫生，現代的醫學大概只了解身體層次的知識，心理的層面偶而也沾一點。至於心靈層次所發生的疾病，現代醫學完全不認識也束手無策，那必須找懂得心靈層次的醫生幫忙才能解決問題。但是我必須說，他們並不是只幫人治病而已，真正希望的是患者能自動提昇自己的生命層次，為追求生命更上層樓而求醫，而這才是我們的求醫心態，那麼靈療的幫忙才有意義。治病在佛法裡只是一種善巧方便，為的是引導出修行的意願，能讓人多提昇生命的層次。

後來有一年，正好有一個機會可以公費出國進修一年，可是我的內心裡有件憂慮的事；因為家母身體狀況並不好，她從年輕起就患有僵直性脊椎炎，這是一種很痛苦的病痛，通常我會去照顧她，但是現在我出國去，該怎麼照顧？我苦惱地想著這個問題。幾個月之後，我突發奇想：莫非可以遙控母親的健康？正巧在台大校友會館看到一位演講者的表演，讓我覺得很有可能。他做了一個示範，真的可以遙控別人。兩個聽講的人臉向著同一方向並排站著，遙控者站在他們背後滿遠的地方，他們根本不曉得他在後面會做什麼，可是這位講演者對著其中某個人的背後手一招，那個人就應聲往後倒。我覺得這個能力正是我想要學的東西，如果學會了這一招，我不就可以從美國遙控在台灣的媽媽了嗎？要是身體的健康能夠這樣掌控，就實在太棒了！當下不管它有多難學或學費有多貴，我立刻決定要去跟他學。

就興起這麼一念，我就報名參加了。上課到某一個階段時，老師教我們一種「觀」的方法。他講得很簡單，我立刻明白怎麼做，知道如何觀。接下來就是大家分組練習；我們那一組有三個人，我按照老師所教的方法，看完兩位同學以後，就問第一位「你最近是不是頭很昏？」對方答說：「沒有啊！」我想，那大概是我看錯了。接著我問第二個人：「最近你是不是到某一個公園去？裡面還有蔣公的銅像以及一排木麻黃樹。」對方想了一想，回答說：「有！上個禮拜天，我們一家人到基隆的中正公園去玩。」

這下讓我覺得非常奇怪了，我對這位同學素昧平生，怎麼可能會知覺這樣的事情？如果是真的，我所學的物理是不是有許多漏洞？因為這些是別人發生在過去的生活瑣事，我現在怎麼還可能看見？可是，有被看的人當下驗實無誤，又怎麼可能是幻覺呢？不僅我如此，另外一組的兩位女學員，其中之一也看到對方即將發生的事情。連未來的事情也看得見，不也一樣奇怪嗎？這堂課的練習，讓我覺得很不可思議，這到底是怎麼回事呀？

老師一組一組探詢，輪到我發言時，我說明看到第一位同學的情形，對方身上有一股像螺旋狀、五顏六色的東西在纏繞他，我問老師：「他說不是頭昏，那會是什麼？」老師說：「他可能是在練一種霸道的氣功。」事後一問，果真如此！唉呀！太不可思議了！

為什麼我會把它詮釋成頭昏呢？因為小時後很喜歡看漫畫；在《牛伯伯打游擊》裡，人快要昏倒的時候，他一定在他的頭上畫螺旋線，所以我就用那樣的常識來問被看的同學。當天這兩個經驗讓我非常的震撼，我簡直沒有辦法想像那是怎麼一回事。過去在我的腦海裡已經建構好的時空觀念，好像一下子都要重新調整，否則如何解釋這樣的經驗？

當時感到很大的困惑，回家後覺得還需要再驗證一下。左思右想，想到南部的一位親戚，可以拿他再做實驗。結果觀了以後打電話去驗證，果真如觀所見！這太奇妙了，怎麼會有這種事？當然我也觀新竹老家母親的動態，打電話確認雖然也對，然而我

覺得那比較不可信，因為我太瞭解家母的作息。觀一位陌生人的結果，比較可以印證這種能力的存在與否。也許很多人會認為那是不可能的，你對他完全陌生，怎麼可能憑這種觀法而了解他呢？很難是吧！可是我的經驗卻都確證無誤。

生活中無法解釋的經驗

第二次上課繼續學習觀別人，對象是一位就讀淡江大學的年輕學生。我說你在外面租的房子，是不是在一家農舍裡？他說：「是！」那裡還有養雞和鴨對不對？「對！」還有養鵝對嗎？他說沒有鵝。養鵝是我故意編造進去的，實際上我並沒「看」到，我只想要利用機會驗證一下觀看的正確性，結果發現不能捏造，不能隨便亂加東西：直覺確確實實在反應真相，不能靠推理或想像捏造事實。

時間很快過去，課程結束後不久，我就出國去了。出國後，有時候會很想家，所以在美國，有時候就坐下來觀台灣的情形，然後利用晚上打電話回家求證。記得一整年下來，沒有錯過一次。那樣的準確度，連自己都覺得是不可能的事情，可是不可思議的經驗就發生在我的身上。記得有一次我問太太說：這個禮拜六妳們回家的時候，天氣非常的陰暗，快要下大雨的樣子對不對？她說：「對！你怎麼知道？」我又問說：「妳們那天中午煮海帶湯對嗎？」她說：「對啊！你怎麼會知道！」我說：「我看到啦！」

當時我很難想像，為什麼看到的事情會這樣準確？像煮海帶湯，這還可以推測，每個家庭的生活總有一些習以為常的部份，所以可以推想而得。但是天氣的情況，完全沒有辦法預測的事呀，為什麼照樣如實顯現在我的知覺裡？

《金剛經》開啟生命奧秘的大門

在美國一年，每次觀想幾乎沒錯過，真叫人納悶，我怎麼會有這樣奇怪的經驗？物理學好像沒有辦法解釋嘛？那時候的無法

理解，讓我感到相當迷茫和困擾，也害怕自己會掉到怪力亂神的泥沼裡爬不出來。所以我不自覺興起一個念頭：如果我沒辦法搞懂它的道理，我不要它，還是回來做我的物理吧！為了解這些愈來愈多放不下的經驗，我去買了很多英文版的禪學書本，像鈴木大拙或其他人寫的書，努力翻來看。回國後，有一位同事聽我聊起這些經驗，於是拿了一本《金剛經》給我看；這一看讓我真的掉進去了，因為經文裡很多的東西好像都在解說我的這些經驗嘛！讀起《金剛經》來格外順心如意，所以天天把讀經當作是一種享受，愈讀我愈瞭解。哦！原來佛經裡面所講的生命境界，正好可以解答我心中這些困惑，因此我開始學佛。

將近兩年多之後，我才知道，原來佛法的修持在做什麼，慢慢的也了解佛法是用什麼方式剖析生命，譬如佛經有所謂的十八界，六根、六塵、六識，還有第七識、第八識；或者，更簡單的劃分，如四大的和合，有各式各樣不同的方式，可以理解生命的奧秘。

發現「信息場」

民國七十六年，碰巧陳履安先生在找幾個學校的人研究「生物能場」，當時李教授和我一起參加了這個研究計劃。在研究的過程中，接觸到西方的「同類療法」。從同類療法裡，我隱隱約約感覺到裡面有個重要的東西，它和科學的某些東西類似。後來我慢慢的瞭解，那可以叫做「信息場」。在二百年來，同類療法已經把信息場應用到臨床醫學裡；每一個宇宙裡的東西，其實除了物質層次的存在之外，還有一些肉眼不太可見，但一樣是存在的對應信息場。同樣的，生命體也是如此，除了有身體、體能之外，也有它的對應信息場。生命不僅如此而已，在這三個層次之上，還有意識、潛意識所形成的心智，這個層次也就是佛經所歸類的「八識」。心智或稱心靈，其實是一群生命功能的集合，很難用一般語言精確地描述。生命的信息、能量和身體，都受心智的指揮驅策而表現。

利用同樣的概念，我逐漸瞭解當年我之所以有這類神秘的經

驗，也許是在老師的教導下，我不知不覺打開了另外的知覺管道，從原先完全靠感官接受訊息的習慣，轉到也可以用另外的管道接受更縹緲的信息。經由這一條新的知覺便道，可以看到不同的世界面相，因此就不需要使用以前的那些知覺便道；而且透過這條新便道，所得到的資訊和原先的認知時空，就有不太一樣的關係。

　　幾年下來，我漸漸習慣了這樣的知覺。在這個過程裡，有些同修會來找我幫他們看一些事情，結果多半還蠻有意義的。事情看得準也有苦惱，我好像變成乩童或巫婆似的。依我的個性而言，我很不喜歡看別人背後的事情，對我個人來說實在沒有興趣，於是，有時候也會看一點關於社會整體層面的事物，從這裡來了解一些群體的脈動和流向。按照生命的層次來看，複雜的社會現象其實也不太難理解，甚至可以簡單化。就生命體的物質和能量層次來看，科學已經做了很多精確的探索和整理，這些成果無論是在認知上或應用上，都相當管用。宗教關於心性的瞭解，尤其是佛教的先聖先賢對於心智的探索，給我們揭示了極其深邃的結構，以及提供深入生命究竟層次的經驗之道。

　　隨著時間的過去，我愈來愈看得懂生命是什麼，也愈了解整個人類文化不同領域的價值和定位。我對各種事物的了解，慢慢習慣從生命的層次來看待它。因此，如果想從科學的角度來驗證神秘經驗，可能就要像剛才李教授所講的，要找對方法。方法找對了，就等於和生命的相當層次契合了，結果當然能驗證事物的存在以及特性。有很多時候，我們不能完全用物質的知識準則去概括所有的事物。如果事物的層次比物質高階時，在那個層次上認知的自由度會比較大。

　　舉個簡單的例子來說，任何戰爭中總有些人被對方俘虜；對於俘虜，敵方可以拘禁他們的身體，不讓他們逃跑，可是圈不住他們的心念，心念照樣可以自由生滅，因此有很多人就藉著這點自由所維繫的希望，讓自己渡過劫難而存活下來。這類的奇蹟還蠻多的，這說明研究心智時，不能完全依照物質的認知準則；愈到生命的上層，自由度愈大，愈能表現生命的神奇面相。

現在我對於神秘經驗，已經不像以前那麼驚訝。我認為真正的宗教，其實是在探索生命的心智層次；至於科學能否驗證神秘經驗？那我要問：科學的界定到底涵蓋有多廣？要將科學界定在狹義的物質和能的研究呢？還是把它擴大延伸，讓它涵蓋更多的生命層次？如果能夠涵蓋更多的層次，那麼未來的科學方法應該可能檢驗神秘經驗的存在和特性。

這個空間有許多不同的「存在」？

這個空間裡面有很多「人」，應該說有很多眾生。生命有很多種「存在」的型態，它可以交錯活在同一個空間裡，每個人的生命知覺如果不太一樣，所感受到的生命豐富程度也不一樣。就像我們現在知道空間中隨時都有電波來去，可是在過去沒有電波這個概念時，不認為空中會有東西。可是，當我們知道有電波也能利用收音機或是電視機接收時，就會發現它的存在。那種可以認知的途徑，就等於生命的功能的開啟，就會發現果真有啊！所以就在這個空間裡，確實是有許多的生命。我向來勸人可以聽聽做參考，不一定立刻要接受，畢竟要好好修行，恢復知覺的管道時，每個人才肯誠心誠意接納它的真實性。所以你問說有沒有，我當然認為有，因為我的知覺經驗裡，我知道有。

撇開現有科學的實驗，從論證的角度來看，其實我們根本無法否認生命靈性的存在。科學的研究經常要用到儀器量度現象，我們首先要問：要用什麼儀器去量現象？不是要先了解或先會使用儀器嗎？否則怎麼知道自己在做什麼呢？能了解或使用儀器的是做實驗的人，而不是儀器本身。我們想要做一件事情，不也是利用身體去實踐嗎？如果把身體當作儀器，那是誰在了解和使用身體呢？總要有個人在了解或使用這個身體吧！站在背後、能夠運用身體的那個不可見的心智，不就是我們的生命靈性嗎？

身體裡面的主人翁

生命的靈性本來就存在，只是我們現在的認知習慣，覺得必

須透過科學的實驗證明，才會顯得不迷信。對於心靈這個非對象，也試圖運用科學方法來確認，其實有它根本的「迷思」。對於實際修行的人來說，靈性的存在本來就無可質疑，有沒有驗證都無妨，而且也知道任何生命都是它的表現，修行人只是想回頭體悟它而已，它的存在其實非常清楚。不知道大家是否有這樣的經驗？有時候自己落在身體的層次時，會覺得身心如一，可是有時候，也會覺得身心不一，而像是站在身旁觀察自己的旁觀者。

譬如身體病得不輕時，有時好像自己是從身體抽離出來，站在旁邊觀看自己，心想：唉！我怎麼會病成這樣子，到底哪一個地方弄錯了。其實總有些時候我們會是旁觀者，而那個旁觀者的經驗現象，就代表人除了身體之外，背後還有一個主人翁存在；那個主人翁就是我們的靈性。修行人就在修這些覺悟的實相性，然後善盡主人翁的生命活性。

對我來說，現在看科學、宗教，都覺得比較能夠一氣呵成，找到它們各自的生命定位，因此沒有什麼衝突的地方。所以，我相信科學將來可以涵蓋更多更廣的東西，可以驗證許多宗教所講的現象。在物理學裡，造就在這個物質世界的原始基元我們稱為基本粒子的東西。在《大佛頂首楞嚴經》裡，對於這些似實若虛的東西有更傳神的名詞，稱為「鄰盧塵」，意思就是似有若無的微粒；那樣傳神的描述，說明了許多微小粒子的瞬間出現又瞬間消滅，這樣的字眼傳神到難以想像的地步。如果科學可以了解他們為何能如此精確描述宇宙的真相，必然可以有更開闊的視野。

佛法所說的事情或東西，不一定是永遠要等著科學驗證才可相信，相反的可以積極地互相參證。佛法和科學在相世界裡，其實有很多地方可以相通，尤其是佛經的《楞嚴經》，對事物情境思辨的嚴密程度，連科學的思維也比不上它的嚴密程度。有人問，科學和宗教之間能否能夠互通？當然可以！如果想要多了解一點這方面的消息，我可以提供一些資訊，圓覺文教基金會有一群修行的科學工作者，從民國七十七年起，每兩年就舉辦一次佛學與科學的研討會，也有出版相關的論文集，可以讓大家參考。

邱近思：

陳教授基本上是肯定靈性經驗的存在，而且從廣義科學的角度來看，事實上兩者是沒有衝突的。就今天所談，我想起曾經看過一部美國拍的電影叫「Contact」，中文譯名是「接觸未來」。片中女主角是一位從小嘗試與外太空接觸對話的年輕科學家，有一段提到官方的一個委員會準備遴選一位科學家上太空，女主角事實上是最有潛力的，可是委員會在審查會議結束前，問了她最後一個問題：「妳相不相信上帝？」女主角想了很久沒有回答，最後因此失去了上太空的機會。事實上科學和靈性經驗或宗教，對很多人來說似乎一直存在著對立或衝突的關係。針對這一點，是不是請李教授再幫我們作進一步的分析。

科學家不相信上帝？

李嗣涔：

科學家大部分都是不相信上帝的。那部電影我當年看的時候，也是站在這個科學家的同一陣線，認為到太空去跟上帝有什麼關係？不過我現在的心情完全相反。片中神父問她你相信上帝嗎？他問的真是個好問題。一位負擔人類開拓疆土任務，到一個未知世界去的人，身邊存在的是一個未知的世界；這種時候你都不相信祂，真的出了什麼問題的時候，你可能少了一個助力。這個心情的轉變，當然是從科學來的。

十三、四年前我和陳教授開始做這個研究的時候，其實對這一套東西是完全不信的，直到開始作氣功研究以後。要作氣功研究而自己卻不練氣功，就像叫一個聾子去譜五線譜一樣，一定是荒腔走板的，所以我們就決定去練氣功。沒想到根據這個武功秘笈，方法、姿勢對了，五分鐘氣就集在丹田，這個經驗令我非常地震撼。我以前只知道肚臍下的地方叫丹田，但不知道丹田為什麼那麼重要。武俠小說把它寫得神乎其技，什麼氣集丹田，打通任督二脈，功力就增加一甲子。初中唱歌的時候，老師會說唱歌要用丹田，我說唱歌跟肚子有什麼關係。唉！現在這個現象一出

來，就在那個地方，就在三十五歲那一年，而且氣就在任脈走起來了；我當時不知道它叫任脈，只覺得眞可怕。第二天去買書，才知道什麼叫經絡，什麼叫針灸、穴道，才發現丹田和任脈在身上的部位。這個震撼也包括發現中國古代的這一套東西，它沒有騙我們。如果它開始的時候是對的，那也許後面也是對的，所以我們就一步一步做下去。現在回頭來看，在過程中當然碰到了很多的障礙，但是總是在適當的時候，就會有適當的人出來，我們就這樣支撐下來。

秤「氣功」的「氣」

陳教授第一次說他看得到，立刻我就瞭解了。它就是我們一直以來想去研究的那種所謂的超人（superman），然後我也發現這種人原來普遍地存在。六年前，我開始訓練一群七歲到十四歲的小朋友做手指識字實驗，每一個暑假都開辦，總共訓練了近一百個小朋友，大概有二十幾個出現了功能。這些功能你看著它出現，也不知道是怎麼出現的，反正就叫小朋友做，快的話半小時、一小時或兩小時，天眼突然就會開了，他們可以看到了。再訓練下去，不久念力出來了，可以用意念去彎物，可以折斷牙籤，這些功能都出來了。

我們發現這個氣，從古以來它的用途、意義其實散佈得非常廣。氣可以當作心理的狀態：士氣、勇氣；也可以用來描述身體：火氣太大、氣色不好等等，這是一種生理參數。武俠小說也講發外氣，那個氣是一種能量，一種生物能量。所以當我們講氣的時候，一定要定義清楚。我們研究的氣功是指身體，經由鍛鍊使身體到達一種氣功態的狀態；氣功態就是感覺好像有氣感在身體流，是身體的某一種狀態。那個氣如果初分的話，可以把它當成一種生理現象，它沿著你的經絡在發生而已。你可以用科學儀器去量，微血管是不是不斷地在放鬆，微循環（microcirculation）一直在變好，然後加上組織和神經的互相作用，所造成的一種生理現象。它就是身體的某一種生理現象在進行，但是經過

十多年的研究後，氣這種東西用在身體上，可能還是有它的物質基礎，就是身體的某些組織分子進入了某一種狀態，所產生的一個現象。這個狀態我們目前還不清楚，但是我知道有人已經瞭解了那個東西。

氣如果是一個狀態的話，當然可以偵測，可以量血流、呼吸、心跳，把所有身體的參數量出來。譬如說氣功態，至少我所量的有兩種大不同的狀態，一個叫「入定」，一個叫「共振」。入定就是打坐的時候放空，把腦中所有的思想停下來，發生在身體的狀態就是腦中的Alpha波受到抑制。這就是你量到的，你受到了抑制，所以它不是量一個東西，而是量一個狀態。如果是共振態練氣的時候，氣集丹田，任、督二脈打通，腦波Alpha波就一倍半、五倍的一下突然增起來了；你會感覺有一股東西在穴道經絡那邊，其實就是肌肉、神經的蠕動，加上血管的收縮，組織的一個綜合體就會產生一種共振的現象，所以它是一個整體論的觀念，並不是一個什麼東西叫做氣。身體進入氣功態，就是進入某一種生理狀態。當然現在看得更深入以後，就發現也許它真的有一些物質的基礎，只是那種東西目前物質的儀器量不出來，也許一、兩年以後，量外氣、量氣功，我們會有答案出來。

其實我們現在做的實驗已經到了可以和信息場溝通的地步。我們做「手指識字」實驗，把紙上的字改成問題，透過小朋友問那個世界有關時間、空間的問題，也問有關外星文明的問題，如距離地球最近的外星文明在哪裡？地球文明什麼時候會和外星文明接觸？類似這樣的問題，當然都有答案回來。從裡面我們學習到非常多的東西，而且我們確定小朋友完全不知道問題是什麼，他只是一個中繼站、一個媒介而已，送出去收回來。換句話說，就是我們直接和那個神靈對談，它就是信息場。

當時我問了一個問題，這對我啟發很大，我問：「地球文明什麼時候會和外星文明接觸？」對方的回答令人驚訝，它說：「不是早已經有了嗎？」我突然領會到幾件事情，這個宇宙那麼浩瀚、那麼大，當然會有其它的文明存在，如果這些文明比我們要先進很多的話，它們一定會出現像釋迦牟尼、耶穌這種人，也一

定會知道有另外一個信息場存在，而且因為它們的科學比我們進步，當然就知道怎麼樣去和那個世界溝通，甚至進出那個世界。那個世界沒有時間空間的分別，因此，它們從很遙遠的地方一進去，也可以隨時從我們這個地方出來，所以宇宙的旅行並不是坐個大火箭，從地球拼命飛出去。如果你飛到最近太陽的恆星——半人馬座的 α 星——那是四光年之外，即使是飛船飛到那個地方；你用無線電波說聲Hello，另外一個回答Hello過來，就要八年，所以通信根本是不可能的，也飛不出去，所以宇宙的旅行不是走物質的四度空間，而是要走那個信息場，但關鍵是你怎麼進入那個信息場？

與「外星人」的接觸對話

所以我就開始懷疑，既然外星文明可以隨時跟我們接觸，我們對談的那個人是不是外星人？還是信息場裡面的神靈？所以我就問它：「你是外星人嗎？」你知道它怎麼回答嗎？它說：「一半一半」，那我怎麼解讀它呢？它在地球輪迴過，也一定在外星輪迴過，而現在它在那個信息場。我不死心繼續追問：「你到底是在外星？還是在信息場？」，它說：「我無所不在」，因為那個地方沒有時間空間的問題，所以我確定它不是外星人，它是在那個信息場裡面的一個神靈。我們一直追蹤，我又問：「你的世界有時間嗎？」，它用英文回答，說：「There is no limit for me.」——對我而言沒有限制：過去、現在、未來，它同時可以看到。

現在的超弦理論（Super String Theory）裡面，對宇宙和基本粒子結構的一套數學理論，基本上還沒有實驗的證據。為什麼說四度空間，因為空間是三度，加上時間是四度。也就是說現在是四度不是十度，其中有六度被認為是捲成一個非常細的弦，可能到十的負三十次方，所以我們根本看不到，但還是在我們周邊，不過基本上是物質的空間。我們相信那個世界不是物質的空間，可能是超過超弦理論所講的那個範圍。

神靈也有很多不同的層次，就像我們人也是一樣，大部分的

人看不到那個世界，可是少部分的人可以，所以他看到的世界就比我們認識較廣。神靈也是一樣，爲什麼在一些大災難或所謂鬼屋的現場，死亡者的靈魂會一直留在那個地方？它們好像被空間，而且還被物理的空間所侷限。它們就在那個地方，表示它們是很低層次，要往上走才會愈來愈寬。所以我們講的沒有時間、空間，其實要到很高的層次，神靈才是眞正的沒有時間空間。

兩岸的「人體科學」

過去六年，我和中國大陸的高功能人士聯繫上，有三年半的時間和中國地質大學的人體科學研究所，還有北京的人體科學研究院一起合作。我每年去北京三次，見識過的高功能簡直是難以置信，譬如你給他一個綠蘋果，握一握就變成紅的，再握一握又變成綠的；給他一個蛋，他一下把它煮熟了，再一下又返生了。又譬如花生經過高溫高濕處理後，照理不會發芽，那邊只花了四十分鐘，就長芽出來。這些事情完全都是大腦的功能。

大腦有一個部位，我們現在也找到了那個部位，只要經過適當的訓練，這個現象就會出現。這種靈性的現象每個人都有，但是很不幸的，大部分的人不是年紀過了，就是不知道怎麼訓練，開發不出來。七歲到十四歲，訓練的時間單位是小時，可以半個小時、一個小時就訓練出來。超過了十四歲會變得比較困難，訓練的單位可能變成月或年。但是你好好去修還是有機會，還是修得出來；這些能力不是那種高層次，但是當能力愈來愈強的時候，你就開始接觸到另外一個世界。

你的靈性體驗裡開始看到了另外一個世界，也就是我所謂的信息場，或民間所講的靈異世界。

宗教裡面的神聖人物，祂們的信息都在那裡。所以我們從實驗裡，可以聯繫到任何一個網頁。最近做的實驗，一位小朋友已經可以到達基督教的天國門口，甚至進得去。我們想出各種方法，讓他在天眼裡頭就進了天國。藥師佛的網頁還可以聞到藥味，天上的藥味。哇！都來了！所以那種神奇的經驗，都是可以

驗證的。我們做實驗的時候，因為在我們大腦裡面的這些現象是自然的，是屬於我們每一個人的，只要經過適當的訓練開發，這個能力就會出現。

宗教就是在這個能力出現以後，所延伸的一個社會文化現象。所有的創教者，都是具有這種強大功能高層次的人。他們接觸到了那個世界，知道這個宇宙的實際結構，所以他想來教化一般不知道的人。因此當這種教化變成了一套體系傳下來，就變成了現在的宗教。所以宗教其實有很深遠的科學基礎，它在講述這個宇宙的實質和另外一度空間的問題。

以前人家批評我的時候，叫我「科學乩童」，我當時很不能接受，但是現在我完全能接受。因為我做的事情和他們所做的事情基本上是一樣的，本質上沒有分別，都是扮演兩個世界溝通的角色，只不過我是用科學的方法，藉由一個實驗的方法在那裡溝通，乩童則是借用自己的身體在做這件事情。所以人家講對了，現在我認為他不是在罵我，而是在恭維我。

回頭重新看中國歷史上傳下來的許多東西，其實都非常有道理。舉頭三尺有神明，當然有神明，不要舉頭三尺，祂就在我們四周。祂們在看你、聽你，我們做實驗的時候，其實是跟那個世界直接對談。

我們可以經過這個「手指識字」的實驗，直接向那個世界的神靈提問題，例如那個世界的時間、空間到底如何，外星的文明到底怎麼樣，我們怎樣跟祂聯繫等等，任何想得到的問題我們都問。我們現在正在做一些儀器，也許半年、一年以後就會完成，到時也許我們就可以直接跟那個世界聯繫了。

所以你問我，宗教的神秘經驗是不是存在？當然存在，陳教授就是一個最明顯的例證。而它的原理在我看來是宗教的一個起源，它有科學的基礎，而且我相信將來科學可以把這整個的物理機制完全釐清，現在的科學是可以解決這個最終的神性和靈性的問題。所以，宗教和科學基本上是沒有任何的分別，這是我目前的深刻體會。

以靈性經驗解讀生命的無常現象

陳國鎮：

　　當你真的有這個靈性知覺的時候，看法自然會比較不同，我講一點自己的小經驗。因為開車上下班，偶爾會碰到路上一些小動物被車子輾過還留在原地，我們習慣的就會唸一些超渡的短咒。有一次我想知道，唸了以後牠們到底會怎麼樣？我想驗證。結果發現頭一次唸完，一個黑影閃動就跑掉了。過了一陣子，正好在紅綠燈前面又碰上，可能是隻狗吧！車子停下來看到，就為牠唸了咒，牠也準備拔腿就走，可是突然又立刻停下來，回頭向我行個禮才走。這些經驗讓我發現動物的靈性還是各有不同，有些會懂得感恩、感謝，有些趁機就跑掉了。

　　以前在高速公路上，來來去去常會看到很多墳場。有些人很忌諱，但我覺得那是生命的一個流程殘留在世間的現象，我也很擔心有些人就停在那個地方，所以經常就看到了就唸唸咒超渡他們。很多人對這個不可知的世界的心態是恐懼的，比起那種理性的認知要強烈很多，其實通常都是一種怕它的感覺，事實上如果我們多看它幾眼，會發現到處都是朋友。如果我們在某一個情況下，發現這個朋友需要幫助的時候，就幫忙它一下，這樣的話，世間或眾生界和它的相處就會變得很溫和，它也沒有什麼道理來找我們麻煩。

　　在我看來，這是一個生命很豐富的宇宙，而生命的存在並不侷限在地球上。從外太空一直到地球，到處都可以看到生命，當我們了解之後，就知道生命好像浪潮一樣，它流到哪一個區域，那個區域的生命就多起來；那個浪潮流過了以後，生命自然就減少了。也許九二一、九一一這些事件，就是一個生命的浪潮，隨著眾生的共業在那裡流轉，好像一個大河的河道，或者是江海。它流到那個地方激起了很多的浪花，它的流向讓人覺得是很大的衝擊。我想從大的尺度來看，生命的流動本來就沒有停過，就讓它順其自然；如果真的覺得它們很可憐，想幫就去幫忙它們，但是不要存著幫忙就會有功德，不要存著「積陰德」的念頭。《金

剛經》不是說無住相佈施嗎？住相就是有所爲而爲。要無所爲而爲，做了以後也像行雲流水般，別把它放在心上。

所謂「生」與「死」

　　無論你做過多少幫助人的事情，都讓它們像雲水般流過去。慢慢地，你會發現生命是一個學習的歷程，有時驚濤駭浪，有時和風煦日。每一個生命的學習都很精采，眞的會對生命的自覺發生影響力。常常回頭看自己，以前認爲是很難過的經歷，等到有一天，也許從學習的角度來看，那個難過比起平順的經歷，反而會讓人有更深刻的生命驅策力。所以人生裡有時很難講什麼叫「得」，什麼又叫做「失」。

　　從這樣的體驗裡，我知道生命其實是永恆的。以前相信科學的那些說法的時候，覺得生命眞的就是那麼一段，從生到死。後來，我發現根本沒有所謂的生和死，尤其是死亡，只不過像是換了一幢房子，從舊居換到新居，或是暫時不需要身體的依託，往生原來只是這樣而已。人在臨終的時候，其實有一個轉化的過程；當我們能夠知覺時，知道生命只是在轉變而已，並沒有消失，那種感覺，讓人沒有從此斷線、天人兩隔的悲傷，明白生命是永恆的。

　　此外，現在教育、社會賦予我們對於死亡的觀念，是全然負面的想法：往生的人好像消失一切或被打入地獄，但實際上可不見得。有時候去到的地方非常美好，美好到超乎它原先的預期。但是許多孝順的兒女爲了挽救親人，在臨床上硬是央求醫生打強心針營救，想盡辦法要把親人拉回來，這反而使得要往生的人很痛苦，因爲在那邊其實也有很好的世界。從很多人告訴我的故事裡，讓我想到一個觀念：我們把往生的人所要去的世界稱爲陰間，而稱自己所在的世界叫做陽間，可是實際上去而復返的人卻常說，那裡的世界比我們所在的現實世界還要亮麗、光明、自在與和平，因此往生的人看我們，反而覺得是活在陰間，它們卻到了陽間。因爲沒有身體以後，很多的拘束、限制就沒有了，就像

李教授講的那個多度空間；度數愈多愈自由，它們比我們自在多了。

生命有許多不同的層次

要體會生命不同層次，那樣的知覺通常在修行或靜坐裡也可以做得到，只是要循序漸進，才不至於誤入歧途。在過程中發生任何異象，從修行的正途來看，都不要執著在這些異象上，讓它一一過去就好，不要一直停在原地打轉。生命的知覺落在什麼層次，就會見到對應層次的眾生，所以有些人常常見到神、佛，有些人卻常常見到鬼魂或是動物的靈魂。這些不同的見識總是因人而異，而且最好不要把這些現象當作標的來追逐；我們真正要追求的，是生命是否一年年提昇靈性、一年年有智慧的開展。在更高的層次上，經常都會發現眾生的通性，是另一種和諧的生態關係；這也就是眾生平等真正的緣起，而大慈大悲就來自於終極的通性。

結語：體會靈性的能量與永恆

心道法師：

關於靈性變化的分子，我們無法全然瞭解，所以必須藉由科技的分析系統去認識；有從生物科技基因學的方面去瞭解生命和靈性的關係，也有從物理的管道探討研究靈性的變化和與它相關的東西。從贊同的角度去瞭解特異功能，這算是科技還是靈感？恐怕有待研判。

雖然我們每天都在使用靈性，但是大多數人對靈性卻是陌生的。如果把靈性和身體分開，我們對靈性就無從瞭解起。想想看，靈性離開身體後還會有思考，還有記憶嗎？靈性和記憶是不是同一體？如果靈性不屬於記憶的話，可能很難去探討它？證明靈性的存在當然必須用現代的方法，不過，最能證明的還是自己。自己若是有能力去證明自己不是物質的，是精神的，那麼，這只有精神能感觸到，使精神從各種現象表現出它自己的存在。

所以，為什麼用科學去研究那些難以解釋的現象，可以推論到靈性的存在，可以證明到這種銜接點的直接關係，也就是當下、過去和現在的呈現，同時證明了靈性存在的一種永恆性。

作為一位實修者，十幾年前我就在做有關的工作，從墳塚閉關到山洞閉關的這段苦修過程中，最後觀察到靈性就在那裡面，沒有變過。從修行的角度來看，我們只是去發現它，不是去創造它。發現它的存在是那麼地直接，完全不需要任何的橋樑！

懂得修行的方法可以體會靈性的能量，體驗到它的永恆性，其實多數的修行人無非也是為了探究證明這個事實。可是有的人可以證明，有的人卻無法做到，差別在哪裡？我們說有妄念就不能碰觸靈性的真實，不能達到那個真；儘管他持續地修行，妄念太多時還是被阻隔在真理的世界之外。唯有淨化再淨化，不斷地淨化，最後那種體驗才會全然地呈現。

（前文整理自2002年3月23日「世紀宗教對談」）

修行不可以「美麗」嗎？
── 宗教表達與藝術問題

與談人：林谷芳（佛光大學藝術學研究所所長）
　　　　劉靜敏（優劇場藝術總監）
主持人：邱近思（宗博出版社）

林谷芳：

　　談到宗教與藝術之間的關聯，或一些專業的主題，如佛教藝術、禪藝術這樣的討論，一般人總是會把人類心靈探索的兩個主要面相──宗教與藝術自然地連接起來。事實上，人類許多的文明遺跡如敦煌藝術，就是這樣一個高度的結合。人類的文化，若從比較原始文化的層面來看，宗教的行者和藝術的創作者往往是不分的，甚至被視為同一種特殊的人格來對待。在原始族群中，「巫」是神職人員，「醫」是醫術人員，「藝」則是藝術創作人員，它是三合一的。這樣自然的結合，體現人類文明的豐碩，而且也讓人很容易將宗教與藝術這二者相連。

宗教與藝術：人格特質的分別

　　作為一個藝術追求者，宗教藝術經常是許多人戮力的最主要面向。但若以我自己這樣一位橫跨行者與藝術家的雙重角色來談，在個人實際的經驗裡，首先感受到的卻不是這兩者之間的融合，而是差異，這兩者人格上的特質是有極大分別的。儘管我們對藝術家的想像難免偏頗，但對於將藝術家的人格視為異於常人的這種認知則是不難理解的。

　　其實藝術家和我們常人一樣，胸懷大度者有之、目光如豆者有之、拔一毛以利天下而不為者也有之。社會上有多少種人，藝術家就有那麼多種。而藝術家這個族群和別的族群的根本不同，

則是在他們對某些事物的感知、情感非常的敏銳。舉個粗淺的例子，當我們看到秋天的落葉時，頂多掃個落葉，可是文學家就不同。葉子落了，感慨就來，「一葉落而知天下秋」，藝術家因此對生命的某些東西會有一些詠嘆、一些表現，而這種情感的敏銳也使得大部分的藝術家是一個愛憎有別的人格，他們總是愛之欲其生，惡之欲其死。

因為在文化界擔當比較多的角色，有些人也認為我是藝術家。可是和一些藝術家相處，我們常會有一些不舒服的感覺。譬如，到陽明山賞花是一件賞心悅目的事情，雖然車輛擁擠，但抱怨歸抱怨，也不會覺得來賞花的人俗不可耐。但是一些藝術家太感性，人多就生厭心，他甚至會覺得來這裡賞花、到這裡擠的人，都是一些罪惡之徒。而一位宗教行者又如何看待此事？這裡面就有很大的不同。

宗教信仰抑制藝術創作力？

譬如，人擠人的時候，如果是快樂的事情，我確實非常快樂，儘管我被擠的頭暈目眩，為什麼？唐代劉禹錫有一首在長安看花的詩句——「無人不道看花回」，那是描述長安牡丹或桃花盛開的時候，每一個人熙熙攘攘的回到家裡，眾生欣喜的時光。維摩詰經裡面講「眾生有病，故我有病」，因此眾生樂故我樂。可是，藝術家卻不會這樣想，他們孤高、特殊的人格，有時視一般平淡的生命為不可饒恕之罪惡。但宗教人格則不一樣，宗教人格講平等一如。弘一大師本來錦衣玉食，可是他出家後，夏丏尊給他吃蘿蔔乾，他說很好；給他蓋破被，他也說很好。今天這樣很好，明天那樣也很好。他強調無分別心，所以從這個角度來看，這是個非常不一樣的人格。而從現狀中我也發覺，非常多的藝術家有了宗教信仰後，生命的鮮明度和創作力減退了。

今天的議題是「藝術創作會不會妨礙修行」，坦白說修行到某種程度，的確會妨礙藝術的發展或創作。舉例來說，只要聽聽諸大道場出版的佛教音樂，從我這個音樂家的角度來看，我隨便

哼出來的旋律都不會比那些旋律難聽，可是整個道場都隨喜，因為詠嘆佛陀的功德是沒有分別的，所以一首歌好或壞有什麼差別呢？可是音樂家就不一樣，為了一個音符，套用一句武俠小說的話──「十年磨一劍」；像我以前教琵琶，有時就為了那個觸旋、那個音質，一個演奏家可能要搞十年，所以這裡面有衝突的存在。

當然，我們也看到它的相同點。比如說它們不只是一個心靈的重要領域，個人在界定它們的時候，是把宗教看成是一種生死的諦觀，是一種生命侷限的超越。而如果「追尋自由」是宗教的本質，則我們也可以發覺藝術的追尋也是一種生命自由的追尋。因為我們做不到的、生命想追求的，我們可以透過藝術的領域裡來完成，所以兩者也有共同點的存在。就因為這樣，那些觀照生命侷限的人，會從藝術或宗教不同的角度，去追尋生命的自由。而就實際實踐上，我們也看到了歷史上果真出現了偉大的宗教藝術，無論在詩歌、音樂或繪畫上，都為數可觀，可見這兩種人格的不同處，其實也有共同的基點在。而這同與不同之間，到底會產生什麼樣的情形，就值得我們觀察。

就從我和劉靜敏結下的因緣談起，其實是因為我的一篇文章開始。這篇文章關聯近年來的一個風潮，不少人從宗教意念或宗教心靈進行文化的創造。比如近年的舞蹈界特別著重身心靈的議題，於是出現了許多的作品。譬如雲門舞集的「流浪者之歌」，無垢舞團林麗真的「醮」。「醮」這個作品引用了台灣許多民間宗教的儀式，例如類似乩童這樣的一種肢體內涵，當然有它非常沉靜的一面。當時他們找我當顧問，我在聯合副刊寫了一篇文章〈道與藝的殊途與同歸〉，劉靜敏看了這篇文章以後開始和我有比較深的接觸。我引出這樣一個道與藝的探討，對提到一般人來講，是不是真的可以不假思索就能直接把它們連接在一起？畢竟它可以是同歸，也可以是殊途的。

當時為了要給藝術家一點我個人的觀照，我寫了一個日本明治時代的故事：明治時代有一位禪門的豪傑叫做渡邊龍隱，當時有人評論一位舞藝已近道的日本舞蹈家，大家就請這位行者去一

探究竟。渡邊龍隱看完舞蹈後講了一句話：「可惜還在一轉之間。」這是個帶有公案味道的故事，我把它寫在文章之後，希望給所有的藝術家一個深思。其實在這句話之後，渡邊龍隱又吟出了一句更深刻直接的話：「舞藝何所止？」就是你要追尋到什麼樣的境地？「迴旋入冥府」，如果你一直轉下去，你就會進入幽冥地府啊！這當然是從宗教的立場來看一個藝術的異化，相對地我們自然也可以從藝術的立場，來看某種宗教的異化吧！

「優劇場」的實踐經驗

劉靜敏：

老師提的這兩句詩離現在已經有五年多了，我當初心中就一直在想，真的是「舞藝何所止，迴旋入冥府」！今天在這裡和老師談，我還是帶著受教的心。今天要談的是藝術家和修行者之間的一些殊同時，在我的身上，不管是藝術的創作也好，這幾年修行上的接觸也好，我都偏向於實踐這方面，所以就從個人的經驗來談今天的主題。

在這樣的一個疑問當中，優劇場之前也花了一些功夫。我們打過「禪七」，也去過「內觀」，多少在這條路上已經踏出了一些步伐。可是，那時心中確實存著一些疑問：這個藝術它到底要走到哪個境界去？和自己在這個修行的路上，兩者之間真的會有衝突嗎？在這個思索過程裡面，優劇場也曾經一步一腳印的行腳台灣，邊走路邊打鼓。很多人會說既然是藝術團體，為什麼要走路？走路能夠幫助你們的表演嗎？其實一個人怎麼樣，他的創作就怎麼樣。在和老師接觸之後，也開始去思考這個問題。

我記得最早開始演戲的時候，作品是蘭陵劇坊的「荷珠新配」。當時我剛從學校畢業，非常的謹慎。雖然學習是很有趣的事，我還是非常的謹慎。所以每一次開始演出之前，我都比別人早到兩個小時。衣服什麼時候穿，什麼時候會經過哪一條路，什麼時候該拿起我的道具等等，我很謹慎的去做那些事情，當然我的內在是很緊張的。有趣的是，就在我一踏上舞台的剎那，卻突

然覺得好輕鬆，那時我清楚的意識到我在台下的緊張和在台上的放鬆，我開始想：為什麼在這個地方反而是放鬆的？

藉藝術的發揮突破生活的限制

後來慢慢地思考，其實我是比較喜歡在舞台上的。為什麼呢？因為在台下我比較拘謹，而在台上的時候有某種自由度，可以扮演不同的角色，包括壞女人、妓女，再不然就是偷人家老公的老婆之類的。在生活當中，我們有一些拘謹，可是在那一個所謂的假相的空間裡面，可以讓自己去放肆，去做一個你以為不是你的角色，所以在那個情況當中，反而覺得是自由。從這個角度我開始了解一個藝術家的個性當中，他確實有某種東西想要逃避，逃避在生活裡面無法達到自由和放鬆的東西。可是在另外一個範圍裡，他真的是揮灑自如，做盡想要做的所有事情。換句話說，就因為生活裡面有很多的限制，所以我們才能藉著藝術讓我們自由的發揮。但是近幾年來，這樣的觀念因為有了比較長時間的禪坐，甚至閉關，也遇到比較清楚的法門在修行，內在慢慢有了一些改變。這個改變，我非常清楚是走到一定階段之後開始的一個改變。

記得二、三年前，我是優劇場的負責人，要管行政，又要導演、訓練團員，自己還要上場演出，我們的戲劇顧問李立亨每次看到我的忙碌，他會說他唯一擔心的，就是沒有一個人可以完全的在外面全觀的來看整個的作品。有一天他問我：「你會不會有一天不演了，只當導演啊？」當時我有一種傷感，因為我知道我在「荷珠新配」那個舞台上所感受到的自由，在那種情況下有一種被剝奪的感覺，所以我有一種抗拒，而且會覺得某種屬於自己的空間被剝奪了。

這麼多年來，我有另外一個珍貴的經驗。就是我們在大安森林公園的舞台演「聽海之心」時，它的後場和前台幾乎只是一門之隔。我在後台忙著為團員們準備很多東西，快到演出時，就直接上台演，演完後又直接下台，馬上回到相同的工作。我突然發

現台上的事情不比台下的事情重要，台上的事情其實沒有那麼強烈的吸引力。在那一次的經驗之後，我開始認為不一定要留在舞台上；在這樣的演變之後，我終於覺得除了行政、當媽媽、導演，準備團員的訓練課程外，我不一定要和所有優劇場團員的作息一模一樣，一模一樣是因為我不能讓自己從一個表演者的訓練上鬆解下來。而最近在這些事情鬆掉之後，我發現裡面似乎有一些空間在走。

例如，在二○○一年演出「持劍之心」；我發現往常劇團每次要演出一個大戲，到最後我一定會垮掉，因為最累的狀況並不是整個作品在演出的問題，而是花費心力。你的心思、內在、整個頭腦都在出力，不是你身體本身的疲倦。所以在排「持劍之心」之前，我閉了一個長關，出來之後，就不想用頭腦，剛好遇到這個大戲要開始編排，整個排練過程當中我出現了一個現象，就是所有從一個導演的觀點要去編作的、創作的這個部分，它沒有經過任何思考的階段就直接「蹦」地冒出來。整個「持劍之心」排完後，我感到一個很大的差別，戲做完了我身體仍很健康，心裡也不累，好像和正常的生活一樣。

我也刻意的讓團員們處在這樣的狀況中，因為往常如果要演出，我們會進入戒備狀態，不放假或是一直加班。可是那段期間，我先把團員的假日全都規劃出來，我要這個事情是在日常生活的狀況下進行，而不要變成一個特殊的事件在生活裡發生。這個作品演出之後，沒有人有情緒上的反應，否則往常一演完一定有團員要離開劇團。

我開始意識到，每次有一種改變或想法突然在你的生命裡出現，而在你全力以赴之後，那個努力就會有結果。「持劍之心」的演出就是這樣的順順當當，包括沒有人生病。這種現象讓我意識到，何謂真的用了心思去做事情。我覺得「持劍之心」的創作並不比往常費心的作品差，也就是說當我們開始有這樣的一種可能性時，好像它也不見得需要像你原來那樣地堅持。

我記得在排這齣戲的時候，還是有生以來第一次注意到小孩子的功課，同時回家教她做功課。也在這個時候，我發現原來生

活是可以在創作的同時，繼續正常的進行。當然我才剛開始踏上這個階段的起步，也不知道這件事是不是可以繼續這麼穩當地發展下去，但是我心中似乎開啓了一扇門，那扇門就像你對心中理念和藝術的堅持，當你只有藝術的時候，你開始對所有的事情產生比較強烈的敏感度，它激發藝術上那種迴盪出來的力量。但是，是不是一定需要這樣？當你把頭腦、眼睛閉下來，管他三七二十一的時候，也可以有力量在裡頭發生，這個力量又來自何處？這可能是我們更要深入去思考的方向。

林谷芳：

我在研究所教的最主要是「道與藝」兩者之間的關係，以及它們會撞出怎樣的火花。這幾年我是比較站在宗教行者的角度來談藝術的，所以我想談一下我基本的觀察，爲什麼藝術和宗教的人格會產生如此的差異。

同樣爲了追尋生命的自由，但人格的不同決定了他們方式的不同，或者方式的不同形塑了人格的不同。而藝術家在追尋一個生命自由的時候，大體上有兩個特質：一是把生命的焦點集中在某一點上，譬如繪畫的人對繪畫非常的敏銳，音樂的人對音樂非常的敏銳，一個從事文學的人對語言、文字的世界非常的敏銳。但是他們常常不見得是藝術的巨人，卻絕對是生活的侏儒，就像電影「雨人」裡的那個自閉症患者，在某個特點上擁有超乎一般人類的能力，可是在其他方面卻完全是低能。

藝術家在那裡發出生命最璀璨的光芒，這種璀璨有些是天賦，有些是後天磨練的。我因爲關心中國戲曲的發展，特別有那種感觸。非常多的名演員，台上集歌舞劇於一身的亮麗，在台下則是一個歐巴桑。什麼叫好的表演藝術家？ 就是像劉靜敏最初的那一類型，台上就是比台下好。

藝術家是如此的，他用一種特質性的手法進入這個方式。而另外一種方式是他又把自己這種一個焦點的作爲往上昇華，用它來詮釋所有的東西，使得他的藝術性格不只是一個舞台上的性格，而是貫穿於他人格內的一個特質。在某個角度上，他形塑出

一個藝術典型的生命，所以好的藝術家，無有練習可得，這是更深一層的。有些藝術家是分隔的，有些則是連貫的，但是無論分隔或連貫，多少都只是偏移一隅，把生命的某些特質發揮到極致，進而從中感受到一種自由，但多少仍受限於某一種特殊的情境和角色。

用不同方式追尋生命自由

　　宗教追尋的自由又不一樣。藝術家會去追尋自由，是感受到生命的不自由，譬如有些藝術家是拙於言詞的，只要跟人寒暄就開始結巴，他可能看到他生命中某一種現象上的不自由，於是就跑到外面去演戲了，諸如此類。但宗教的不自由是什麼？宗教家看到的不自由是那個本來就是生命、天塹的不自由，無可跨越的不自由，「生從何來、死從何去」和「閻王註定三更死，不能留人到五更」的不自由。譬如二○○二年的三三一地震，怎麼曉得一秒鐘就砸死五個人呢？又譬如企業家，從一般社會的角度來看，自由度比我們大得多，他能以主觀意志凌駕於別人的意志之上；可是從宗教家的立場來看，他和我們一樣，赤條條的來赤條條的去。死也許不是我們所能決定的，但生就可以了嗎？哪個人是選擇了出生地再來出生的？

　　所以，宗教家看到這種不自由，而且他發覺這種生命自由的追尋，才是人生最重要的一件事情。日本的佛學家木村泰賢在他的《人生的解脫與佛教思想》中有一個很好的剖析。他說從生命現象和無生命現象比較中，我們可以看到生命現象有三種本能是無生命現象沒有的。第一種本能是「自我延續的慾望」，就是說生命會要求自我延續，它會進食消化、新陳代謝。無生物石頭看起來很堅硬，但是沒有辦法生生不息，因此食慾是人類或生命最重要的根本。第二個本能是「自我擴展的慾望」，就是所有的生物都喜歡看到同類，所以我們就一直複製自己，並且讓自己的族群更優越，所以才會產生族群的問題，無生物就沒這問題。自我延展顯現在生物的聚焦上就是性慾，孔子所謂的「食色性也」。

　　不過，木村泰賢說這兩種本能還不是最根本的，他認為生物和無生物最大的差別是一種「自由的拓展」，即使連植物的根和葉都知道往外冒。所以佛教有這麼一句話：人下阿鼻地獄，下無間地獄。痛苦沒有間斷，時間沒有間斷，這樣的侷限是最痛苦的，把你所有的都限制住了。他認為自由才是界定生命與無生命之間一個最大的標準所在。為什麼要食？為什麼要性？自我延續和自我擴展，其實都是為了一個自由的追尋。

　　可是這種自由如何追尋都會遇到「天塹」，這個天塹就是生死。不甘心於被這個生死或天塹所困的人，他的人格特質就叫宗教人格。於是他去追尋，當他有一些答案之後，他說「我找到了」，那個內容就是世界宗教的內容。每個宗教都說我找到了，其實就是如此。宗教家回到這個本質上的不自由，想要突破它，求取一種生命的絕對自由。藝術家只能求取一些有限度的自由，或者一些情境。無論他是哪一類型的藝術家，就在那個地方求取他的自由，所以追尋自由的動機固然是一樣，但顯現的結果卻不同，就出現了道與藝間同與異的差別。

宗教和藝術的都是追求自由

　　如果回過頭來，用我的角度來詮釋劉靜敏的改變的話，那麼，她早期一定有過這樣的階段：台上和台下是二分的。這是我剛才講的第一種藝術家。後來到了優劇場行腳台灣以後，台上和台下結合一起，台上台下都當團長，結果搞得好累。這第一個和第二個階段，雖然都是在追尋自由，但也都還在今天一開始所講的：一個宗教與藝術，人格或特質上的分野。

　　其實，很多藝術家或藝術團體在台上快活、台下窩囊，然後再追尋下一次台上的快活，一輩子就這樣翻轉。可是優劇場比起一般的藝術團體，顯然希望追尋更高的東西。到她目前這最後的第三階段時，其實就已觸到了藝術與宗教在現象上的一種矛盾，所以會有拉扯，主要看這個拉扯能不能衝破這種矛盾？也許劉靜敏衝破了那個矛盾，找到了她的匯通點，那個殊途同歸的源頭。

163

這個源頭是什麼？從我這個習禪的人的角度來看，這個源頭就是觸到生命最底層，我們要衝破無始天壓的、在禪門叫做「不動智」的東西；當你打開了生命最終的這層隔閡時，你會達到一個徹底自由的地步。這個自由沒有任何隔閡，台上和台下無隔，生命和藝術無隔，整個生命就呈現出一個藝術的風光。如果宗教是追求整體生命的，藝術家是追求特質藝術的，這時候特質的藝術和整體的生命就是無隔的，但是，有沒有這樣的人呢？

舉兩個例子。日本的劍聖宮本武藏在三百多年前，和佐佐木小次郎在嚴流島之戰，這可能是世界上最知名的一場決鬥。武藏戰勝了，從此揚名日本。而在那個時代是沒有竹刀的，決鬥被碰到恐怕一條手臂就不見了，這跟我們現代想像的武俠不同。我在上禪宗修行課的時候，有一個學生問我對電影「臥虎藏龍」的看法，我說「李慕白的人格是練不好劍的，那是藝術家的想像」。一個好的劍客必須到達不動智的階段，就是不假思索出劍的一個階段。而也只有在那個時代裡，才會出現武藏那樣的劍客，因為每一戰你都不能輸，所以武藏在他的《五輪書》裡講過，他一輩子決鬥過六十幾次，無有敗過，只要一敗就會變成殘廢甚至死亡。

這樣一個極端生涯的劍客，他一輩子卻留下不少藝術作品。他的書法有王羲之的味道，他的畫堪與八大山人比美，他的雕刻在日本很出名。很多藝術家認為他是在練劍之餘以藝術涵養心靈的，我卻認為真正的劍客不可能有這樣的時間，他也許要涵詠，但不是用這樣的涵詠法。唯一的解釋，是他觸到了剛才所講的那種源頭，也就是他觸到了那個不動智無可方物的源頭，於是使他觸物成形，拿起了雕刀就比別人多練了好幾年的好，拿起了筆就有那樣的境界。這樣的不動智，使得他的藝術、劍道和他的生命是三合一的。

又譬如說近代的弘一大師，他才情縱橫，是個文學家、音樂家，又是演員。年輕時長得又漂亮，多少人羨慕他的條件，可是中年出家以後，繁華落盡，他什麼都沒做，只留下了書法。我們還記得弘一的什麼呢？除了「長亭外古道邊」的〈送別〉外——這首歌還是德國旋律，弘一填詞而已，誰還記得他的音樂作品？

音樂並不是弘一的專門，這裡本來就有他的侷限，那麼記憶中弘一是怎樣的人？難道他沒有藝術嗎？他的生命不就是個大藝術！他最後的作品就是他自己，他本身就是一個作品。為什麼？我們看到他在任何的場合裡、時空裡所顯現的行為，其實不只是一個宗教，而是與藝術結合所顯現的最顛峰。

那麼到底觸到了些什麼？用我的話來講，就是一種修行。如果劉靜敏在幾年前觸到了那一點的話，有一天也會去接觸到宮本武藏的世界。宮本武藏晚年習禪，到底有沒有徹底透脫，我們很難從少數的傳記去瞭解。當然每一個禪者、修行人想要追尋、完成的，可能風格都不一樣。但即使風格不一樣，他想要契入類似弘一的世界，也會有這麼一個融合點，而這個融合點到最後已經分不清什麼是藝術，什麼是宗教了。這樣的一個過程必須透過一些矛盾的統合，而且不易理解。

譬如劉靜敏他們在做這種道與藝的追尋時，其實很多人也是不諒解的。為什麼要走路？要住在山上過那樣的日子？而其實這對他們的身心靈真有幫助。這幾年來，我個人對觀照到宗教與藝術這類型的團體——如優劇場——比較關心的主因，就是因為他們想要超越這種矛盾，達到那個更基底或更高度統合的一個境界。剛才我從一個宗教行者的角度來詮釋這兩者之間的關係，但如果從藝術本位的角度來看，其實也有一些問題必須要超越的。

親近宗教和原本人格特質的衝突

許多藝術家開始親近一個道場，虔誠信教以後，人格的鮮明形象和他的創造力即日漸萎縮。多數的音樂家親近道場以後所寫的音樂，教人無從說起。回過頭來從這個角度看，如果宗教家的基本人格特質或追尋叫做「萬古長空」，而藝術家所顯現的鮮明形象和特質則是「一朝風月」，可是禪門卻有一句話叫做「不可以萬古長空昧卻一朝風月、不可以以一朝風月昧卻萬古長空」。弘一大師的人格或宮本武藏晚期的行持，從某個角度是平等一如的，他們面對每個時空都可以顯現出那個時空中時，最佳的一個作為，

並非沒有個性。很多藝術家太有個性，修行人則缺乏個性，可是融合這二者的人，就像宮本武藏和弘一，我們看到他們平等的觀照世事，又看到他們鮮明的人格特質活在我們的心中，到底是怎麼一回事？當我們親近了一個宗教之後，我們如何去處理原來人格特質的那個東西？這中間可以達到一個完全的統合嗎？其實很值得藝術家也從藝術本位的角度去想。

劉靜敏：

我想還是就個人經驗上來談。我原來是比較拘謹的，包括創作。除了個性拘謹之外，我還曾經受過一位非常重要的大師——美國加州的Mr. Jerzy Grotowsky的訓練。他十分嚴格，除了極盡要求肢體的訓練方式，包括體力的付出，還要求從內在「超越自己去接受這些訓練」。例如，在黑夜的森林裡奔跑。記得當時曾與劇場界的朋友閒談，提到劇場之於我們到底是什麼？這位大師說劇場是一個遊戲，看你如何在這個地方玩遊戲罷了。我一聽非常不以為然，覺得遊戲的觀念是一個好玩有趣的心情，但是劇場對我來說非常嚴肅，因為我真的付出生命所有的努力在做這件事。

在優劇場早期，我幾乎沒有在外面工作，也不支領薪水。這樣的方式過了很多年，在那山上看起來就像是苦行僧似的。這一、二年慢慢轉變之後，比如昨天演完的這個作品，這個戲本來應該導得很嚴肅的，因為它的主題是為了配合「持劍之心」，是一個求道者的武士的心路歷程，可是排練到最後，你覺得它像一個童話故事。

我開始發現，劇場的創作並不一定要講真話，你可以在你的生命裡面說謊，在生命裡面去做假的事情。我突然覺得這個所謂你覺得自由的空間，或你可以去扮演的角色，其實有它另外一種場域的能力，讓你可以透過另外的觀點來遊戲它，而這個遊戲的前提當然是你的心理對這種狀況很明白。我發現這個場域回到了以前這些劇場大師們所說的，一個遊戲的地方。這樣一個觀念的改變對我意義非凡：因為我是一個在生活上嚴謹的人，就像老師說的，我一定要生活中弄對，我的劇場才能弄對。這時才發現，

原來我的生活必須要遊戲，當然這個遊戲不是眞的是一種遊戲，而是如何看見自己遊走在這個環境當中的這種遊戲。在與佛法接觸的期間，我發現所有生活中的事情其實都不比生命的問題重要，所以其他的事情也就是遊戲一場，也眞的沒有那麼重要，對應回來也就不再對那麼多事情執著。

以「遊戲」來化解生命中的執著

有趣的是，我看到自己在生活中和劇場間的轉變，相較於二十幾年前凡事一絲不苟時，我只能到舞台上去遊戲，今天我卻可以在家裡面演戲，與我的孩子互動，教育他們，這事對我來說很不容易。我讓我的生活產生遊戲，當然也可以在劇場裡面開始創造，去做所謂的遊戲，就像直覺中知道這件事不一定要這樣子才對，同時會在一個狀態下刻意去做一個你覺得不對的事情。那種感覺，就像去賞花的時候看到那麼多人，仍然會很高興。從另外一個角度來看，突然間也體悟這個東西是來自於眾生和你之間的聯繫，是你生命中更有趣的部份，就像孩子的重要性高於原來自己對於劇場創作的執著。

林谷芳：

我現在主持佛光大學的藝術學研究所，雖然它是佛光山出錢的學校，裡面的學生除了有法師之外，基本上和其他學校一模一樣，法師們也受到學校世俗規矩的制約。這個藝術學研究所的學生當然也有不同宗教信仰的，可是他們自己立了一個所訓；這個所訓很有意思：「做夢中佛事，建水月道場」。別人看了會說：這是藝術學研究所嗎？這其實是之前我在上禪藝術時，有一天突然記起了這句話，而竟然大家也覺得非常有道理，於是就把它當成所訓了。

劉靜敏剛剛談的階段讓我想到這樣一個「做夢中佛事，見水月道場」的境界。眞和假，自由和不自由之間，到底是怎麼一回事？我認爲「遊戲」這兩個字，的確是需要宗教家和藝術家共同去思索的。如果從一個現象的立場來講，譬如現在台灣的政治紛

擾，我們常講要訂遊戲規則，坦白講我個人並不是很喜歡，因為這個時候的遊戲沒有真實意義可言，只是妥協下的產物。它不會談到一個政治人的理想、抱負、基本的專業倫理等問題，於是台灣的政治就變成一群有權力的人為自己訂定的一場遊戲。他們玩得不亦樂乎，犧牲小老百姓，「聖人不仁，以百姓為芻狗」，所以我非常不喜歡遊戲規則這四個字。

有「遊戲精神」的幾位大師

可是，如果一個學佛者、宗教學者談到遊戲，他談的其實是一個最高的境界。什麼叫遊戲？不被成見所困擾，不拘泥於一個慣性的思維，呈現生命的自由性，就是遊戲。所以禪門稱最大的神通稱為遊戲神通，顯現一個偉大生命對於生死的一種超越。

比如唐代曹洞宗的開山祖洞山良价過世的時候，是所謂的坐脫立亡，他告訴徒眾說今天我要走了，然後坐下就走了。徒眾開始掉淚、嚎哭，哭了老半天以後洞山良价又開始呼吸，醒過來說：「不是告訴你們，無有一法可得，不要執著嗎？你們現在執著，好吧，既然這樣，隨順眾生，再留下來吧！」這次只留幾天，然後盤腿一坐說這次真的去了，再哭也不回來了，就走了。連生死都是以遊戲地一種自由、真正自由、毫無罣礙的態度來應對。

另外一個更富遊戲精神的例子是隱峰禪師。他俗家姓鄧，具有神通。有一次見到二軍交戰，開戰在即他覺得會傷亡無數，不如示現神通來救度眾生，於是就從空中飛過去，結果大家以為神人示現，因此立罷干戈，兩軍退兵。禪門一般來講是禁止使用神通的，因為以神通立教，最後就會心外求法。

台灣現在就是這樣，滿街神棍。隱峰禪師為了要證明神通的不足恃，他選擇入滅，圓寂。他問他的徒眾：「自來有坐脫立亡者？」大家說有。「可有倒立而亡者？」大家說沒看過。「如今讓你們一看」，他就倒立，然後倒立著圓寂。徒眾又敬又慌，沒有人敢碰他，商量了半天，請來他的妹妹，因為是親人又是比丘

尼，最有權利處理此事。妹妹一來就用罵的，說哥哥啊，你在生前作妖作怪，死後還要留此一手，於是輕輕一推，隱峰禪師委頓而化。本來衣袂不墜，也就是脫離地心引力，現在輕輕一彈，整個都恢復正常。道理當然是鄧隱峰自己不爲生死所限，妹妹不爲概念所限，二者都不爲聖凡所限；遇到這樣的聖者，我們就要膜拜了。像這樣，這就是所謂的遊戲。

再講一個例子。唐代有一位叫船子德誠的人，開悟以後以渡船撐渡來救度眾生。一次遇到有緣之後，他認爲緣該盡了，就問人家：「有坐脫立亡，可有隨波而逝者？」回答說沒有。他說「今天你們看到了」，就跳下去，一邊唱歌，隨波而逝，從此消失。所以後來有一個禪師說，坐脫立亡，不若水葬，這些境界都不如這個船子德誠的跳水而死。爲什麼？一省材燒，二省開壙；壙就是墳堆，可以省力，又省材杉。他讚許這個人是百千年來一個眞正無以爲繼的人格。「一曲漁歌少人唱」，千古也就只有這麼一人讓後世詠嘆。這是眞正的一個遊戲，蘊含了一個根柢束縛的抖落，一個絕對自由的體現，即是世俗層面所謂的聖凡。黑白、對錯，所有的拘泥都一體打破了，這叫遊戲。從表演藝術來講，也就是沒有台上台下之分。

這種自由的時光，對禪者而言就是在最適當的時機做最適當的事，所有的緣起不礙那個不變。如果這樣，藝術和宗教就可能達到統合的地步，每一個刹那就是每一個璀璨，每一個刹那就有它獨特的意義，每一個刹那就是它藝術的展現。而因爲是不變的，宗教的本懷就在其中貫穿。

至於我個人的實踐，有兩個經驗可以和劉靜敏交換。有一次在高雄演出，形式是「解說性音樂會」，由我講解，學生示範。那一天有點疲態，就告訴學生說你唸、我來做就好了。因爲角色一換會忘掉，所以我在台上彈琵琶彈到一半的時候，忽然間腦袋一片空白，忘了，可是我連對不起也都沒講。一般忘了，台上尷尬台下也很尷尬，因爲台下會幫你著急，台上莫知所措。這樣過了二秒鐘，然後好像「忘了」不是什麼大不了的事，就像在家裡彈琴一樣，我繼續彈下去，結果掌聲如雷。

不變的隨緣諦觀

下台後，有位目前已作古的古琴家對我說，林老師眞的是大師，因爲在台上誰都曉得你忘了，但是沒有人覺得你錯了，或覺得忘了是不對的，而你也沒有覺得自己不對。他講了一個故事說，在台灣只有兩個演奏家達到這個境界，另一個是已過世的古琴名家孫毓芹。孫公有一年在故宮演出古琴，在座的都是衰衰諸公、政府要員。當時彈的是〈流水〉這首古琴曲，是一九七八年航海家二號升上太空時，代表中國的一首古琴樂曲。爲了探索太陽系九大行星，相關單位認爲有一天可能會遇到外星的生命，於是製作了一個白金的唱盤，上面有圖顯示銀河系的位置、地球在太陽系裡的位置，還有代表地球生物的男女各一人。因爲無法與外星人用語言溝通，爲了表達善意，就要求二、三十個國家各選出代表性的作品一首，錄在裡面。中國算是全世界最大的國度，選出的曲子就是這首〈流水〉。

孫公選彈此曲，彈到一半突然發覺，千古名曲面對的竟是這衰衰諸公，豈不荒謬？愈想愈氣，忽然間就停下來，不想彈了。不彈以後，他走到旁邊開始點煙抽，台下不知道這是不是像表演，不曉得是不是也是古琴表現的一環，就這樣看著。孫公抽煙抽到後來發覺，下面的觀眾也沒有那麼可惡，最少還靜靜地看他抽煙，於是抽到一半捻熄，再回來繼續演奏，全場掌聲如雷。

這是遊戲，是一個境地，什麼時候該有什麼樣的作爲，你了然於胸，而不被情緒所控制。所以「做夢中佛事，建水月道場」，假中有眞、眞中有假。那個眞是不變的，假是隨緣。如果從這樣一個角度出發，藝術就能從隨緣去諦觀不變，宗教就能從這不變應現出隨緣，這時就是一個高度的融合。

藝術家的焦慮或偏執

剛才講的是一個異化現象。藝術在隨緣，所以整年在變，你看那些藝術家焦躁的人格，其實都有某種程度的焦慮症、偏執狂。

但同樣宗教如果沒有體驗到剛才所講的那個世界，只是平等一如，最後也沒有辦法映現風光，即所謂的昧於平等的世界，而無視於差別世界的存在。

我記得禪門講趙州八十猶行腳。趙州是唐代一個偉大的禪師，活了一百二十歲，他到八十歲的時候還行腳天下，爲什麼？因爲我們在生命的現象裡面，所有的無限是在有限裡體現的，本體是在現象裡體現的，它以不同的現象來衝撞我們的生命，生命能如何去應對？劉靜敏在台上演一個溫柔的媽媽，一下台孩子吃錯了藥丸，啪就給他一下，對嗎？台上的境界是設定的，是聖女就是聖女，娼妓就是娼妓；可是生命的角色裡，它有無數的設定是外緣直接給你衝擊的，能不能夠化被動爲主動，把一個依變數變成主變數，就看你的修養。如果能到這樣的境地，才是一個眞正的悟者。

再舉禪書裡面提到的一個故事。六〇年代美國也流行習禪，當時習禪的大本營是在日本，有一個年輕人就到日本的寺廟去習禪。日本因爲民族性比較嚴謹，禪師一早起來都在禮拜。他看了很不屑地告訴其中一位禪師說，在我們美國習禪的人，早上起來是對佛像吐口水的。這個禪師平靜的答道：那你吐你的口水，我拜我的拜吧！這是了不得的遊戲，讓吐口水和拜拜都無所罣礙，各自體現眞意。如果當時各執一方，你吐口水不對，你拜拜也是不對的，最後兩個人只有我，佛就不見了。其實口水和拜拜，二者皆有佛在其中，如果眞能體認那個眞意的話。

我想對於宗教修行的人，或是從事藝術工作的人，這眞的都是一個理想、目標。坦白講它有一定的難度，所以這幾年的舞蹈界或劇場界在談身、心、靈的時候，我都是用比較嚴苛的角度在觀察這個現象。因爲在修行的歷程裡面，不知會有多少的境界現前，有多少的誘惑出現。

我淡出文化界已經二、三年了，在文化界比較活躍的時候，報紙上常出現我的消息，好像每一句話都會被引用。其實不是我講的有道理，是兒子幫忙加的分。因爲晚婚，加上頭髮白得早，帶兒子出去的時候常會被看作是祖孫。以前開記者會的時候，我

一邊回答記者所提出的嚴肅問題，中國音樂如何，台灣的文化重建如何等等，一邊兒子就在我頭上做各種表情，攀爬啦、抓頭髮啦。我繼續跟他玩，但是開口出來的東西不動如山、清楚如昔。這也是一個不變隨緣的體現，到此境地扮什麼像什麼，這是生命中最大的戲劇，最大的藝術，也是宗教與藝術渾然無隔的狀態。

「道」是藝術的根本及終極追尋

談身心靈的問題必須用嚴苛的角度來看，因為如果只是站在藝術的基點談身心靈，用宗教的角度來看，只不過是一個浮動心靈中的自我安慰罷了。但是回到宗教來，我也要特別提一句，現代的佛教歌曲創作，現階段的某些佛教劇場，只能用「慘不忍睹」四個字來形容。宗教本來追尋一個無限自由、遊戲神通的生命世界，在他們手中卻變成一個假象的平等，非常可惜。也許有這麼一天，在我們這個時代能夠創建出一個如敦煌石窟某些地方般，藝術和宗教直接體現的一個顛峰，兩者之間完全無隔的一個藝術頂尖的世界。

劉靜敏：

「持劍之心」演出時，有一些法師和宗教團體的工作人員來看，演後有一個座談會，當中的一位出家師父提到了一些問題，讓我們受益良多。因為我們的演出用了很多皮製的鼓，他提到這些鼓都是獸皮，你們在打鼓的時候是否帶著一個虔誠的心，甚至於迴向的心給你們所打的這個鼓，和犧牲牠的皮來做鼓的動物。本來我們對我們所打的鼓就應該存著一個尊重的心理，不只是說它是動物，師父從一個不殺生的觀點出發，當然就必須帶著一個迴向的心理，我們是完全接受的。另外一個觀賞者則非常高興有這樣的作品出現，他認為這個作品應該從佛教的藝術創作性來看，因為它講的是文殊師利菩薩探索自己的主題，它走出了原來的宗教範疇，而進入了藝術範疇的境界。

優劇場並不是宗教團體出身，從佛教藝術的創作中自然地就踏上了修行的道路。在這期間這麼多年來，從藝術的一種偏頗到

後來產生的一種拉扯，慢慢走了過來，現在還在走。所以我也很高興這個中間遇到老師，道與藝之間這個主題給了我們一個很清楚的方向。這幾年下來，其實都在整理這個關係。有趣的是，我們開始不再那麼擔心自己的藝術了，反而發現原來生活裡面更藝術。

林谷芳：

　　對台灣的藝術界和宗教界所從事道與藝的連結，我是採取比較嚴格的態度的。也就是希望能見微知著，從這種角度才能夠看到它們發展的某些偏頗，而這些偏頗就某種意義上來講就是道與藝的分家。「道」應該是藝術的根本或藝術的終極追尋，因為只有這樣才能符合藝術追求自由益達到根柢這樣的目的，否則追尋可能會達到有限的自由，但這有限的自由卻往往會帶來更大的不自由。

日常生活比藝術創作更「藝術」

　　通常，大家只看到藝術家在台上亮麗的一面，但我接觸到的都是他們私底下的一面。無論是我自己觀察到的，或他們來跟我訴苦，請我幫忙解決一些生命的或藝術實踐上的問題，我卻看到了那種焦慮、不安。常常他們會從另外一個方向去開創他們生命的自由，卻帶來了其他面相上生命更大的不自由。所以，藝術對於一個生命的積極意義到底在什麼地方，就值得商榷了。如果能將道與藝結合，把道當成它的根柢，當成它的追尋，而不是僅止於文以載道，附上一個宗教標題就可以，藝術的追尋和實踐其實要有一種非常有機、內容豐富的過程，且必須具有反省內觀的一種特質。若是如此，當我們透過藝術追尋一種生命自由的目的時，我想這個目標在一定程度上可以達到。

　　對宗教界來講，當我們無法從藝術上看到藝術特質與生命的對應時，就喪失了非常重要的一個自我驗證的機會。單從現象來看，我們不得不承認人類發展的諸多行為中，藝術帶有更強的一種瞬間能量，更多的生命色彩，也就是把當時一時一地的東西做

最有機、最完整的統合與超越。生命的能量如果不能在每一當下都如此的體現，那麼禪門所講的「日日是好日」就是一個妄語。對於一個修行人來講，日日是每天都是他能夠主體生活的日子，萬一離開了他的主體範圍之後，會不會日日是好日？所以我常教學生說，我不希望你們十年如一日，因為十年如一日就不如活一天，我們必須「一日有一日的領會、十年有十年的風光」。日日是好日的意思是日日不同，如此每一時刻展現出的才是最鮮活的生命能量，也就很容易顯現成藝術特質。而如果少了這樣的實踐或鑑賞，少了這樣的自我粹鍊，一個宗教家只昧於平等，可能會出現上述的弊病。

就台灣現況而論，儘管現在佛法如此興盛，我仍不得不提出個人的擔憂，因為我看到現況中道與藝的分家。譬如，許多道場的建築看了只能讓人搖頭嘆息。當然我不是從藝術家狹隘的立場來談它的好壞，因為它沒有藝術造型可言。我並不狹隘，舉例來說，元代留下唯一的一尊媽祖像——湄洲媽祖到台灣的時候，修漆得非常亮麗，於是文物界的人大加撻伐，認為這樣國寶級的文物被糟蹋了。可是我和李豐楙同表贊成，因為神像是讓人膜拜，不是當藝術品被陳列的。每年有人修漆金身，表示神像的靈驗，是不是？它是作為一個宗教用途的。道場也有它的宗教用途，但是台灣道場現在蓋得這麼難看，不需要用一個藝術專業的角度，你就會發現這些出家眾的美感或者信徒的設計出了問題。

「道」與「藝」的分家

有一次我到一個道場去演講禪藝術，當時前面擺了五個大花瓶，與人齊高，每一盆花插的更是一模一樣。我說這麼隆重的儀式歡迎我，就像花瓶閱兵，但呈現的恰與今天的藝術主題背反。記得當時只有數位法師來聽課，我說應該上這個課的是你們，而不是信徒，因為這正是你們生命和心靈證悟的一種體現，體現在你們日常行住坐臥、語默動靜之間。你們的語默動靜會這樣，表示出了問題。所以，從這個觀察可以看出這已經不只是一個優劇

場的問題，不只是靈鷲山一個道場在談道與藝的問題，它其實是我們台灣、整個宗教文化，或者不提文化這樣一個外相的事情，談一個宗教心靈，一個生命最終追尋自由心靈，我們到底要體現到何種程度的問題？總之我們有沒有誤差，這是一個很好的觀照座標。

這幾年我多方注意優劇場的發展。雖然我們同樣走在道與藝的追尋途徑上，坦白講一開始我也看不出他們有太大的可能性，但是這幾年我很高興有這樣一個團體，能夠超越日本鬼太鼓之上。在這裡面，宗教是一個比較真誠的實踐。劉靜敏有一次告訴我：「說穿了，就是修行兩個字。」我覺得一個藝術家能夠這麼本然、直接、不假修飾，讓人意外地談出這兩個字，至少是她個人很大的一個體悟或突破！

接觸宗教或藝術時的喜悅經驗？

提問：

個人也在從事藝術創作。剛剛講到神通遊戲，不知道你們在接觸宗教和藝術的時候，有沒有感覺到一個非常大的愉悅。如果有的話，是不是處於剛剛所謂的追求生命自由度的狀態？假設今天能得到這樣的喜悅，是不是也鼓勵旁人一起來追求這樣的喜悅？用尋求藝術的方式還是宗教的方式？

劉靜敏：

談到喜悅，在這二十幾年的劇場表演生涯中，心中真正冒出喜悅的感覺，大概要追溯到四、五年前，開始去台灣的「內觀中心」做內觀後。三年多前，我花了一段長時間在內觀禪修上，其間有一次回家後躺在床上，突然心中湧出一股喜悅，因為我覺得我好像沒事了，就在那個剎那我突然覺得身心輕鬆，無從由來的一個笑出來。沒有任何原因，也沒有因為什麼事情而高興，那種感覺是我在做劇場時不曾出現過的。當然我知道這和內觀有關，自己內在有某種很深的理念開始放鬆。

175

後來在劇場創作中，這個東西是否又出現過？就以昨天演完的那部戲爲例，這整個過程中，從構思、創作到表達方式，都不曾產生任何思考上的負擔，靈感源源不斷，就像童話故事般一直出現，所以昨天做完後，那種喜悅又回來了，我想這是因爲在整個過程中，它沒有負擔的關係。所以生活當中的喜悅，可能源自於比較嚴謹的一個修行經驗，它可以帶來生活上這樣的經驗。當然對於創作，那個內在的放鬆，來自於理念的那個鬆綁，也有助於從中獲得喜悅。

林谷芳：

我以禪者的角度回答這個問題。若喪失這種喜悅，就沒有所謂的宗教經驗了，宗教經驗和喜悅、聖潔總是脫離不開。我個人的生命經驗中，比較長期的禪悅是在大學畢業在步校受訓的時候。那個時代軍隊的紀律是非常嚴格的，不少人會覺得那裡宛如人間煉獄。記得當時有一個同學說過，隊上一百一十九人中最奇怪的就是林谷芳，不是因爲體力特別好，而是發現這三個月受訓以來，他天天笑口常開，別人都累歪了，他怎麼還能笑口常開？那時候的我在三個多月的長期間裡，都活在禪悅之中，任何事物都是美的，都是快樂的，不管身體如何地被折磨，都是自由的。

從禪比較嚴屬的角度來看，這樣的喜悅還可以提出兩個問題。第一，改變了環境，你是否繼續喜悅？很多人有宗教的喜悅經驗，但是當這個經驗遇到某些挫折和事物以後，會變成一個遙遠、美麗、模糊的回憶，這是第一點要自我勘驗的。

第二點是這個喜悅是一種主觀的喜悅，而這個喜悅會使得你應對現象的品質更好。我們看到很多宗教的喜悅，是讓人活在一種非常主觀的世界裡，並沒有改變他和別人，或他對待事物的看法，甚至只有使他變得更封閉，這個叫「入魔」。從這個角度來看，我們是用藝術還是用宗教讓別人分享這份喜悅？其實都可以。還是那樣一個觀點，如果用藝術，它的好處是什麼？大化無形，你不言道而道在其中，用藝術你可以勘驗自己有沒有應對現象的能力。若用宗教，就不是用教條，是讓那個走到道與藝的極

致，或者最少是體現那樣的一個風光，使得別人也感染你的喜悅，就像弘一大師一樣，讓「生命的全體變成藝術的自身」。

每次的表演就是和眾生關係的存在

提問：

請問優劇場和鬼太鼓主要的不同是在什麼地方？優劇場勝過鬼太鼓的理由是什麼？此外，優劇場這幾年廣受社會各界重視，經常受邀在開幕或閉幕典禮表演，演出頻率過度會不會感到麻痺，與環境的契合度會變得如何？

劉靜敏：

關於第二個問題，其實不只你們擔心，我們也會擔心。但是就現實的狀況，今天如果不去這些開幕場的話，我們已經不存在了，因為它是我們目前最主要的收入來源。所有正式劇院的新創作都是賠錢的，我們是靠這些演出來維持劇團的運作。我們非常感謝有這樣的演出機會，但是就得處理包括團員和自己該如何去面對如此重複性的演出，甚至於吵雜環境的狀況。

舉例來講，首先我們心裡都必須清楚每一次打鼓，對優劇場的人或對所有打鼓的人而言，都是一個和觀眾感恩的機會。因為打鼓本身不全然只是一個藝術的表現，鼓聲有一定的震動頻率，你只要很自然地、靜靜地去聽，鼓聲會調整你內在某些的震動頻率，這個震動頻率有助於磁場的影響和轉變。這也是為什麼很多的慶典、儀式，鼓在文明之始的時候就已經存在，它和鐘以及某些樂器是有這樣的能力。所以每次打鼓本身，就已經是我們和眾生之間一個關係的存在。

另外，當我們去了一個吵雜的環境，無論是在國家劇院、亞維儂藝術節，或任何的表演場所，每個聽鼓的人對我們來講都是一樣的，我們不對聽者起分別心，所以在街頭打鼓和在國家劇院裡面打鼓，呈現的狀態完全是一樣的。

有幾次的狀況十分有趣，也是非常好的經驗。其中一次邀請的單位在台中開了一家漁人碼頭，是個可以吃海鮮喝啤酒，裡面

還有小橋流水，也可以做高空彈跳的俱樂部式餐廳。當然那是一個我們賺外快的機會。到了現場之後，相對於這樣人來人往的熱鬧環境，我選擇了一種非常安靜的小鼓，叫流水，演出是盤坐打鼓的方式。我告訴團員，坐下來眼睛閉上，今天面對你的人群，就和其他安靜聆聽的人是一樣的。整個演出過程中我們全部閉著眼睛，打到一半外面的吵雜聲愈來愈少，愈來愈少，到後來所有的觀眾都靜下來聽鼓。

這個經驗讓我知道，每次演出的時候必須把它當作是一顆心來面對。今天即使他不再聽，也不是他的問題，我們必須要使他能夠接受我們，而不是覺得他應該坐好來聽我們打鼓。我們帶著這樣的心情，在每一個不同的場合中演出，也非常喜歡和非常珍惜每次的演出。

藝術表演需要自我反省能力

林谷芳：

做為一個觀察者，這也是我觀察優劇場很重要的一個切入點，就是不在專業的表演場域裡做表演的時候。第一個是他們自我反省的能力到什麼程度？第二個則是他們的藝術能量到什麼程度？自我反省就是你自身的心置放何處？你和外界的關係如何？藝術能量就是當你面對不同場域的時候，你主體性的發揮或者對應性到什麼程度的問題。對一個修行團體來講，這是最大的考驗，我常告訴道場要走出去，也是如此。不只是像「人間佛教」一樣只做一個服務的工作，而是真正去歷練。譬如我們在國家劇院或設計獨特的老泉劇場演出，當燈光打下，鼓聲齊鳴時，多震撼人，又是多迷人的經驗。但是在一個吵雜的環境，在一個陌生的場域，這個能量是否能夠發揮出來？能量能否發揮當然有攝受者的問題，有些人根本不聽那就算了，可是如果有心在聽，我會不會因為這個場域的改變，能量就消失了？若是如此，優劇場就該自我再淬鍊、再琢磨。

至於自我反省，一個劇場能否靠著嚴肅的藝術，嚴肅的演出

而生活？對待這樣的一個延伸問題，我們該持怎樣的態度？是把它當成一個工具，用二分法，延伸的時候就隨便打，然後在劇場的時候，因為有劇評家，就好好打。是這樣的態度，還是用另外一個態度來面對眾生？此外，它對錢的處理態度也是我關心的。譬如二○○○年文建會的補助，因為種種誤差，優劇場幾乎被遺漏。劉靜敏說事情要是發生了就接受，這個反應我覺得這很好，表示她曉得自己在做什麼，有錢做有錢的事，沒錢的時候調整心態，或者不動，那會更好。

第二個問題有關藝術實踐和評論的問題。為什麼優劇場目前比鬼太鼓好？我們知道日本什麼東西都跟道有關係，柔道、花道，因此打鼓也會契如道，出現一個鬼太鼓這樣兼具修行與藝術追尋的團體，也實屬理之必然。按理說它應該會更好才對，但我覺得這裡面有兩個問題存在，一是藝術的實踐層次，這是日本文化的一個特質，是他們最擅長，也是他們最要突破的部分。就修行而言，日本人禪的森嚴規矩絕對是保存得比中國好，可是卻出不了中國唐五代的禪門巨將，這和他們的個性有關，而在藝術上也如此。至於實踐上的另一個心態問題，我也可以提個比較；我覺得後期的鬼太鼓太受市場利益的影響，裡面出現的很多音效是為了取悅觀眾。在道與藝的中間，若觀眾和演員對立、相隔或是有取悅的成分在的話，這個團體就完了。

鬼太鼓後來兩、三次來台灣演出，我都看到這個現象，所以那種感動人的力量，那種原始能量就不見了，只覺得賣弄起來就是一個愉快的晚上。可是，這種愉快是藝術的一種假象，這個假象就好像我們今天在談身、心、靈的人沒有直接去修行，於是修行就變成遙遠美麗的東西，而不是一個實踐。優劇場的作品當然不是無可挑剔，譬如「持劍之心」，我就有很多的意見。但是我們感覺它沒有失掉它原來的那一點，比較容易呈現藝術的完整性。任何一個東西或團體，優劇場也好，鬼太鼓也行，尤其是一個有特殊文化色彩的東西都會有特質。但是當我們談到藝術完整性的時候，道與義所追尋的真誠，在裡面其實是無所躲閃的，我是從

這個角度來看。

劉靜敏：

　　我純粹談它們不同的部分。早期鬼太鼓整個的訓練方式是以跑步為主，跑馬拉松，我們的訓練方式則是禪坐，當然我們也打拳。這之間的差別，我覺得可以把它當作一個問題來討論。日本人打那個最大的大鼓，其實非常的用力，你可以看到擊鼓者的整個肌肉是繃張的。他緊繃專注的表情，像是付出他生命的全部在打這個鼓，所以是很吸引人的。但是優劇場──當然不是所有的團員都這樣，他的打法基本上就是如果你去看這個人的演出，去掉他的手之外，你根本不知道他在打一個大鼓，從他的表情來看，打一個大鼓和打一個小鼓並沒有太大的差別。我覺得這可能是從禪坐入手和從跑步入手之間顯現的一個不同，它的好壞就不談了。我想今天的對談到這裡也差不多了，最後我們是不是請心道法師來為我們說幾句話。

結語：藝術可以呈現內在的修行

心道法師：

　　藝術可以呈現內在的修行。一般而言，修行好的修行人都喜歡藝術，為什麼？因為藝術可以和他的感覺相契合。許多得道的人都有藝術天賦，他們的敏銳度高，能夠表現某種感覺。藝術是一種內在感覺的呈現，當然，有修行和沒修行的藝術呈現還是有差別：我們的內在是沒有什麼差別，可是思維和想法就大有不同了。

　　我認為藝術和修行是沒有衝突的。為藝術而藝術，它的呈現就變成偏好；偏好會增加靈性的貪，就是另外一種欲望。一般藝術家會有「濁氣」，就是貪婪的那份感覺；而修行上的藝術表現卻是很清爽明朗的。

　　藝術講求內心，內心有高音、低音，還有深沉等不同的「音質」。有些人表現藝術是鋒芒畢露，有些則非常地內斂，而內斂是

作品中涵養的部分。修行人內心的柔軟度、涵養度可以讓藝術的
呈現更為內斂，所以，宗教應該是讓藝術表現得更有深度才對。
在這點看法上，我和林老師是有不同角度的。

（前文整理自2002年4月7日「世紀宗教對談」）

修行道上的「解放」
—— 宗教成道與兩性問題

與談人：心道法師（世界宗教博物館創辦人）
　　　　陳文德（作家）
主持人：林谷芳（佛光大學藝術學研究所所長）

林谷芳：

在這裡我先講一個小故事做為引頭。一九八二年，我第一次到美國去做純粹的觀光旅行，前後約四十天，這期間跟我一個密宗修行得相當有成就的好朋友，在西雅圖的一間旅館裡聊天。不曉得怎麼心血來潮，我非常嚴肅的問他：「以我們二十幾年的交情，今天晚上我有句話想問你，你不要給我一個模糊的答案，直接就你的體驗直抒本然。」他說：「你問吧！什麼問題？」我說，我想要問他修行人的「性」生活如何？

「情慾」是很多道場都忌諱不談的問題

這個問題在很多道場是忌諱不談的，就好像我們已經捨離這個世間想必有的根本隔絕，但我們還是要面對自己的本能。而對於一個在家修行的在家眾，這更是一個必須嚴肅面對的問題：從心理、生理，或從理論、實踐上都必須面對的問題，不過，現在所有修行者面對這問題似乎都有一種迴避、簡化的現象。他的答案我就不在這裡說了，因為答案如果能這樣子講出來，或者我們的體驗如果能就這樣講出來，那我包準你們大家回去也不會覺得受用了。

禪書《指月錄》中有個故事，說有位婆子曾供養某僧人二十年，平常由一位二八女子服侍送飯。一日，婆子要這個曼妙的女子抱住僧人問：「這個時候你感覺如何？」僧人答：「枯木倚寒

嚴，三冬無暖氣。」這是個完全合於戒律的解答。翌晨，女子將答案告訴婆子施主，不料婆子竟說：「我二十年只供養了一個俗漢。」遂遣僧燒庵，把僧人趕了出去。

坦白講，這公案不是一個純粹學理能解答的，只有在生命應對的當下，以及內在的印證、外在的顯現上才可以直下承擔，不過它還是說明了一個問題，一個在生死之外，有關宗教發展或修行心性的問題。畢竟，在性的這個分化的基礎上，我們出現了一個人類的程式，即為兩性的事實。而兩性的事實隨著社會的發展產生了無盡的糾結，中間有各種的觀點出現。在現代社會裡，我們看到有各種對兩性情慾的解讀，也有女性主義的興起，而在這樣一個所謂的顛覆、解放的過程中，一個直抒生命本然的修行者，應該用怎樣的角度來看這件事？或者對一個道場的發展，應如何對應兩性在當代社會角色的變化和認知的問題，我想都是宗教發展上所必得面對的。

佛教的「戒」是一種生活規範

兩性在宗教，尤其是在佛教所扮演的角色，以及我們對它的看法，是蠻有意思的。在傳統的印象裡，比丘尼的地位好像不如比丘，但我們卻發覺，現在道場裡面，至少從數量上來看，比丘尼的人數卻遠大於比丘。而且佛教這二十年來在台灣的發展，它的事業——無論世間或出世間事業的擴充，女眾都在這裡面產生非常大的能量。那麼，這樣的一個角色扮演和我們有些人對佛教的傳統認知，譬如女性在佛教是比較邊陲的，兩者之間的關係又是如何？這樣的一些現象是否導致一些什麼樣的問題？現在就請心道法師來談談，以作為一個修行者及一個佛教道場的主持人，他是怎麼來看待這個問題與現象的。

心道法師：

我們還是從道家的觀念出發，從無極生太極、太極生兩儀這個狀況去追溯學佛的立場。我們知道，佛法裡面有一真法界，一真法界裡面會產生有俗諦和真諦、出世間和世間，而出世間和世

間總要達到一個一眞法界的生命狀況。當然，在修行方面，道家純陽和純陰的修法一定是隔開來的，如果你要把陽的部分修得非常純的話，就一定要撤開陰的部分的雜染。反之亦然，你要把陰的部分修得純淨的話，就一定要把陽的部分撤清楚。所以這個宇宙裡面有陰陽兩極，無論陰極陽極，它們在宇宙的能量是一樣的，它們也有統一性。

我們出家人在佛陀的教解和生活規範下，有一個戒、定、慧的學習道路，祂怕我們這些後來的出家人或學生不夠聰明，沒有辦法領略到更寬廣的世界，所以設定了很多的生活規範，譬如「戒」的規範，讓你把整個修道生活上應該注意的、保護的、結界的地方先弄好。所以「戒」就是一個結界，結界就像我們的家，你家的範圍是幾坪大？二十坪、五十坪、一百坪？這叫做結界的範圍。

我們的結界在家是五戒、菩薩戒，出家人比丘是兩百五十條，還有比丘尼三百八十幾條戒，這就是他修道的一個環境。在生活上，他應該遵守一些結界的東西，如果你能夠安全的在這裡面，不去觸犯到那些戒，那麼他修行的安全度就夠了；在修定的方面，你就會有相當大的成果，在啓發「慧」的方面，可能也可以得到一種圓滿。兩性之間也是這個道理。

佛陀在印度的四種階層制度下，是倡導平等和無階層的，因此祂不可能會去倡導一個男女不平等的社會。佛陀是一位醫王，所謂醫王就是因為眾生有病，所以祂開藥方給眾生去吃，每一種藥方都是治療我們的心病用的，所以因病施藥是佛的一個智慧。其次，什麼佛呢？佛即諸法如一，如一就是祂沒有去改變任何事，它們本來就是這個樣子，祂只是在創造統一性和分別性。

分別是什麼？統一是什麼？我想男女兩性之間的問題在因緣果報上有其屬性跟性質，是不一樣的，可是他們在修行方面，我們講佛法最高的叫開悟，所謂開悟就是一眞法界的事情，即「一」的事情，不是「二」的方面。所以在成佛方面，每一個人的開悟是同等的，連小孩子的開悟都一樣，當然也就沒有男女的差別。開悟、領悟的東西是「一」的，可是在人的造形、屬性分別下，

它是有一點差距，但這差距並不是高低的問題，而是功能不同，以及質能變化的問題。

在密宗的一種修法上，有所謂質能在轉變時會有一種能量之說，雖然我並不徹底了解這個能量說是如何，但最起碼它是一個虹光身能量的呈現，也是一個質能轉變的辦法。從佛法禪宗來講，它是一個離相或成佛的觀念，離心意識成佛的一個觀念，所以在這方面和性別沒有多大關係。

至於現在的八敬法，我們也不是要去改變它，既然了解佛是因病施藥，那麼對於不適應現代的東西，也不一定要把它推翻，而是保存原來的東西做參考，慢慢演化成現代生活能夠適應的一種方法或原則。換言之，既保持一些佛陀原有的因緣教化的記實，又可以根據佛陀的不變而變，演化出現代的東西，而不是自己創造一個，推翻過去。從這個角度出發，我認為兩性是沒有什麼不平等的地方的。

陳文德：

我先簡單介紹一下自己。我過去可以說是打雜的，學的東西非常亂。早期我在政大學習，念的是政治研究所，後來進入廣告界，主要負責企業管理與廣告行銷，後來也一直在大學教企管和行銷，教了一段時間後又跑到電視台去做電視節目，結果在娛樂圈一混就是十年。後來年紀大了，突發奇想，跑到日本去學幼兒教育，重點放在大腦生理學，所以是比較走醫學的路子，因此今天談也會比較傾向於生理醫學的角度。目前我還是從事幼教工作，同時也在成功大學教《易經》，因此我個人宗教的切入點和師父剛剛講的一樣，比較傾向道家《易經》的方法。

萬物的結構都是陰陽一體

我從學校畢業到現在，大部分的生活都和女孩子在一起比較多，可惜我今年五十七歲還是單身。很多朋友問：「你是不是有問題？」我當然知道自己沒問題，只是因緣未到；今天有這個緣份在這裡談兩性問題，我想也是某種緣份形成的。

　　回到剛剛講的《易經》。《易經》說「一陰一陽謂之道」，從本質來說，我們講無極生太極，因為一陰一陽就是A＋B，而A＋B的零次方就是一，所以無極生太極其實是一個數學方程式。也就是它雖然看起來是陰陽，其實是一體，除非你硬要把它分開，它才會變成陰和陽，不過在運作上它沒有分別。從物理學來談可能更清楚，星球的誕生是一團氣體在不斷的逆時鐘旋轉，不斷的動，所以我們說「天行健，君子自強不息」或「天道恆動，諸法無常」。而在這個動中間，性能自然產生出來，陰的部分在核心產生了，一陰一陽就在宇宙的儲存裡面。無論是銀河系、太陽系或地球，基本上就是大小磁場的結合體，所以成了混沌。

　　人類本身的結構也一樣，其實不只是人類，眾生萬物的結構和宇宙的陰陽磁場幾乎是一體的。我們曉得人類的DNA叫作雙螺旋架構，這其實就是一個氣場和磁場兩者在互動而已。之前師父跟我談到「佛學其實是個醫療體系」。早期有人問佛陀：「佛陀是誰？」、「佛陀到底是幹什麼的？」佛陀回答：「我是醫生。」祂是來幫忙救助人類社會目前所面對的一些痛苦疾病的，所以佛陀用的方法是回歸本質，回復佛性。《易經》理面也談「元」，潛能潛化的開始就是元，所以我們如果要解決問題，就要如佛陀所講的要回歸本質。

　　今天我們談兩性和佛法的問題，其實這是違反本質的。因為人類有很多的想法，很多的習俗，經過歷史社會的發展，形成許多的戒律、規範和制度，但是這些制度到底對不對？好不好？我們很難去論斷它，只是它本身是一個現象，而這個現象帶來了很多的痛苦和複雜性。究竟佛法中兩性平不平等的問題，我認為這都是人類的想法造成的。從《易經》的立場，這個世界上所有的東西都是真的，包括我們現在看到的人事物都是真的，但是只有一樣是假的、不存在的，那就是我們人類的想法。雖然人類的想法本來不是真實的，但因為這些想法在互動中產生一個現象，而這個現象就是真實的。

　　剛剛林教授說兩性是沒有分別的，但在現象界卻分別了，他們的生理結構、身體運作或想法，確實有不同的地方。兩性的不

同結構,在佛法修行上到底有什麼樣的差異,我認為回到原始其實沒有性或不性的問題;不性不代表說不是性,性是存在的,只是又回到那個Ａ＋Ｂ等於零次方,回到太極生兩儀那個最原始的一,而一其實就是佛。佛法就是告訴我們要如何回到原本,如何再回到源頭,回到這整個宇宙的創始。「如一」翻成白話文就是現在發生叫如一。我現在在講話,當然在這裡就如一,就是我們在追求的那唯一的真象。

「佛性」無分男女

印度的一位大師父說「真理之門是無路可尋的」,因為它本來就在那裡,所以不能沒有法。你任何方法事實上已經錯了,但修行佛法沒有方法又不行,因為人類歷史上有太多的想法,太多的制度、倫理、戒律,把我們綁住了,所以佛教把繩子解開的方法——即回到最原始的。

林谷芳:

《壇經》裡六祖惠能對五祖弘忍的談話中提到「佛性無南北」。佛性既無南北,當然佛性也無男女。師父曾強調「悟」的一真法界,現象上的東西都是一些緣起,由緣起來契入,這樣基於平等的觀照也看到了差別。陳教授就特別站在「一」的角度,從它最原始的無極的角度來談這個泯滅差別的平等。

密教有一個說法,說你入胎的時候為什麼會和這個父母結緣,除了多生的習氣外、還和你中陰的選擇有關。你入胎的時候戀男身就成女身,戀女身則成男身。對此,每次都有聽眾問我:「那同性戀怎麼講?」我說那是一念錯亂。這其實觀點到了一個深刻的事實,就好像我們常說男女之間是在尋找自己失落的另一半一樣,在現實上也看到了男女之間屬性的確不一樣。

譬如以我個人來說,有些人看我好像有一點才情,但事實上在很多方面,尤其是和人對應的時候,我發覺我的判斷往往不如我太太,也就是我極盡所能的分析,不如女性的一念混沌。就像莊子說的七竅開而混沌亡,所以這裡面還是有屬性差異的;我們

可以觀照到另一性，以及我們所沒有的能量。

我們一般人喜歡講男的是理性，女的是感性，但在現在科學至上的時代，講感性好像在說你沒有理性才叫感性，所以我個人喜歡講女人是混沌，因此混沌的意思是智慧高一等。

男女是在後天的世界裡尋找自己缺乏的那一塊，尋找的方法很多，比如可以藉由自身的修練，像師父剛才所談密宗能量的交換，但是無論如何是回到了修行的世界裡。兩性之間其實可以彼此是一個積極的角色，一個可以引用、借用、觀照到自己不足的座標，但可惜現實上常常不是如此。

兩性在修行上的異同

至於像八敬法的問題，所有的東西既然是因病醫藥，就不應該站在一個絕對的立場認為它是錯的。比如我們小時候家裡牆上都掛有藥包，從現在的觀點來看這些藥很容易過期；雖然是醫療，但從現在的角度是不衛生的行為，可是如果把時間放到四十年前，那是救人無數的行為，是不是？所以它有它的座標，它的立場，如果我們不回到那個時代的立場，直接批判那個時代的人無知、幼稚、錯誤，其實正反映了我們自己的無知、幼稚。談到這裡，我想請問師父一個問題，師父曾經接引這麼多眾生，到底男弟子和女弟子的屬性在統計上有沒有不一樣，譬如男弟子在某方面或女弟子在某方面特別難教等等。

心道法師：

一般來說比丘尼她們比較勤勞，做事比較積極，雖然抱怨和情緒也比較多，可是她們還是能夠做很多耐煩的事情；比丘呢？他們有他們的好處，在弘法、利生，在傳承、接法方面，他們真的是有較特殊的能量；和男眾相處問題少一點，和女眾就多一點，因為女眾的思想比較細膩，男眾就大而化之。

林谷芳：

原來出世間的經驗和我們世間的經驗差不多！儘管一個人以

出離心為根本，然後選擇某種形式在修行，但他仍然有自然的磁場、氣場，因此在某方面會發揮得特別好，所以「孤陰不生，獨陽不長」，關鍵在於你如何調節。

陳文德：

大家的經驗都差不多，男孩子本來就比較愛講道理，女孩子比較重實際的生活經驗。我剛剛講Ａ＋Ｂ的零次方等於一，事實上Ａ＋Ｂ還是兩個能量，我們在《易經》裡面叫陰陽能量，即乾能和坤能。乾能很簡單，它就是一個動能，不斷的在行動、在運作，所以叫元亨利貞！元亨利貞是說所有的東西都是開始的，永遠在重新開始，所以永遠是亨通的，永遠在努力把這個事情想通。不過用在女性身上就很妙了！它叫做元亨利、雌馬之貞，意即和母馬一樣的性格。

母馬是什麼性格呢？我們知道母馬在賽程上一定跟著公馬跑！所以古代戰爭大將一定坐馬王，而馬王大概都是公馬；但士兵就一定坐母馬，因為戰爭很亂，有人會怕死想逃，不過因為母馬一定跟著公馬跑而逃不掉。這代表母性的坤能，它是順的，什麼事都願意做，所以它本身是一個自然的凝結力。我們《易經》卜卦也是一樣，它會在你本來想要得到正、都陰的時候，就變成男孩子了！至於同性戀這個又陰又陽的現象，可能是一時的瑕疵品，不過瑕疵品不一定不好，郵票瑕疵的大概都比較有價值，瑕疵品也可能是個特殊的藝術品。

我曾經在印度做過簡單的修行。那裡流傳一個笑話：印度人很重視修行，一個丈夫在家裡只幹最重要的事，其他不重要的事情都交給女孩子幹，所以太太很苦，持家賺錢什麼都要做。我問那什麼是重要的事情？他說除了拜神以外，沒有重要的事。剛剛師父也說在修行團體裡面有這個現象，我們的比丘尼非常重視實際生活照顧層面，任勞任怨，有「赤馬」的精神，很順！

這種順其實更接近真理。我們講經時常說，在修道上的男性好像比較能接近真理，其實如果以物理現象來講，女性坤輪是安靜，以地球能量來講就是一個磁場，是一個「凝結」的東西，所

以我們可以發現女的神不見得比男的神少，即使數量少但經常都是更重要的。像地母娘娘、觀音菩薩、聖母瑪莉亞都是女神。所以女性的修道程式可能和男性的修道程式不一樣，但是並沒有本質上的差異，重要性也是一樣的，只是可能因為剛剛林教授講的雙方的現象不一樣，所以用的方法也不一樣。

心道法師：

我的重心是在修行方面。男性在修行上確實比較方便一點，因為他不需要擔心很多外力的問題，但是女性就必須要去防範，比如在曠野中、獨修中可能碰到的問題。其次，男性和女性對妄念的多寡也是有一些差別的。

兩性之間如同一面鏡子

陳文德：

我過去一直在做藝術工作，發覺在藝術呈現上有一個很有趣的現象。譬如很多人以為清末民初京劇的四大名旦是女的，可是他們每一個都是男的。平常他們和一般男人沒兩樣，但扮演起女的卻比女性更女性，原因在於他要演女的，所以他會去揣摩女性任何一個細微的變化，觀察更透徹，學得自然就更像。藝術上很多這樣的現象，比如一般覺得女性較柔順，所以她們陽剛的表達方式會予人較深刻的印象，反之亦然。所以，這裡也說明了兩性間也許可以是一個很好的鏡子，一個座標。

林谷芳：

世間事其實很有意思，過去人家說走江湖有四種人，只要這四種人還在走江湖，你就要保持一種謙卑之心，要不然你就會陰溝裡翻船。哪四種人呢？第一種是出家眾、修行人。你不要看他很謙卑的樣子，他沒有兩下防身的本領混不到今天，因為到處都是凶神惡煞。第二種是小孩子走江湖。像方世玉，十三歲就可以把雷老虎打死，這種人是天生異稟。另外一種就是女人走江湖。不要看她嬌嬌柔柔的，你想要對她使喚，她嘴巴一張，一口「梅

花針」就噴到你，而且女人喝酒有時也特別厲害。第四種則是老人，他能活到現在就不簡單。總之，過去有許多智慧都告訴我們，不要輕估女人。

我記得讀過一本書叫做《給拙於生活的人》，作者覺得表象拙於生活的人更接近神佛。其中他講了一個故事，可以給天下男性一點提醒。他說他在當兵的時候，有一天團長要來視察，因為日本的大佐軍階很高、很有威嚴，大家就把銅扣等之類的都擦得漂漂亮亮，而且接受視察點名時聲音也特別宏亮。結果想不到那個大佐點到作者面前時，問他你爸爸是不是某某人，他回答是，然後那個大佐就要他解散後到團長室來。他一想這下完了，遇到爸爸的宿敵。到了團長室以後，大佐卻換了一個口氣，問他媽媽是不是某某人。他想這下更糟，碰到了爸爸的情敵。結果大佐要他回去告訴他父母，我某某人兩個禮拜以後要去見他們。到了約定的那天，他發現媽媽一早起來洗手做羹湯，準備很多的菜，而爸爸在門內等候。他還是搞不清楚這個上級和爸爸之間的關係。忐忑不安中，遠遠看到那個大佐提著禮物走過來，一副要去會親人般的吹著口哨，但是一看到他爸爸，第一句話就很大聲的罵了句混蛋，他爸爸也回了一句，結果兩個人就在橋上打了起來。正在場面激烈混亂的時候，作飯的媽媽來了，她只輕輕講了句「這麼大了還孩子氣，還不來吃飯」的話，兩個大男人就立刻洩氣變成了溫馴的小羊，回家吃飯了。作者說他第一次感覺到自己的媽媽這麼偉大，也第一次感覺女人如大海無所不包。

陳文德：

我想從生理學來看男女在修道上的移動。從生理結構來講，人類不應該站起來，因為我們的結構是頭重腳輕，在地心引力之下頭應該在下面。人類之所以能站起來，因為他是靈長類，靈長運作在我們的神經組織裡面，讓我們好像天線一樣，頭在上面。我們能接收到宇宙上的一些微波，正因為我們的神經組織就像天線一樣，所以我們現在正在研究大腦生理學所謂的左腦和右腦的差別。以我的研究經驗來講，其實人類的左腦是一個「塗電信

箱」，它不是自然的。如果以宇宙進程演化來講，人類的能量比一般動物更高強、更細膩，所以他能夠站起來，也因此歸類為靈長類動物。

從生理角度看男女修道

人類右腦的感應力非常強，因此能夠去觀察、探索到宇宙任何微波的變化。但因為站立起來後血液下降，所以在大腦皮質層上看到很多的皺紋，很多種的記憶體；皺紋不斷的累積，產生我們的思考和思想，即一般所謂的左腦，那是只有人類才有的。一般動物的思考性非常弱，我們說狡兔三窟，但是五千萬年來從來沒有過狡兔，因為牠沒有用左腦思考累積記憶，不像人類因此而累積了文明和歷史。我剛才說到想法是唯一的假象，很多的規範、制度是由想法建立起來的，雖然這些制度本來是一個想法，但後來又變成真相，整個混在一起。

本來人類的右腦很強，但卻因為受到左腦功能不斷強化的干擾，右腦的功能性變得愈來愈差，我們所說的知識障礙可能就是由此產生的。從科學來看我們的修道過程，可以看出宇宙的進化本身就是能量不斷的加速，到了人類這一個物種，可以說是最高能量或能量變化最快的一個生物體，而這個能量最主要在我們的性器官和丹田的部分。

透過「任督」脈，也就是中樞神經往上不斷提升，能量通過頸部就會產生學習能力，我們的語言能力自然就會發達。中醫的學理中有一個在我們頭頂的百匯穴，是我們所有神經組織匯集的地方，如果這個穴的氣場打通的話，就能夠達到武俠小說裡講的成佛成道的境地，這是自然產生的現象。

人類需要「覺醒」而非「思考」

但是佛陀、耶穌或很多其他宗教家都告訴我們，雖然已經有了知識，但是人類如果要再回到伊甸園，卻要放下左腦、放下思考、放下想法來感覺真象。也就是說，人類需要作的是覺醒，而

不是思考。思考和覺醒是有差異。覺醒是用右腦來感應所謂的眞象，放下思想以後你的右腦自然就亮了。從修行來講，這叫inside，不是thinking，不是一種經驗或制度；而inside的確有能量，這能量從腎臟、丹田到脾臟，一直到我們和土地的關係。

剛剛我們說人類是土地上進化的最後一個動物，所以人類和土地有非常深的淵源，而這個淵源其實是我們腳底的一個絕學，土地的生命能量是從這裡進到我們身體。所以土地就是坤能，我們所謂的五神包括觀音、媽祖、瑪莉亞，都是坤能的神，都屬於親土、親地。人類原來是頂天立地的，腳踏在地上然後上面通天，但是在經過傳統的社會生活以後，我們很多的想法變得比較尊天而卑地。其實天尊地卑並沒有價值上的判斷，只是單純地說一個高一個矮。

在人類制度裡面，其實母神才是自然，所以人類最早一定是母系社會，因爲在DNA還沒發現前，只有母親可以確認這個孩子是自己生的，爸爸就絕對沒辦法確認。不過，雖然過去是母系社會，但在發展中，人類爲了抵抗自然需要很多的體力，而男性正好體力比較壯，使得男性在和自然鬥爭過程中慢慢取得主導權，然後透過家庭等制度的設計對女性做壓制，甚至用欺騙來維持一個社會的穩定性，而這個是人類的社會。

現在社會越來越開放，開始談兩性平等，但是很多人卻誤解了兩性平等的意思，以爲女性應該模仿男性，男性應該模仿女性，其實不應該這樣；兩性平等不是一個想法，而是一個眞象，是能量融合。我們在印度或泰國可以看到佛陀的相很女性化，眞正的原因可能是A+B等於一，它是一個陰陽的融合體。但以地球上人類的親土性來講，女性可能在本質上比男性更接近眞理。

很多人認爲男性比較傾向理性，女性則較感性，但我認爲感性絕對比理性重要，因爲理性只是一種想法、一種邏輯或體系而已，並非生命性。所以男人思考性的東西很多，但是眞實生活面就不行了，如果你沒有太太的話，生活的確是無法照顧，當然出家眾就不一樣了。在一般家裡，不管你做什麼修行，男人只負責拜拜，其它靠太太，所以沒有這太太維持生活的話，拜拜本身也

是一個虛有的基礎而已。

我自己在修行過程中理解到，出家眾比較像我常常說的「精神上的共產主義」：它必須透過實際生活上的修練，男眾或女眾大家生活在一起，然後越過那個最底下的、在命門「信」的基礎，直接跳到心的基礎，再上去變成道。

修行沒有性別的問題

在家眾修行一般來說兩性不是問題，有時他們在修行時會分房，不跟太太住在一起，沒有「性」。我想這是錯的，因為整個宇宙的能量本來就是陰陽和諧，所以在家眾不去過精神上共產主義的生活，應該是比較符合自然的。我喜歡心道法師是因為我發現他非常直，在我接近的大法師裡面可以說是最自然的一位，無論是對人處事或態度、想法。所以他說佛學其實是一種醫療，因為人類在生活中的種種過程裡面產生很多錯誤，很多制度上和戒律上的錯誤，佛學要我們回到本質，探討那個原始的能量。

總結來說，兩性現象是不一樣、結構也不一樣，但本質上卻一樣，並且最好能融合在一起。

心道法師：

我想再回到無極生太極，太極生兩儀，兩儀生四相，然後生八卦出來。如果這就是生，生就是生生不息、生生滅滅的開始，那麼修道的路就是從千千萬萬的想法和差別慢慢回到兩儀，再回到太極，回到混沌。它是一個倒回來走的路，否則不會回歸到無極的源頭上去。我們說「一元復始，萬象更新」，這個「元」和今天所說的「原」其實有相似的地方。只有在無極裡面，它才是我們的真象和面目，產生變化後就變成我們的衣服、外在。

如果真要講修道，不管你是什麼，是任何六道群生、萬靈，都要歸到無極才能夠達到那個真我、真如，達到一個世界、法身。從這個角度去看，兩性並不重要。如果一定要從兩性看問題，那絕對是要從真理上去看，而真理就是不管你是男或女，他總是如此運作，在佛法來講就是能夠做好你的服務和奉獻，做好

你角色上的功能。

林谷芳：

　　這裡提到了一個非常重要的觀念，就是回歸或還原的觀念。我們在尋道的過程中，有一句話叫「順者成人，逆者成仙」。逆有各種不同的解釋，如果和佛法來做一個對應的話，這個逆應該就是剛才心道師父所講的是一種回歸。佛法裡面說還滅的過程，也是在這個差別的世界匯歸平等。要有這樣一個平等的基礎，才能開展出生羅萬象差別的世界。否則差別的世界裡不但不能顯現其妙用，反而益增其紛壞。這是個關鍵點，可以做為大家的參考。

女性對追求真理的天分

　　雖然兩位與談人都從「原」的基點來談兩性問題，所以沒有男女不平等的問題，可是現象上既然有這麼多紛擾，那麼當然也有一些對治的法門，我們調整一下心態，也許能尋出一些方法來。這裡我想請問法師，在修行過程中女性扮演的角色，以及女性所代表的能量，在修行上可能給我們什麼樣的殊勝和助益？

心道法師：

　　從世俗的面來看，女性在服務系統上大致都做得很好。比如在皇朝時代的家庭，服務系統主要由女性負責，男性則大部分是巫師或戰士。所以說在宗教上女眾服務系統是一個護法，她在啓信、力行上較強。

　　換句話，這種對神佛完全付出、完全捨得的方面真的做得很好。其實不只是佛教，在基督教、伊斯蘭教，帶動信仰的女性也比較多，而且大部分都是女性帶領男性去學習神佛，可見她們對信仰、真理的追求和依賴，是有天份的。

　　男性大部分比較自我，因此不容易去接觸感性的東西，這點女性是值得敬佩。

林谷芳：

　　很多人有一個疑問，在修行的實證法門上有哪些法門與女性

的能量，是扮演著重要的角色？還有我們應該以怎樣的知見或態度來面對性諧和？

心道法師：

　　從西藏的密法來說，從紅教到白教系統，再到花教系統，花教系統再到黃教系統；整個歷史的演化過程，虹光身成就是自己就可以產生的。在這種修法上，把它物化後，它就會從精神層面轉到物化層面，物化層面再轉到精神層面。這當中是有一些技巧性，但技巧性不等於說就是貪道，而是在轉換清淨意念時候的一種方法。這種方法是非常嚴謹的，是真的出離，完全達到無意無念的狀況下，然後進入一種能量的狀況。它並不是因為慾望，不是在做一個慾望的呈現，而是在做一種極大的清淨觀，做到一種昇華。

林谷芳：

　　同樣請問陳教授，在雙修、單修方面，道家和密宗在觀念上有何異同？

陳文德：

　　人類既然是父母所生，並沒有所謂純男性或純女性，而是陽中帶陰、陰中帶陽。亦即男人有女性柔和的一面，女人也有父親剛強的一面，所以本質是混沌。但是以能量來講，潛能是男性這個能量潛能，它是「天行健，君子以自強不息」，是一個不斷在動，在循環、發展、探索的橢圓形。

「乾」的動能需以「坤」作為中心

　　但是，這個動能如果缺少坤能做為中心點支撐的話，它就沒有自覺，所以坤的本身也很重要：它本身是服務體系，母親或女性在出家修行裡也是形成這樣的關係。假如把這個潛能激發出來，陰陽就能夠協調。這個融合體雖然以不同的方式呈現，但是本質上是相同的，所以剛才說女眾、比丘尼比較注重體質，實際上都是協助這個修道場的運作，而男性則不斷探求未知的領域，

探求佛法的問題。這是一種自然的分類，但其實它應該是輪迴的，就是每一個女胚一定有男性和女性，在修行中不管是出家眾或在家眾，我想都非常值得去探試互用這兩個應用等量。

林谷芳：

從生理學上，每個人都有兩性荷爾蒙存在，所以當我們說兩性特質不同時，其實是指荷爾蒙濃度的不同，也就是人原來是兼具陰陽的。這不只是一個學理，而是一個事實，因此我們在界定陰陽或男女的屬性在修行上的作用時，我喜歡將清淨修的法門定位為一個自體陰陽之平衡追求，將自己的世界直接變成一個完滿的宇宙。

而所謂的雙修法門，則是一種能量交換的互補長短，但結果卻是歸於一，目的是相同的。而對在家眾來說，他們會有這樣的疑問：兩性應該如何相處？性這個本源的能量在實際修行裡有什麼作用？它扮演什麼角色？心道師父接引過那麼多人，有些在家眾仍過著一般的家庭生活，他們在學佛修行上和男女之間、夫妻之間的關係上應如何對待，能否給大眾一個接引？

心道法師：

宗教信仰最重要追求的是那份神聖和純一，而夫妻之間主要是調和以及繁殖的問題，但是誰願意去做這繁殖的工作？當然要有很多的慾望，產生很多互相的吸引，才會有繁殖的工作，否則人類何必那麼辛苦去繁殖。換句話，它有辛苦的一面，也一定有引誘你去做這些事的一面，包括你的孩子也會有他們自己的下一代，形成一個良性的循環，擁有一個正面的理性生活，及美好感性的協調關係。

佛法講因果。因果就是彼此給予一種好的記憶和尊重，這是一個很神聖的工作。在孔子的時代，它對夫妻的關係不是像今天這樣去踐踏它的，而是非常尊重、神聖的事，如果今天我們的社會能這樣去看待，可能就不會對性產生那麼大的扭曲。我想佛教給大家的就是一個教育的問題，教育我們如何彼此生活，兼顧理性、感性，彼此協調，再來就是讓我們的下一代承接這種尊重生

命的精神。這不是一個科學不科學的問題，而是層次的問題。

「性」立基於高層次的尊重

陳文德：

　　以宇宙的進化來講，性本身是一個進步的動能，但我們現在出現的問題是「色情」；而色情其實只是一個想法，不是一個真實。色情是性遭到壓抑後產生的一個想法，所以佛洛伊德也認為人類很多心理上的毛病是來自於性的壓抑。我剛才說人類能站起來是一種物理學的動能，它的動能特別強，也就是性能量特別強，所以人類的性能量時間很長，一年三百六十五天每天都可以運作，和一般有季節性的動植物不一樣。人類因為有性，所以才會有情，剛剛說感性和理性，其實就是情和理。理的部分屬於人倫思考，但是文明帶來進步，也帶來痛苦和暴力，以致「情」變得很重要。

　　我從事教育工作這麼多年，經常告訴父母親，教孩子不是教理，而是教情，教互相間的溝通、了解。其實孩子就是性的產物，但是現在性被污辱了，這正是人類社會混亂的根源之一，性應該要得到很高層次的尊重。我們知道，許多原始宗教裡面都有性崇拜的觀念，因為性本身就是我們宇宙的一個動量；也由於人類的性能量特別高，人類才有成道修佛的可能性啊！所以如何去理解性能量以及尊重性能量，可能是目前我們社會上相當重要的問題。

　　我最近經常碰到年輕夫妻的問題，雙方一直在爭吵，我都告訴他們回到原點，回到來電的那一刹那；你們今天吵得那麼厲害，當初的那份愛在哪裡？可能是我們生活上講太多理了，對情的尊重性不夠，或對性的尊重性不夠，所以使得性沒辦法感應到情。在宗教裡面並沒有兩性的問題，可是人類在感應性情上面，可能有女性在宗教的結合上，才可以發生更大力量的現象。

心道法師：

　　在信仰方面，佛法只是一種甘露水，就像藍天一樣，而四季

199

的變化則像我們的生活環境一樣。感情是一個非常清爽、能夠格物的部分，性則是一種互相尊重。這些對我們的子子孫孫有很大的引導性，整個社會的次序會因此非常明朗化。現在性亂了，社會次序就亂了，整個子子孫孫也亂了，所以要正本清源。宗教不是完全否定情慾，在我們修道的一種成就上，它是必須純化、合理化的。夫妻之間有他們必須遵守的結界，這也是彼此之間的一種保障。比如夫妻之間的規範，要對伴侶忠實等等，就是一種結界，其結果就是安全。

林谷芳：

這提示了一點很重要的事實，就是由於我們處在一個比較開放，甚至是解放的社會裡，很多知識份子喜歡把所謂的性還原爲一種情慾的本質。我承認這當然是存在的，可是綜觀人類的文化史，「性」就是屬於社會學倫理學的範疇。這裡有一個非常矛盾的現象，就是在所有靈長類動物裡，只有人的性衝動是沒有所謂春情期，也就是說人類無處可以不性，無時可以不性。從生物學上來講，這反而會導致一個泛濫的物種，而不是一個良好的物種，可是人卻成就了一個高度生命追求的物種，那麼它基本的機制何在？

如果從人類學或社會學的角度來看，這機制就是我們從來不把性只看成是生理學的事實，而把它看成是倫理學、社會學，甚至生命學的事實，於是我們對它就賦予了各種的意義，也學會了男女之間相處之道。剛才提到現在社會很亂，如果我們把性解放到這樣一個非嚴肅的態度時，並不是說解放就叫解放，不解放就叫保守，而是它顛覆了性。這是談到性在生物演化上，或在生命成就上一個基本的意義，這是我的第一個回應。

第二個回應是當談到兩性問題時，我們都會提到對女性的態度。的確，男人擅於爆發力，擅於征戰，後來取得了一個社會的主導權，進而對女性不是那麼尊重，但這卻是衡量一個社會發展很重要的指標，甚至是個人修行一個重要的指標。如果一個修行者談了很多，可是看不到對一個女性的尊重，我覺得是非常有問

題的。此外，我認為性其實可以是一個修行的助益，只是我們如何用一個正知見來看它？回歸到那個兩性未分化之前的統一，我覺得它可以是一種負擔，也可以是一個增進的力量。

以我一個平常人的經驗來說，我發覺到了四十五歲以後，我在路上看到的所有女孩，沒有一個是不漂亮的；此刻當我生命中某些元素在喪失的時候，會有某些異質性的力量在吸引著我，但我會不會因此做錯事呢？總之，我們對兩性天生的敏銳可以作為我們墮落的能量，也可以作為入道增長的因緣，所以這時候反而感覺到自己生命走入另一個時期。這也許是在修行，也許在其它方面我們要做一種調整。

覺醒需要回歸本源

陳文德：

其實在宇宙中，性是最美的。我們看到螢火蟲發光、小鳥唱歌，甚至孔雀在開屏，都是為了性。所以性並沒有什麼不美，真正有問題的是來自於人類的歷史和思考的色情，也就是兩性問題是源自人類歷史的錯誤，男女平等其實是一種覺醒。剛剛師父一直強調，回到了源頭，兩性其實沒什麼差別，是一樣的、互補的，那才是最重要的。在社會變化過程中，身為男性，我們應該有覺醒，就是我們欺侮女性三千年，這個欺侮也應該鬆綁了，尤其在民主政治的今天。總而言之，兩性覺醒的問題如能回歸原本，將更容易解決。

心道法師：

我們每個人生生世世不一定都是男，不一定都是女；今生做女人，下一生搞不好就是男的。你現在規定了一些那麼嚴肅的東西，到最後你做女性的時候，可能會受不了，所以男男女女無論在什麼時候，都應該平等的生存。我們歧視誰，就會變成誰。今天為什麼由我們出家人或修道的人來講這些問題呢？主要是抒解很多人與人之間的觀念。

在修行上那麼矛盾，我想是在什麼立場就做什麼樣的觀念和

澄清，這是非常必要的，尤其是在追求神聖永恆生命的一種成就。這永恆生命的成就和陰陽的問題是不是相關，我想還是回歸到修行的問題，修行更能夠讓整個生命流暢的敞開，然後把真理灌輸在每一個環節，讓真理在每一個環節呈現，那麼就是每一個地方都是永恆的地方，每一個地方都是我們因緣變化的地方，也是一個輪迴的地方。

單身如何取得自體陰陽平衡？

提問：

所謂的陽中帶陰，陰中帶陽，在醫學上就是男性賀爾蒙多一點或女性賀爾蒙多一點，這是陳教授提到的部分。林教授也講到自體陰陽平衡，最後回歸到師父講的無極境界法，也就是不再分別了。不過陳教授提到「理性非生命性」，我聽了覺得很震撼，因為我自己是理工背景的。我們都知道理工背景的人理性很好，感性卻非常欠缺，也就是左腦比右腦發達，很會分析、講理由，邏輯性強，可是缺乏創意，也就是缺乏自體陰陽平衡。另外陳教授也說用右腦的感性是真象，讓我覺得社會上有很多像我這樣的人，因為太理性所以很不羅曼蒂克。我想請問像我這樣一個單身的在家眾，在自體陰陽平衡方面應該如何去自我精進，以便在修行上達到理性、感性兼具而且很平衡、快樂的一個人？因為既然沒有家庭，就只能訴諸心理層面了。同樣為單身男性的陳教授，不知道有沒有一些具體的建議？因為一直到現在我聽到的都是比較屬於形而上或理論性的東西。

陳文德：

我們會理性重於感性，是因為我們的教育；因為受到這樣的侷限，在強調理性、邏輯、知識下，慢慢疏忽了生命的真象。現在社會比較開放了，不再因為沒有家庭就沒有性關係，但一個原則是性產生的情絕對是真的，絕沒有欺騙。

隨著年齡的增長，當然性的能力會慢慢衰退，但情就自然慢慢提高了，所以對年輕男女來講，談性是很美，像我們這種有點

年紀的人就不適合了，我們必須昇華到情的階段。當然這是一個生命的經驗，自體的陰陽調和就是從性到情的過程；是不是一定和時間或生理有關，這也不是絕對，但生理現象是會帶過來的。譬如年輕時性本身是一個非常美的東西，但問題是它有太多色情、物質和享樂的成分而忘掉那個情，這是我們性教育裡一個非常大的錯誤。以我現在的年紀來講這個問題，當然已經不會困擾我了，因為那個情已經慢慢豐富起來了，對性已經慢慢放下了。

所以，人類性能量的發展是從物質的性產生所謂感應的情，然後從情再進入宗教裡面的慈悲。是不是一定要經過年齡或生理的衰退才有這個體驗，可能也未必，比如很多出家眾雖然很年輕，他一樣可以透過情和神佛談戀愛，而進入慈悲的階段，還是可以把他的性能量提昇到這個地步。對在家眾而言，夫妻之間兩性的和諧還是非常重要，但是因為教育導致的理性、邏輯等特性，使得目前家庭問題變得相當嚴重，色情成了重點，因此只能從小孩子開始教他「情」的重要，等他長大後自然就知道「性」的意義了。

心道法師：

我們都知道腦下垂體可以幫助賀爾蒙的調和，所以為什麼打坐可以平衡這個東西，就是因為腦下垂體只有在晚上睡覺的時候，才會釋放東西出來，進而產生「昧」，所以睡覺的時候才是昧的時候。我們禪修的時候，也可以刺激腦下垂體發出那種東西，改善人身體的平衡感。晚上不睡覺的人，腦下垂體大多不產生那種分泌物，變成了缺氧，很容易罹患癌症，所以無論從修行或健康層面來看都要常打坐，這個觀念很重要。

打坐是很受用的實踐法門

林谷芳：

從參禪的角度來看，一個境界的升起其實就是你觀照的開始。你如果回頭想一想，那個東西怎麼會起來，怎麼會滅，你回到那個不動並沒有那麼困難。我們是一種慣性的追逐，當我們有

個慾出來的時候，就去追逐那個慾，所以一般人餓了就想吃，修行人餓的時候卻馬上會回到那個源頭「為何會餓」，那個餓在一定程度就被破掉了。至於實踐法門，我覺得對一個習禪人士打坐是很受用的。而要達到自體的平衡，實修的時候要回到道家修行上和一般人觀念正好相反的一句話：「神滿不思睡，氣滿不思食，精滿不思淫」。

一般人為了表示自己有征服力，常用性能力來表達，以為能量愈強，表現在性的侵略性或需要性上會愈強；但是從道家修行和平衡的角度來看，恰好相反。精滿其實是不思淫的，一旦你常思淫，絕對是那個地方失調或出了問題；如果把那個東西去掉，對一般人而言，它的驅動力的確沒有那麼強烈。所以它有時像惡性循環，你一旦失調就去追逐，越去追逐它就越失調，久了之後，性的重要性也就被無端的擴大了。事實上有很多人是童貞出家的，這不過是一念之轉，所以我覺得在修行上，許多時候是你的慣性，有時是你先放棄而無法超越，其實解脫、平衡並沒有那麼困難。

陳文德：

我補充一個比較具體的。所謂色情的慾望大概都是腎虛，也就是我們這個能量越不足的時候，慾望越強，所以從修行的角度補足能量、運動是必要的。但是以我個人生活上的經驗，我覺得在真、善、美人生裡面，真就是探求觀照生命的真象，善就是隨著真象而動，而美我認為最重要，就是能夠對生命感動，可以把情提起來，也就是音樂、唱歌、美術、戲劇。所以如果你從事這一方面的工作，對性可能就比較沒有那麼強烈的需要，因為你把它昇華到生活美的程度了。像我個人非常喜歡唱歌，喜歡畫圖和詩詞，這可以抒發你一部分的壓力，你的能量一樣可以源源不絕的用，而這是我對生命真象的體驗。我覺得美學教育是所有生命裡面比真學還重要的東西，因為它最生活化，所以在教育上我特別重視美學教育。

宗教中男女平等的問題？

提問：

　　我想把討論轉到男女地位的問題，因為這是今天討論的一個重點，但卻好像沒有什麼著墨。雖然在宗教本質上，並沒有兩性問題或者性別上的差異，可是落實到實際的宗教社會和日常的運作上，確實有男女不平等的問題，否則一直以來就不會有這麼多人在討論這個問題了。請問這個現象是不是有具體改善的辦法？

陳文德：

　　今天有所謂兩性的問題，其實是一個歷史上的錯誤現象。也就是說，男性為了私有財產制，為了物質和精神上的所有，設計了這麼一個延伸了好幾千年的制度，變成好像在宗教上也有所謂兩性不平等的現象。師父的解決方法是回歸本源，我講的方法是靠民主政治。過去在「神授君權」的觀念下也有很多不平等，但是民主社會以後就慢慢警覺到每一個人是平等的，機會是一樣的。所以今天我們如果能理解兩性的根本源是一樣的話，我們可能更容易解決這個問題。

林谷芳：

　　因為我是在家眾，比較不會在一個最原點的第一義上談東西，這可能和習禪有關。雖然禪講「一超直入如來地」，不過「雞寒上樹，鴨寒入水」，做什麼就是什麼，所謂的不平等雖然對我們也許不成問題，對社會卻仍是個問題。我覺得有一些事是可以具體做的，譬如將來靈鷲山道場在出書的時候，可以把歷代女性修行者的殊勝事蹟編成一本書，它就有導正的作用。

　　又譬如有些道場女眾特別多，而且在弘法、修行的事業上，也擔負起比男眾更深的責任，但我們卻發覺她不能做一個道場住持，而這是一個不成文的規定。如果有道場能率先的實踐出來，讓比丘尼做住持，這就是非常好地體現真正的平等。在歷代高僧傳裡原來並沒有分男女，就好像《六祖壇經》，或者是近代傳內也曾寫到無盡藏女尼，但是比例上的確少很多。而實際上女性在宗

教情懷的擁抱上常有甚於男性之處；姑且不論她們解脫到什麼程度，她傑出的修行事蹟，顯然不會少。過去的這種現象反映出編輯的本身有篩選性，我們可以來做這件事，讓女性在弘法修持上的殊勝事蹟能夠廣為大家所知，這樣自然的就能導正這個錯誤的觀念。

心道法師：

我想最重要的可能是智慧。如果我們能有很大的智慧，它就會是很公平的。智慧高的人，從古到今，一定會呈現出來，不會被壓制的。其次就是去追求一種宗教上開悟的思想。今天之所以會呈現這些現象，就因為我們私心的關係，為了保護自己的權益而發明各種管控方法，到最後就變成現在的不平等問題，這在佛法是一種因果的呈現，不一定女的永遠做女，男的永遠做男。所以如果能夠從整個思想上去改進起，無私的去推動，問題是可以解決的。

提問：

就佛教來講，從當時印度文化的角度，為什麼會產生八敬法？其次，這套規矩搬到中國來有真的被實踐過嗎？因為中國人總是講一套做一套。

「八敬法」中對女性的不公平？

林谷芳：

就我的觀察是因地方而有所不同，而在台灣有些道場是如此實踐的，如比丘尼面對比丘就要拜。這件事不是完全能從世間法的角度來看，最重要的不是人的地位及男女屬性，而是這個人認為是不是應該這樣。

如果這個比丘尼認為應該，我當然不能說她是錯的，也得尊重，但是從現象面來講，形成一個制度就會有反思的空間，而目前有些道場是存在這種情形的，而且是大道場。

心道法師：

佛講的法不一定是從環境角度講的，而是從男性和女性的慣性講的；如何能減少這個慣性的負面，和風俗習慣無關，但可能偶爾會契合。事實上修行才是格物致知的東西，最後達到一個神聖的階段，它雖然只是隔空搔癢，但還是一個橋樑，透過它才能夠搔到那個癢處。所以這個入教法，目的不是在平等不平等，而在於治病、調治習氣，因為男眾和女眾的病治療方法不一樣，之所以不同，並不是說對女眾有另外一種的看法。現在有些人要把它推翻掉，其實佛的法不用推翻，它是放在《大藏經》裡面，要用不用隨你，不必非得採取行動把它除掉。

林谷芳：

我補充一下。到底有沒有實踐？如果它是強制性的，我們就應該非常正面的應對它；如果沒有強制性，它只是個現象，我們就要探究它背後是不是有什麼目的，在某種情況下是不是合理。從這個不同時代或不同社會的實存角度，而不是從概念上來看問題，我想比較可以事緩則圓，不需要什麼事都概念化的無限上綱。譬如迎佛骨的事情，很多人就說這是聖物崇拜，但迎佛骨就像一個基督徒對十字架，或佛教對佛的膜拜，它裡面的層次可以分好多，不是學者一句聖物崇拜就可以一棍打死的。這不是討論問題的態度，而這也凸顯出對佛法的不理解。八敬法不是不能討論，但討論時要考慮到每一個時空裡面；在不同生命情境下，人們對每一個事物的對應法及它的受用是否一樣？佛以一音說法，眾生隨類得解，如果不能隨類得解的話，我想那個答案就是假的答案了。

陳文德：

剛剛談到佛法是醫療，佛法的方法就是它的醫藥。那藥代表什麼？它代表不健康。因為不健康才要吃藥。用藥的目的可能是短期的，是讓我們回復健康。佛陀更直接，祂就讓你自己健康，讓你的想法健康就好了，不一定需要藥。很多法門基本上是醫藥，它並沒有好不好的問題，只有用對用錯的問題。

林谷芳：

但用藥到底還是不健康，佛陀既是醫生，祂希望我們直接談健康，不需要藥。而目前兩性問題之需要藥來治療，本身即代表它是一個不健康的現象，因此也才會有我們今天的對談。只是，如何撥亂反正，大家的心胸、視野、觀照也許還得更寬廣些。

（前文整理自2002年3月1日「世紀宗教對談」）

修行好「刺激」？
── 宗教靈修的視覺與聽覺

與談人：胡因夢（作家、身心靈工作坊講師）
　　　　俞國基（自由時報副社長）
主持人：羅智成（作家、文化評論者）

羅智成：

　　今天的來賓很有份量也很有知名度，像俞國基先生是新聞界的老前輩，一直是比較關心人文思想的一位新聞人，同時也是解讀社會現象的權威。胡因夢小姐的身份是非常多重的，她是台灣現在最知名的新世紀運動的領導人、靈修的實踐者，我想讓她來談這個題目一定很過癮。

　　今天的題目是「感官刺激能不能幫助修行」。我一直在想，這個題目和世界宗教博物館似乎有點關係；這是很用心的規劃我們到世界宗教博物館參觀，或是到一些特別的建築、空間或宗教場所，常常可以看到很多與宗教有關的文物，或很多了不起的作品，讓我們的感官震撼。其實，不管是東方宗教或西方宗教，當初絕大部份的傳教者面對的對象是不識字的，所以更需要透過圖像讓人更快速、準確的掌握到宗教精神。

感官提供的知識或經驗比較膚淺？

　　另一方面，宗教所談的內容又是非常超越的，超越我們在現實世界的種種體驗，有些時候它好像在暗示我們，最好不要相信或太在意自己的感官，或者認為感官所提供的知識或經驗是比較膚淺的。的確，在我所看到的宗教，不管是東、西方都潛藏著這兩種矛盾，我很想知道今天的兩位來賓究竟怎樣來看待這問題。所以這個題目可以談的內容滿多的，大自藝術與宗教的關係，小

至具體的、感官的經驗與宗教經驗的關係，我想都是大家有興趣的。

胡因夢：

接觸到宗教領域之後，發現裡面實在是太錯綜複雜了。二十年的時間，我涉獵過無數的書籍，古今中外、東西方各種不同的途徑，可以說有八萬四千種法門。在這整個過程裡面，越深入探索，越發現宗教領域及修行所牽涉到的範圍實在太廣了。

修行是為了什麼？

概略來說，宗教修持最主要的目的，就是要來到人世間完成我們過去未了的課題。也就是說，我們從過去多生多世不斷輪迴轉世到今天，在我們的阿賴耶識裡面所有記錄潛藏的未完成的功課，也就是所有在過去世裡頭沒有解決的問題，都留到今生，透過人世艱困的經驗過程，透過我們的覺察和自我認識，一步一步的去解套，把過去所有的包袱、各種各樣負面的思考、情緒等等，也就是所謂身心扭曲的現象，或心理學所說的一些「上癮症」的現象，逐漸經由我們的覺察覺知和自我認識慢慢轉化。轉化業力的過程到了一個階段之後，因為自我覺察的深刻度越來越深，完整性越來越寬廣，就會體察到非常多的真理或真相。

在這些真理、真相裡面，我們不由自主的，會相應到佛陀或古今中外所有開悟的智者們對這個宇宙的觀察。譬如佛陀提出的非常重要的三法印的觀念——就是苦、無常、無我。你越是去探索，越會發現生命的現象是永遠都在變化的，包括我們身體的細胞、我們的情緒、思想和我們每天所面對的外在的各種現象，因此沒有所謂的永恆性。

但是，人性有一個執著的傾向，有一種生物的自保本能和防禦機制；也就是說，我們永遠不斷的想獲得更舒適的生活、更美好的經驗、更讓我們滿意的一些情境。所以，在宇宙無常的真相和我們內在的渴求完全背道而馳的情況下，我們內心會產生非常多的痛苦、波動、失望和失落。如果能夠在這些過程裡面印證這

個世界是沒有恆常性，一切都是在變化的，並從中產生深刻的體受，就會產生出對於苦的認識。這種認識越深刻，我們的慈悲心、我們和眾生連結的能力就會越強。

在苦受沒有發展出來以前，我們每個人都有一個本能，就是想要活得獨特，要超越別人，在所有競爭活動中與眾不同，要在這個世間發揮我們所有的潛能和長才，顯露出我們生命的獨特性。可是一旦苦受越深刻，跟眾生的連結更緊密，我們的獨特感會逐漸被打破，你會發現眾生是一體的。

每一個生命固然有獨特的自我，但是在自我這個表層現象的底端，卻有一些普遍的不可避免的共通性：恐懼、孤獨、寂寞、哀傷、快樂、滿意、不滿意、掙扎、衝突、矛盾，以及內心各種情緒的波動反應；而在修持的過程中，我們對於生命的共通性會越來越能深刻體會。這個時候，所謂同體大悲的同體性，就慢慢透過生命磨練的過程發展出來。到最後所要消解掉的，就是所謂自我的實存感，就是一個堅持不滅的、牢固不可破的ego（自我），這個自我似乎是這麼活生生的存在這個世界上。

這份感覺其實是我們最大的一個幻覺，也是佛陀在兩千五百年前所提出來的非常重要的觀察。他證悟到自我的實存性其實是個幻覺，那麼如何能打破這個因幻覺而造成的我執或法執——就是觀念的執著，以及對自我所擁有的一切東西的執著。只要我們的人生歷程苦受體嘗得越多，我們就越會發現人生中所能掌握的是非常有限的。

而且，你所擁有的東西，或自己覺得可以不再產生變化的事物，事實上隨時都可能失去。當這樣的體受越強烈之後，那個自我的執著傾向、想要掌握這些東西的慾望就會越來越鬆，最後，這個「我」就會放鬆下來。而在放鬆的過程裡面，我們慢慢會敞開心胸去面對所有的變化。宗教修持的目的，就是要讓我們從這些歷程裡面，發展上述所有的體會。

當然，這些發展也和近代西方科技裡所研究觀察出來的發展心理學息息相關。在發展心理學裡提到，人大概有二十四條發展路線，比如我們的認知能力、人際關係、愛的能力、身體動能的

發展、人生哲學的發展等等。在這二十四條發展路線中，有一條叫做覺知力（awareness）的發展。事實上，宗教——尤其是佛教，除了上述所說的道理之外，最重要的是要通過四禪八定的過程去開發我們的覺知能力。這份能力是人人都具備的，只要有一口氣，你就有眼耳鼻舌身意的運作，所以你能聽得到、看得到、聞得到、觸摸得到，能夠嚐到各種滋味。

修行先從覺知意識開始

五官運作的知覺能力其實就是四禪八定要開發的一個發展路線。這條路線透過四禪八定的過程，慢慢使妄念安歇。我們的念頭非常非常多，幾乎是連綿不斷的，而念頭和念頭之間出現空檔的機率極小，所以我們的心很難得安詳，覺知力也因此被蒙蔽了。因為思考活動像一個黑洞，當我們心裡在打妄想的時候，就進入了腦子裡這些瞻前思後的念頭漩渦裡去，而這些漩渦充斥著各種過去放不掉的一些包袱、對未來的擔憂恐懼，以及很多的預期心態、憧憬和幻想。只要我們進入這種思維活動的漩渦黑洞，就是在停止知覺。

我不知道在座的各位有沒有觀察過自己的身心，當我們的腦子正在擔憂、煩惱、妄想的時候，就好像突然失去了對周遭當下情境的聽覺與視覺能力，突然進入了這個思想的黑洞裡面。可是如果我們從黑洞裡突然又覺醒過來，意識到又在煩惱擔憂的時候，我們又會突然看到周圍的狀況，譬如有什麼人，什麼聲音等等。大部分的人是認同妄念的，他們絕不會把心裡的這些念頭當作是一個幻覺。

而我們的教育、我們所有被灌輸的觀念都告訴我們，我們所想的就是真實的。沒有一個訓練可以幫助我們把妄念當成妄念來看待，讓我們產生將自己抽離出來去觀察妄念的能力。當我們失去這個能力的時候，就會把內心所進行的這些思考、這些故事劇情當真了，進而失去跳出來觀察的能力。

因為我們看不到「念頭並不是真實的」，所以我們很難跳出

來把念頭看透，讓它自自然然停止下來，然後進入一種安詳無念的狀態，這是很難辦到的。就因為很難辦到，所以必須透過刻意的方法——我們稱之為「有為法」，來把我們的念頭壓下來。這些有為法就是所有宗教所發展出來的方便法門。

念頭的止息只是起步

西方宗教，譬如天主教基督教，用祈禱的方法來幫助人們，讓人們的內心安詳。佛法則透過比如觀察自己的呼吸，把念頭的活動收攝住，專注在自己的呼吸上。觀察呼吸叫做「隨息法」，數息是另一個方法。持咒語、唸佛號，或是透過藏密系統的觀想，觀想本尊的樣子，他手上拿的法器，他臉部的顏色，穿的衣服等等都是方法。

然而念頭的止息只是起步，當這個功夫純熟以後，就可以進入下一步，開始要覺察了。覺察就是我們剛才所說的awareness，也就是所有菩薩所擁有的妙觀察智、自在觀，也是我們剛才講的發展心理學的二十四條路線中的一條。我們的念頭如果能夠安靜下來，無論在任何時候做任何事情，都可以進行對自己身心的觀察。

當心安靜下來時，我們的知覺會進入一個非常敏感的狀態，我們所聽到的聲音會比往常內心有妄念的時候要豐富得多，那真的是不可用言語來形容的，尤其我們現在所處的是一個非常吵雜的都市。觀察力不一定要靠眼睛，耳朵也可以；一個人在靜坐的過程裡如果能將聽覺開發到一個程度，會逐漸進入一種遍覺的狀態。一開始只能聽到一點點聲響，然後開始進入局部的，有一些擴張的聲音；當進入最安靜的狀態時，就是一種全觀的聽，在這個狀態裡是沒有遺漏的，我們會把所有的聲音全都聽進去。

要怎樣才能達到這樣的狀態呢？最重要的是必須把每一個人先天帶來的「揀擇」習慣轉化掉，禪宗稱這種聽覺狀態叫「無揀擇的聽」，也就是一種無揀擇的覺察能力。我們平常的念頭都是是非黑白對錯分明，都有一種趨避的傾向，不斷的在趨吉避凶、趨

樂避苦，這裡面是沒有平等性的。然而在佛家所說的無揀擇的覺察裡面，有一種平等性；你不揀擇什麼是你想聽或不想聽的，而是完全平等地把所有的聲音全部聽進去。這樣的聽會幫助我們進入一種全聽跟全觀的狀態。

把所有的生命包容在心量

佛家的訓練或所有禪定的訓練，目的就是要幫助我們跳脫揀擇性，對所有的生命現象一視同仁，對所有生命有一種類寬廣的、類似廣角鏡一樣的包容性。你可以把所有的生命包容在你的心量裡面，透過這個心量的無限發展把眾生相全部包容在裡面，平等的進行觀察，這就叫做妙觀察智，或是一種全觀能力的開發。這一切訓練其實都是在開發我們感官知覺的完整度、微細度與深刻度，所以我們能夠越觀越細，越觀越完整，越觀越深刻。生命經驗就是要從這個普遍性、完整性、深刻性以及微細性中間，慢慢發展出內在的智慧，而這些觀察與思維活動不一定是劃上等號的。

當然，我們並不是在否認思考的重要性，思考在修行中也是非常重要的。佛法講的聞思修就是不只要聽聞方法，還要思考，更要修。我們活在被媒體所操控的世界，但是所有媒體給我們的信息基本上是淺的，是過度快速的，它沒有辦法讓我們對任何現象進行深入的思考。當社會發生了某種災難，或某個人遭遇到了困境或試鍊，媒體會一直不斷的在報導，可是不見得會去追蹤這個人在成長歷程中所累積的創傷經驗，或去追究什麼樣的因緣造成他人格的扭曲。

這樣的資訊來源沒有辦法幫助我們做深刻的思考。而深思卻一定要以哲學思考、心理學的觀察，或者是宗教智者對宇宙、人性、實相的探究為基礎。宗教老師們在這個世界進行的就是不斷的探究，這是一種追根究底的活動。就像佛陀，他不斷探索的結果就是認識到了無我、無常、空的道理。

重新探索前人「發現」的智慧

如果我們也對眞理眞相有興趣，勢必要進行自己的主觀探索。因爲前人所留給我們的這些訊息教誨，是他們的「發現」，如果我們不假思索地把這些「發現」變成我們認知的一套體系，這套體系有時不但不會增加我們的智慧，甚至會變成教條和束縛。所以我們一定要透過自己的主觀經驗去探索，然後和前人的「發現」有所呼應，才算是自己眞的有斬獲。對修行者而言，很重要的是不能落入教條的框框，而是要透過自己知覺的工具來做直觀的觀察，而直觀的觀察和頭腦思考所得來的觀察是不一樣的。

譬如有很多心理學家透過觀察下了一個結論，形成了所謂佛洛依德的派別、榮格的派別、馬斯洛的派別，或今天的超心理學等等很多派別。但這些都是前人透過他們知覺感官的發現樹立的理論，基本上也是一種侷限。如果我們按照它們去觀察世間時，認識是有限的。我們必須要大膽的、非常信賴知覺這個工具來進行佛家所說的「如實觀察」；這是佛陀所提出來的最重要的訊息，也就是所有沒有經過你如實觀察所獲得的結論，都不算數。

如實觀察到底是什麼呢？就是一種化繁爲簡、最直接了當、最單純的觀察方式。這聽起來很簡單，但是做起來非常不容易，因爲我們都已經被訓練得過度複雜了。我們所受的教育無不在訓練我們使用意識型態去主導觀察，用某種既定的價值觀、信念系統去思考，這些統稱爲知識障。佛陀說知識障會蒙蔽眞相，我們必須把知識障放下，進行如實的觀察，也就是說「看到什麼就是什麼」，就這麼簡單，可是這還眞不容易做到。因爲要「看到什麼就是什麼」，不是只對外在現象，還得看到內在的活動。

譬如，我的內在正在嫉妒，我有沒有能力看到我正在嫉妒，而不給自己任何合理化的藉口，不自欺也不欺人，不壓抑也不掩飾。我們只是老老實實、單純的看到嫉妒就是嫉妒。如果我們內在正在恐懼，我們能不能非常單純的看到我們正在恐懼，而不試圖透過面子，因爲需要被肯定而害怕展現自己的脆弱，怕被別人看扁了。我們透過很多既定的成見而泯滅或蒙蔽了內在最深層的

眞相。如實觀察，就是把一切的障礙都放掉，非常眞實的看到恐懼就是恐懼，嫉妒就是嫉妒，孤單就是孤單，脆弱就是脆弱，瞋恨就是瞋恨。甚至更如實地看到這些被冠上標籤的情緒，最眞實的實相只是一種能量而已。

如實的觀察是覺醒的開始

很多人會問：如實觀察有什麼了不得呢？看到了又如何？事實上這是非常重要的，因爲當我們看到眞相的那一刻，就是覺醒的開始。以佛陀的智慧觀察到的就是當我們非常老實、毫不掩飾的看到了眞相的那一刻，而且承認這就是眞相的那一刻，我們就開始清醒了，就不會推諉責任、要求別人改變，或者譴責外在世界對我們不公或不義。我們會分辨清楚外在世界有它的不公不義，有它的變態扭曲，有非常多的人是有問題的。依照精神分析來看，世界上大概有百分之九十九的人都有點精神官能症，很少有人是完全正常的，所以這個世界本來就是充滿了各種的病態、不公平和艱難。

但這是外在的現象，而我們怎麼去應對這些現象才是眞正關鍵。外在永遠有不斷的打擊施加在我們的身上，有諸多的不順利和天災人禍，我們不可能逃避得了；我們的反應如果是正確的，問題便很容易得到化解，但如果不正確，就會在困境上再加上自己製造出來的困境。所以如何去反應外在現象是很重要的智慧。

佛家所提出最聰明的解決辦法就是「看到什麼是什麼」，就這麼一個步驟而已。這個步驟在禪宗叫「第一義諦」（First step is the last step）──第一步就是最後一步。我們能不能在某個反應剛剛起來的時候就此打住，看清楚眞相是什麼，而不再形成下一步的扭曲或更複雜的意識活動？產生恐懼的那一刻，我們能不能看到它，安住在那上面，不再形成下一步的反應？因爲問題產生的第一刻通常會升起一股巨大的情緒能量，它還未形成念頭，而它是一種感覺或能量感。在這能量感之上，我們就會開始產生各種念頭。

轉煩惱為菩提

所以，當我們能透過禪定的功夫覺知到它（功夫越紮實知覺的敏銳度越快，就能在越短的時間內辨識出眞相），我們就會在能量升起的那一刻當下安住，與這個能量合一，那麼煩惱就是菩提，五毒即五智。所謂的菩提，就是在煩惱與念頭尙未升起以前的那一個空寂的、柔軟的、開放的狀態。budhichitta就是菩提心；菩提心是我們最根本的自性，眞正的我。這個眞正的我是沒有染著、沒有任何波動、沒有煩惱的，它是敞開來的、浩瀚無邊的。我相信每個人在日常生活中有時候會突然進入這樣的狀態，其中沒有任何的煩惱波動，空空明明的，是敞開來的，當閉上眼睛時感覺好像有一個非常寬廣而無限的空間存在。可是當煩惱妄想一起來的時候，就會覺得自己很渺小侷促，好像被限制在一個牢籠裡似的。

如何轉煩惱爲菩提，就是在空寂的狀態中快速看到所有問題、現象、情緒、念頭的波動。最上層的「無爲法」就是既不去修整它們，不去辨認它們，更不去形成念頭的活動；升起什麼就是什麼，讓它們在心中生滅而不感覺到不安。這時候情緒能量就會自動消融，禪宗稱之爲「轉煩惱爲菩提，轉五毒爲五智」。所謂五毒就是貪、嗔、痴、慢、疑等各種情緒能量，但我們不給它掛上貪嗔痴慢疑的標籤，甚至連辨認它的活動都沒有。當然，要做到這點，必須要自我觀察的訓練和禪定的功夫達到一定程度才行。如果做不到的話，情緒立刻形成思維活動；思維活動越來越複雜，那時我們所要做的就是透過我們的覺察能力去看到思維活動的來龍去脈，去追溯它，就像倒帶一樣，倒回到這個思維活動最初始的狀態，去找到癥結點，然後接受這個情緒的能量，安住在這股能量之上。其中有一個很大的關鍵就是自我接納。

一種善待自己的修行態度

自我接納是一件要很小心的事情，因爲如果我們一昧的自我接納，很可能會給自己找非常多合理化的藉口，耽溺在這個現象

217

之中。所以我們不只是要自我接納，還要有非常高的自我認識的覺察能力。當自我認識的覺察能力配合上自我接納，就形成了一種善待自己的修行態度。因為佛教心理學和西方心理學都觀察到，大部分的人都不知道怎麼善待自己，我們其實大部分的時候都在虐待自己。因為善待自己要用非常柔軟、慈悲和友愛的態度去和自己相處，不能一天到晚苛求、壓抑自己，或不斷希望自己變得更好。

佛陀在兩千五百年前提出，人類最大的幻覺就是想要變得更好。我們所受的基本教育都在教導我們要變得更好；從小父母就是這樣教我們的，老師也叫我們要考更高的分數，進入社會後人們也會告訴你現在不夠好，要變得更有學問、更健康或更有成就一點，要擁有更多的物質享受等等。這個「變得更好」的理想和要求，就是人類最大的顛倒夢想。因為想要變得更好這個欲求的本身就是個幻覺，更是對當下的否定，以及自我虐待的一種心態。可是，在宗教的領域中，智者們所傳達的訊息卻是：你在當下的這一刻已經圓滿，沒有什麼要變得更好的必要了，你只要去接納當下的真相，隨時安住在當下即可。以上所概略介紹的就是修行的精神，這個精神最重要的是透過感官覺知而發展直觀的般若智慧，這是我們最有力的工具之一。

羅智成：

胡小姐非常清晰、有條理也很自信的介紹了完整的、廣義的佛教徒的感官經驗。據我個人所做的初步整理，以佛教徒的世界觀來講，現世世界等於是為了清理前生的舊帳，把不管是屬於我們前世的，或是人類本質上一些主要的缺陷儘可能的消抹掉。在這一點上，胡小姐稍微做了兩個區隔，這也是我覺得比較有趣的部分。其中一個是她認為在宗教上有一個很重要的任務：如何去壓制或消除對個性或對自我獨特性的追求，而回歸於大我，或回歸於所謂的眾生一體的概念。所透過的方法當然包括四禪八定、開啟真正的感官等。我們今天的題目是談感官刺激，胡因夢小姐把感官這個字眼定位在宗教層面上，但如果從俗世的、common

sense的感受或知識角度來看，是不是會有另外一種截然不同的體
認呢？

「感官」可以幫助修行？

俞國基：

剛剛胡小姐已經把修行概論都講完了（笑）。如果照她所說
的方法去察知我內心的感受，我實在應該說：「我亦無言。」（笑）
因為她把重點都講完了。接到這個題目的時候，我以為我們要談
的是一些和藝術性有關係的話題。也就是說，宗教和藝術之間到
底有沒有衝突？其中包括視覺藝術和聽覺藝術是不是會影響到修
行或宗教的發展。我是從這個角度去思考的，所以胡小姐一開始
講我就想糟了，我可能誤會了題目。（主辦人：這也是其中的一
個角度。）我該怎麼和她對談呢？（羅：搶題目好了！）（笑）

我知道胡小姐在修行上是非常有成就的，所以和她對談我其
實不需要講太多修行的問題。我歸納一下佛教所講的修行，最重
要的一點就是去除我執。但是要怎樣去除我執，達到胡小姐所說
的去觀察我們自己內心的世界，達到所謂的智慧？佛教的最高智
慧就是空性，但是怎麼樣才能夠用智慧去觀察到空性這個層次，
這是非常不簡單的一件事情。

就我個人粗淺的經驗，我記得有一次在美國紐約碰到沈家楨
居士，他的修養非常好。我們在私人的場合裡聊天，他說他這一
生修行得還算不錯，就是有一點還是不能看破。我問什麼東西不
能看破？他說：「生死不能破。」我當時非常驚訝，因為像他這
樣的高人，我們看到他就覺得高山仰止，為什麼連他都不能破生
死。他說：「怕死吧！」按照佛學的道理來講，我們不要用分別
心來看待生死，否則就產生對立了。如果不用分別心來看的話，
生和死是沒有差別的。

我當時智慧不夠，聽不懂他的話。但是在一次重病之後，我
的看法就不一樣了。我在大病中正好處在生死邊緣，我很奇怪的
發現到，人在尚未面對死亡的時候可能會很恐懼，但一旦真正面

對的時候反而不恐懼了。我當時住在加護病房裡，醫生說我的狀況非常危險，當時我覺得死亡也很好，並沒有什麼恐懼。我還對我的家人說，我的抽屜裡還有多少錢，萬一發生了什麼事別忘了把錢拿出來。我發現自己在面對死亡的時候，覺得生死都是一樣的，這時這種空性的感覺就出來了。

另外一種比較特別的感覺，就是病中我對世間所有事物的反應跟平常都不太一樣。譬如我的小孩平常開車出去，我從來沒有問他你有沒有帶駕照啊！你有沒有什麼問題啊！很奇怪的，我生病的時候，他每次出門我心裡就非常恐慌，擔心他有沒有帶駕照，要不要打個電話問他？萬一被抓去了怎麼辦？因為我這個兒子在美國長大，不大會講中文。可是奇怪，我現在病好了又不會這樣了。所以我在想，人的身體非常弱的時候，很多的思考或觀察本能是不是都亂掉了？我們自己的力量有多大？以一個渺小的人想要修行達成大智慧，是否有點「緣木求魚」？

有一次我和一位基督教的牧師談修行的問題，他認為人們不可能靠自己的力量修到終極目標，必須要藉著神的力量才能達成，所以自力救濟是不可能的事情。照基督教的說法，只有靠著耶穌基督的力量才能把我慢我執和貪嗔痴去除，才能到達天國。剛剛胡小姐提到一個問題：是不是有一些方便法門可以提昇我們的覺察能力？我因此想到，既然要靠他力，是不是藝術，包括視覺藝術或聽覺藝術，也是帶領我們往另外一個層次上升的助力？照佛教最終的目標來看，空性就是沒有差別。

在空性中，當我們看到狗大便和一幅梵谷的畫是一樣的，沒有美醜之分，而狗叫和貝多芬的音樂，也是沒有差別性的。但是一般人做不做得到？當我們在還沒有達到這個境界之前，巴哈的音樂、米開朗基羅的繪畫有沒有可能幫助我們？就好像我們所坐的一條船一樣，我們可不可以藉著這條船達到彼岸去，讓我們往前走？

譬如說，我們在禪修的時候，有時會碰到一些困擾或是力有未逮的情形，藝術有沒有可能可以幫助我們渡過那個關卡？譬如巴哈的〈馬太受難曲〉，其中有一段描寫耶穌受難的過程。他音樂

中的那種哀傷——其實「哀傷」這個詞彙是多餘的，音樂的境界不是用文字表達得了的，讓你直接感覺到耶穌在受難的過程。忽然間，在音樂中祂再生了、復活了，那種從受難到復活過程中的喜悅，帶給你很大的震撼。

我覺得人類的苦難是不能避免的，人們一定要經過這些苦難，重新再站起來。我個人比較世俗一點，我認為要透過某些人生的歷程來幫助我去思考一些問題，而這些思考並不是透過文字或情緒，而是一種直接的感受，那是一種很大的震撼，而這個震撼的力量會讓你達到你想要的目標。

以我個人來講，要把我執去除盡的是一件很不容易做到的事情，但是當我聽到偉大的音樂或在禱告的過程中，我發現自己的我慢慢降低了。因此我相信，對於我們這些凡夫俗子而言，藝術應該是有幫助的，雖然這也許不能算是達到了終極目標。宗教有許多法門，藝術或文學可不可以是一種方便法門？或者我們可不可以依靠他力？事實上淨土宗的法門也算是一種他力，藉著念佛的力量的幫助，來達到修性的目標。

感官經驗的價值

羅智成：

俞先生在胡小姐以宗教為終極價值的架構下，做了一個轉圜。他提出了一個很基本的問題，就是在面對宗教的時候，凡夫俗子的我們應該把common sense，就是一般的常識列入主要的考慮。他特別提到幾件事，例如我們對生命的要求、對生命的願望，是跟隨情境而改變的。比如說在面對死亡時的想法、重病時的想法、充滿野心時的想法，並不見得完全一樣。我們是不是有能力在各種不同的情境下始終不變，可以正確的找到終極追求的目標？到底我們能不能靠自己的力量來做到這件事情？俞先生是比較傾向需要外力的，因此他很順理成章地將藝術暫時界定為一種很好的外力；而基督教認為耶穌是個很好的外力，這也是西方宗教和東方宗教最大的差別。東方宗教相信人本身是可以成佛

的，西方宗教也認為佛教是無神論者，因為佛教並不靠自己以外的力量來修行。

其實，以我作為一個比較反派的藝術家角色來看，我還是覺得怪怪的，因為我覺得他們至少都承認一件事：宗教很重要，藝術只是一個工具。不過這沒關係，至少他們兩個已經有了交集。

前陣子有本書寫得滿好的，就是戴安·艾克曼寫的《感官之旅》。她從科學和她自己的體驗，去談各種自然的、感官的美好經驗。現在問題來了，到底這些感官經驗本身就有價值呢，還是它必須具有讓你更接近宗教的功能才有價值？倒過來說，如果它本身就有價值，人們會不會因此不再去追求宗教價值，而把感官這種當下的愉悅當成一種價值了？感官刺激或感官經驗對於宗教來講，到底是正面的還是負面的？剛才俞先生的講法是比較傾向正面的，而胡小姐的講法似乎是對立面的。

胡因夢：

以我自己生命歷程不同階段的體驗，對自力他力都有滿深刻的體會。十幾年前，當我的身心狀態都還很健康的時候，我發現使用自力可以很順手。有一年我在家裡閉關了大概十個月，這十個月中我把所有外緣都切斷了，沒有接觸任何人，不看報紙也不打開電視，每一天就是打坐、爬山、翻譯這三件事情。在打坐了三個月以後，因為禁語，念頭很快就安靜下來。

而每當一個念頭起來的時候，就像是一個很平靜的湖面起了一點點漣漪，我可以看得非常清楚，也能一眼就看透這個念頭的本質、它的慾望是什麼。因為看得很清楚，念頭就消失了它的作用力，心也可以很長期的維持在平靜中。在這種平靜的狀態中，我很快就發現到自己的能量在閉關以前已經奄奄一息了，可是經過這三個月能量又很快地蓄積起來，以致於又可以品嘗到自在的滋味。當時我覺得自己的每一個言行舉止都是妥當的。我不再跟自己打仗，變得非常的合一，那種感覺真的是自由。

也正是在那種過程中我體會到，所謂解脫絕對和能量有關係。人們唯有處在一種高能量的狀態，才能意識到什麼是自由或

解脫。後來我剖腹生產的第二天，健康突然瓦解，身體有六、七條筋絡整個被切斷，我開始感覺身上所有能量的傳導全都阻塞了，接著就進入了前所未有的、像地獄一樣的低潮期，這個低潮差不多有五年那麼久。在這五年中，我身體的能量都是很低的。當身體不健康的時候，腦子都亂了，我所有的念頭和情緒都是負面的，這時候如果只用自力和自我覺察而不用他力，是非常辛苦的。但即使如此我還是堅持用自力，不祈禱、不求人、也不用有爲法，反正就是要透過我的觀察來對付自己。

藉他力的修行

那過程很辛苦，慢慢這樣走了五年才走出來。走出來以後，我就不再那麼頑固，而開始意識到他力救濟在人生不同階段裡是有功用的，它確實是可以幫助我們的非常重要的途徑。之後，我開始能夠體會爲什麼大乘佛教後來發展出了八萬四千方便法門，以及西方宗教爲什麼用他力來修行，那眞的是爲了因應不同的生命在不同的條件之下所使用的不同工具。

方便法門有很多，有的教派會在修行者眼前點根蠟燭，透過對於火光的觀察跟專注，和這個火光合一，而體會到自他不二的境界，消融掉自我存在感。也有道家的修行者到大自然中去觀察花鳥魚蟲樹木、自然山川，和外在的大自然融合，這也是個非常好的方法。甚至有的心理學家在七○年代、八○年代使用迷幻藥，當然這個迷幻藥不是今天我們一般人所知的迷幻藥，而是經過處理的，不論藥量、時間，都經過非常嚴格的控制。他們利用這些迷幻藥或是由仙人掌所提煉的梅思克林來刺激感官，讓人們的知覺進入所謂意識轉化的狀態——就是一種出神狀態，把人們的意識轉化到一個更高、更擴張的一種狀態。這也是一條路，可是這條路比較危險，在西方這必須要在專業人員的監督之下才能做。

另外，祈禱也是非常好的法門，因爲祈禱比較不容易讓人陷入一種因爲自力救濟而過度膨脹自由意志的缺憾。當我們太靠自

力的時候，如果自由意志發揮到極致，這就會是一個很大的障礙。而祈禱讓我們謙卑，這有點像東方宗教所用的懺悔法門，它可以讓我們把自我放得很低，在那種很謙卑的狀態之下，真的可以發現到外在的一股大能。然而，「我」的謙卑不是刻意製造的，不是偽善，而是深深體會到自己的有限，而且深深體會到自己的問題是由自己所製造的。在這樣一個深刻的認識之下，你甘心情願臣服於一個更大的能量之下。這種感應會讓我們產生非常大的震撼和感動，就像我們聽到好的音樂，或看到上乘的藝術品時那種直接的感動。

「他力」在人生不同階段有功用

剛才羅智成先生所說的藝術創作是個非常有意思的問題。在東方宗教，尤其是佛家的修行裡，涅槃是個很重要的過程，也就是說我們要先嘗到絕望的滋味。絕望真的是一種境界，因為在絕望的狀態裡，你才會真正放下自我，從中體察到所有的蠢動和內在的波動都熄滅了。然而這種熄滅有很多爭議，像大乘和金剛乘就認為熄滅不是修行的終點，在熄滅之後你還要去創造。所謂創造，例如宇宙，或者神或道，或者我們所說的主宰——這個無所不在的能量，它就是一股永遠在演化的創造力。

事實上，我們每一個人來到世間也在創造或製造，因此，所有的藝術都蘊含著非常大的創造驅力。重點是我們如何把這個驅力變成從無我和空性中生起的一種創造力，而不是用來滿足自我，不是一種私心自利、為了求得世間成就、財富或肯定而產生的創造力。從空性和無我的體悟中產生的創造力，其實和宇宙的創造性是一樣的，所以凡是以此為出發的作品，通常都是會流芳萬古，也是最上乘的作品。從這個層面來看，藝術和所有的創作是絕對有它的價值的，而不只是世俗的一種成就而已。

俞國基：

我覺得東西方宗教最大的差異在於東方宗教比較強調思考、內省。當然，這並不是說西方宗教就沒有，而是西方宗教比較具

有文學的情境。以基督教來說，從耶穌傳教到受難，乃至於釘十字架到復活，這樣的情節很具有文學性，而且它所有的文學表現基本上是有點象徵性的，雖然基督教的信徒不一定會認同。他們認為耶穌的復活就是復活。我個人倒不覺得要把它那麼現實化，你可以想像這故事具有象徵性的意義及文學的趣味，而這在東方宗教裡是比較少見的。佛教的整個教誨基本上是偏重思想的、是哲學的，不停的在人性方面作分析，即使是大乘的空性理論，基本上也是從思想上解析的。

此外，我覺得東西方宗教有一點是相同的，譬如怎樣驅除我慢、我執，東西方宗教不管用什麼方法法門，就是要把自我壓下去。因為人一旦有了自我，根本就沒辦法與神交往。如果自己覺得比神還偉大，又怎麼跟神對話？除此之外，東西方宗教甚至連修行的一些方式都很接近。我曾和一個神父談天主教的修行，他們也一樣要閉關，閉關期間也是不准講話，連吃飯的時候也一樣。他們雖然沒有禪定的這個說法，卻也一樣要讓心靜下來，靜思，然後祈禱。我覺得祈禱也是一種禪定，在很深入的祈禱狀態時，那種感受也與禪定有相似之處。

不同法門影響下的藝術作品

有件事我覺得很奇怪，就是佛教很少發展宗教音樂，這和基督教不一樣。基督教在這一千多年來所發展出的宗教音樂非常豐富。有時單單是透過音樂就會有感應了，不需要讀什麼聖經或談什麼理論，這些聖樂中甚至隱含一些人生方向的指引。前陣子我和一個朋友談法國一位作曲家所寫的安魂曲。那首曲子並不哀傷，沒有什麼悲痛，而是非常的平靜，似乎人的死亡就是升上天國，進入到天堂中去了。這種面對死亡的態度是我們中國人最缺少的：我們一碰到死亡就大哭大慟，和西方人不太一樣。原因是什麼，我到現在還沒有辦法知道。

東方的宗教留下了一些繪畫，譬如敦煌的壁畫等等，但卻很少聽到特別的佛教音樂，就算有也沒有什麼深度，而且不能給你

什麼震撼性的影響，沒有什麼大的美感。但是西方宗教的音樂眞的具有震撼人心的力量，很了不起。我想唯一的可能性是西方宗教本身就是藝術性、文學性的，整個的表現方式也是比較文學的，像聖經就是一種文學的表現，這是與自力他力有關係的。

胡因夢：

對造物主的詠嘆和把感官追求放掉然後靠自己的自力修行，心境上是不一樣的。

俞國基：

我所謂的他力不完全是靠禱告。我覺得他力是多方面的力量，讓人感到震撼，減少我執，可以達到修行的目標，甚至達到佛教空性的目標。修行的路子其實滿多的，也是殊途同歸、可以互相支援的。我的看法是如此。

羅智成：

剛剛俞先生提到一件事我自己感觸也滿多的。西方宗教發展出很多不同的藝術型態，我們甚至都還沒講到建築呢！東方宗教雖然也有一些藝術性的內涵，但比較不屬於表演性的作品（胡：這一點可能日本做得比較好）。中國也有一些，可是沒有保存下來。剛才俞先生提到東方宗教對於死亡的處理方法，最主要是因爲漢族人對死亡的處理是比較傾向民間宗教或道教，而不是佛教的。依我看，佛教處理得還算適度，伊斯蘭教好像也很好。伊斯蘭教好像是這麼多宗教裡最早反對偶像的，不過它還是蓋出很多很漂亮的清眞寺。在這麼多種宗教殿堂中，伊斯蘭教的清眞寺讓人最有感覺。從這點來講，我相信早期的傳教者很可能相當懂得「使用」感官刺激，以引導凡夫俗子進入到他們天國的牧場裡去。

俞國基：

你剛才講的宗教建築，會使人一進到裡面去就覺得變渺小了，頭跟著低下來，膝蓋跪下來，自然而然就臣服了。

羅智成：

巨大的塑像也有這樣的效果。剛才兩位提到各式各樣的修行

方式或感官刺激，但是其中有些不是感官刺激，比如說念佛或祈禱，它似乎是屬於更外力一點的東西。

花精治療：一次感官刺激的神奇經驗

胡因夢：

我有個非常有意思的經驗。歐洲在很早以前就已經有了生物能醫學，也就是「能量震動」的醫學。這種醫學體系裡面比較為人所熟知的是花精治療。花精治療所使用的不是我們一般所說的植物精油，而是flower essence，也就是花的磁場震動水。這種治療方式是把花的磁場震動透過量子力學科技的方法，把花的頻率轉注到水裡面，使它產生非常高的頻率震動。這種花精治療在歐洲很普遍，在台灣則是由圓山診所的崔玖大夫在推廣。

事實上，現在有很多人用花精來幫助人們進入禪定的深層狀態，因為花精和人體的七個輪脈有關係。人體有七個能量中樞，而能量中樞就是人體七億二千條筋絡交會的部位。我們在打坐或練氣功的過程裡面，會很清楚地感覺到能量中樞的存在，因為只要心越安靜，能量的震動就越明顯，這叫次原子的震動。我們在內觀的過程裡面，用掃瞄的方式一寸一寸去掃瞄身體次原子的震動，如果能進入這個狀態，就表示一種很精微的覺察力已經開發了，而這種震動可以透過花精的磁場來加強。在花精進入口內差不多二十分鐘之後，輪脈會突然進入平衡的狀態，就像是一個人打坐了很久，進入深定的狀態。在這個狀態之下的震動是很驚人的。

我記得有一次在圓山診所，進行到第二個治療階段時，崔玖大夫給我開了向日葵的花精，當我把向日葵花精滴進嘴裡二十分鐘之後，整個情緒進入一種前所未有的平靜狀態；那是靠外力而不是自己辦到的。我大概在早上十一點多服用花精，到吃午飯的時候就已經很平靜很平靜了，這種平靜一直延續到晚上十一點。十一點鐘當我準備入睡，正靜躺著持誦道家二十字真言的時候，我發現二十字真言咒的能量是一種純陽的能量，會讓身體發熱，全身開始冒出大汗。我平常是不容易出汗的人，而那個時候大概

是十一月底，很冷的天氣。

接著，身上所有的筋絡突然之間開始一起震動。我可以意識到人體真的不只是一個血肉之軀，它同時也是一個電路系統，靠著花精的能量，當天晚上居然進入了一種不得了的震動，接著就體驗到一個奇妙的經驗，也就是進入了另外一個次元裡面去了。我閉著眼睛，看到自己轉入一個渦漩，進入另外一個次元，而那個次元我不知道是什麼地方。在那裡，我父母同時出現在我面前，可是他們已經過世了。那真的是非常非常奇妙的經驗。

後來我回到圓山診所和崔大夫討論這到底是什麼經驗？是不是我的幻覺？因為當時我非常清醒。她告訴我在她十年的治療中，有不少人透過花精磁場震動的頻率，而進入了這個渦漩的經驗。她說，事實上宇宙就是一個渦漩，宇宙整個創造的能量就是旋轉的能量，而這個旋轉能量在禪定的過程裡面，有時候也會經驗到。

當時，我整個人進入渦漩之中，到了另外一個次元，在其中得到一些啟示。這也是一種外力的經驗。花精可以幫助我們在修行過程中有所突破。可是大部分的好老師都會告訴我們，所有的外力都不能變成一個癮，不能成為一種依賴的工具。它只能在某一個階段，在一種很理智的情況下，幫助我們體會到一些經驗。

俞國基：

持咒算不算感官刺激？咒語其實有很奇妙的效果。最近我有位朋友出了一套咒語大全，他把原始的咒語，包括梵文，都加上羅馬拼音，連咒語所要表達的詞意也翻譯出來，下了很大的功夫。他對咒語很有研究，雖然我不知道這算不算感官的刺激，或是心靈的刺激，但是他說在持咒的時候常常會有一些奇妙的事發生。

有一次他到西藏的一座高山去，比拉薩還要高；到了一個臨界點的時候，他完全沒辦法控制自己的呼吸，他覺得自己馬上就要完蛋了，而別人也沒辦法立刻把他送回去就醫。那時他就開始持咒，沒有多久他的呼吸就逐漸變得順暢，甚至可以站起來了。

這意思就是說，持咒本身有一些奇妙的功能，因此我想咒語是一種音波的震動。同樣的道理，音樂也是一樣，所以我覺得好的音樂應該不只是感官的刺激而已。今天的對談談到不少講者個人的親身體驗和觀察，我想到這裡也差不多了，最後我們就請心道法師來為我們說幾句話。

結語：修行是以「他力」開始，以「自力」結束

心道法師：

今天之所以要去修行，主要是看到外面的力量，升起修行的心；或是看到無常苦的變化，便想去探討，因為探討才能解決問題，這是從外在的力量去探討到內在的存在。所以，從內在的存在去突破外在的干擾，或是從外在的思維到達內在的突破，它們是互動的關係。因此我們說起頭是靠他力，收尾是靠自力。

藝術的東西有的看起來繁瑣，有的則很單純；前者會造成思想上的混亂，令人煩心，可是從這個繁瑣可以讓人學習破除假相；後者可以驅除很多干擾，比如自然界的聲響，鳥聲、青蛙聲、蚯蚓聲、蟲聲等，它們是非常的單純，一聽就自然地讓人安靜下來，而安靜是有助於思想上的突破。

藝術需要專一，專一的時候能提升也能體會，體會到他力的存在。我想它是一種互動的結合，彼此是可以互補的，而且它本來裡外就是一個。藝術是不是另一個方便法門？我想其實只有一個法門，就是真理不分內外；外面可以找尋引導到真理，內在也可以把內的真實呈現於外。單純的藝術能提昇人的精神層面

我個人也有靠外力修行的經驗。有時我們很忙碌，這個時候我們本來就有的屬於禪修那種精神層面的東西，它的強度就會減弱，會因為外在的東西而變得模糊。這時我會喜歡接近藝術，特別是那些具有澄澈之美的作品；它們簡單，富有條理，乾淨又單純，讓你覺得精神層面的東西會跑出來。藝術如果能做到精神層面的呈現，幫助人回復到精神層面是可能的。探討生命，是內部的一個基礎點引發你去學習，而學習的過程是由外學到內。換言

之，這是因爲內心的需求導致外在的探討，再到內在的呈現。我們內在所擁有的那份精神，自己並不清楚，所以才需要去探討，去修行。若是清楚，怎麼去證明「有」，就像向外去找尋那些感覺，找尋那些反射的東西。東西反射出來，才會證明原來那個內在的相關性。藝術本身很容易就呈現你內心一種的相關性，它有一個對照的特性。比如安靜的居住環境，它是一種外在，不過卻造成內在的安定。當然，這些外在說起來就是幻覺，和你毫不相干，突破的方法就是識破幻覺，你要觀察它是不是一個力量的回升，因爲探討時就會識破它；無我的時候，外在的世界呈現得更美，那種外在的美就是無我的美。

其實，什麼東西都是反射，反射才知道自己的成長。所以，他力和自力事實上是同一個東西，他力反射過來就是自力。所以，分得越清楚，它就是一個東西；分不清楚，它就是兩個東西。他力是一面鏡子，由它呈現出你，由你呈現出它。

（前文整理自2002年4月7日「世紀宗教對談」）

勇闖生死關
—— 修行與生死的關係

與談人：心道法師（世界宗教博物館創辦人）
　　　　林谷芳（佛光大學藝術學研究所所長）
主持人：邱近思（宗博出版社）

林谷芳：

　　台灣這二十年來佛法大興，宗教書籍暢銷，但其間卻也良莠不齊。而各大道場目前雖仍道業興旺，度眾亦各有法門，但普遍都以「人間佛教」為基點，而這在廣度眾生之餘，也不免令人擔憂：當寺院志業外延過多後，是否將難以守住宗教的本質？

修行是因為「怕死」

　　今天的題目是「生死與修行」。在這裡我想先用一個例子來引起下面的話題。我曾在一個講題叫「禪與中國文化」的講座中，談了一些佛教——尤其是禪對中國文化的影響以及個人觀點，有位聽眾問：「林老師，您究竟是如何的天生夙慧，才會走到今天這局面，這樣地修行？」我相信他想要的回答，應該是用很明確的字來回應的，因此我可以告訴他，也許我天生聰穎，或是生就異象。然而，當時我的回答是：「你們以為我天生夙慧，所以會來習禪，其實哪有什麼天生夙慧，我只不過是怕死罷了！」

　　我這個怕死，當然比起一般人活過六十才發覺無常迅速然後開始怕死的，要好一點。我比較早，六歲就開始怕死。所以不是什麼天生夙慧，就是死生這個問題，它影響了我這一輩子；無論我做的是文化評論工作、藝術工作或修行的工作，都受到它的影響。或許在座諸位也是，因為某些類似的感觸，而影響後來人生旅途的走向。所以面對這個問題，對我來講，緣起其實非常簡

單，就是所有的生命本都必須面對死生的天塹。既然談生死與修行，就請心道法師先談談他修行的歷程和經驗。

學佛是一個因緣

心道法師：

林老師六歲意識到生死問題，我也差不多。我是個流浪孤兒，好不容易有機會到台灣。十五歲時，我們一大群緬甸來的孤兒在一起大談觀音菩薩的故事。當我聽到觀音爲了修道這麼努力，每天斷食只吃一點飯，這麼慈悲、救苦救難，就想這個觀音菩薩好像在哪裡聽過，一定要好好學這個人！第二次聽到觀音菩薩吃素，在深山斷食修行，就發願開始吃素。

我學佛的緣起就是從觀音菩薩的修行中，感受到人生那麼苦，生命那麼短暫。因爲從小失去父母，活在戰亂不穩定的環境裡，所以我也比較早熟，對生命體會的危機感也比較重，覺得生命真的是要好好把握，要把它搞清楚！其實我一切的修行活動，直到現在還是依著觀音菩薩的模式去走。之後接觸到一貫道，當時我想這大概是觀音菩薩的法門。幾年後碰到學佛的出家人，和出家人相處，才把這個心念調過來。事實上，真的和林老師講的一樣，我們也不是什麼天份，事實上就是因緣法，我們學佛就是一個「因緣」。

「今天我們學佛，到底是要解決什麼問題？到底生命發生了什麼問題，所以我們要學？」我們不單迷惑，更是好奇！「人生的問題有很多要解決的，是不是從佛法裡面可以解決呢？」所以我就開始學習！他們說，要解決這些問題必須要證悟。那麼到底證悟什麼？證悟以後，大概什麼都擁有了。但，是不是真的什麼都擁有了呢？所以我們就開始去探討。

看過幾位祖師大德的傳記後，我發現他們是不睡覺的，就是所謂的「不倒單」；而且常常是一坐就二、三十年或五、六十年，他們是在這種功夫磨練下成就的。如果我們想要成功，一定也要像他們一樣的去禪修、苦行。這種功夫一定要實際落實下

去，才能夠體會他們的這種成就！

當時我就跟著像密勒日巴的故事、大迦葉的故事，還有禪宗很多祖師的故事去修行精進。這些祖師的歷程都對我造成很大的影響，他們的實際修行，造成我對他們的學習和崇拜。尤其是大迦葉的墳場頭陀行、虛雲大和尚的苦行和中興佛教的成果，這是我一生所崇拜的。學佛的緣起，就是從觀音菩薩的慈悲開始，但在實際的修行中，我是很崇拜這種苦行的。

體驗禪修必經的兩個過程

因為我從十五歲開始禪修，所以是蠻有心得的；主要覺得禪坐很舒服，越坐越快樂、越舒服，就想弄清楚這裡面有什麼名堂！一直到出家受戒後，那時讀叢林大學，我常常一坐就到半夜三點，然後一大早又爬起來坐，幾乎整天打坐。所以常住就讓我申請不必做早晚課，都在打坐。後來叢林大學也念不下去了，為什麼呢？不是我資質不好，實在是打坐產生的種種生理、心理變化，對我造成太大的衝擊。所以佛光山出家不到一年，就向星雲大師請假，下定決心去禪修。

既然要好好禪修，就要找一個偏僻、空曠、無人的地方，這樣才不會受干擾。可是實際生活總要有飯吃啊，怎麼辦？所以我就找了一個朋友，他說：「好，我一個月給你五百塊吃飯，你就修吧！」於是我就開始在台北外雙溪禪修了。當然剛開始修行，都是盲修瞎練，只想說像雞孵蛋一樣，一定會孵出個東西來，也沒想清會孵出什麼東西來，只是一直希望從打坐開始修行。

打坐過程中，生理一定會經歷很大的痛苦，身體痠、麻、漲、痛的處理，就要二、三年的時間。等生理處理好，心理的問題就特別多。心理的問題就是：到底心理有什麼問題？心是什麼？到底怎樣認識這個心呢？打坐從調生理到調心理，是必經的過程。所以禪修有兩個重點：一個是身體的調順，一個是讓心理能夠調伏。心理能調伏就要參悟很多的東西和道理。我禪悟的大部分都是祖師的偈語，還有些密宗的法要。

　　我修行的方法和學習的內容以禪宗為主。一些口訣，尤其是四祖「百千法門，同歸方寸」的偈語，對我的啓示很大，讓我從這裡突破了很多心理的障礙，從裡面體悟到心的道理。萬通和尚也有個偈子：「不繫一法出蓮蓬，眞空不外靈自性，妙用常存無作功，聖智本來成佛道，寂光非照自圓成。」從這句話裡面，我就暢通了，得到非常大的好處。

修行是為了突破心理上的迷惑

　　修行，就是在突破種種心理上的迷惑。事實上，我們心理的問題就是迷惑。如何讓心理能夠通達，沒有障礙呢？其實，我們本自具足的就是這個覺，可是這個覺當它不覺的時候，就沒辦法快樂，也沒有辦法讓生命眞正自由。所以最重要的修行，就是讓生命得到自由！我們生生世世努力的方向非常明確，就是讓我們的心靈得到自由，生生世世都能做有意義的事。至於什麼是有意義的事情呢？我們在修行的時候就是一直嘗試去突破這些問題，去體驗證明：生理是因緣和合的，我們是從因緣來、從因緣去，從因緣生、從因緣滅。

　　那麼，當現在因緣滅的時候，或是下一個因緣再升起時，我們學習了什麼？我們如何從現在的因緣當中，再生起智慧和福德的因緣呢？「緣起能夠覺悟，緣滅能夠涅槃」，我想是從這兩個角度來讓我們的身心能夠得到一個平衡，然後找到生命應該走的路。也就是身體的事情本來就會生滅，心理的問題本來就沒有問題，有問題就是因為自己對我們這個「心」覺照的不清楚，明白的不清楚，所以要去透視它！透過不斷分析、解剖這個心的狀況，你終於會發現什麼叫做「心」和「非心」。

　　最後就是要瞭解身體和心理是如何組成這個合作的現象，而且能夠生生世世合作得很好？那叫做「菩提心」。我們最重要就是要從修行裡面找到菩提心，從菩提心裡面找到一個永恆的成果，就是成佛的觀念！所以我們修行到現在，修了半天得到了什麼？成就後要得到什麼？其實就是堅固一個菩提心、行菩薩道到達成

佛。這是宇宙的本質，也是「覺」的次第呈現。整個修行就是這樣的過程。

林谷芳：

今天談的是觸發宗教的根本緣起—到底一個人為什麼學宗教？或者我們為什麼會跟這個老師？這個老師能教給我們什麼？我們都應該觀照最初的緣起！就我個人的經驗來看，到底是什麼樣的驅策力，使得像我這樣的人糊里糊塗也修了三十年？當然你可以說是宿世的因緣。可是回頭觀照，最直接的就和我六歲的經驗有關係。六歲時我跟一群同伴在家鄉四合院前的「稻埕」（台語）玩耍，正在偷拔院裡的桃子時，下面的同伴喊：「主人來了！」我一慌掉下來，發覺手涼涼的，一看骨頭已經插出來了，白白的，到今天我的左手還有個疤痕。不過還不錯，總算還看過自己的骨頭。總之我對那地方印象非常深，幾乎天天都去那裡玩。

接觸「生死」的經驗

有一天在玩的時候，我看到房子前擺的長板凳上停了一具屍體。現在想想，大概是在等檢察官來驗屍，是個大概五十歲的男人，投繯自盡被人解下來的。投繯自盡的人舌頭會伸出來，長長的，雖不像我們一般講吊死鬼那麼長，可是樣子的確不好看。我那天看到那景象，印象深刻到很難用語言來描述。因為六歲的小孩不像成人，可以用概念語言的世界來辨析自己的感受，但當時就是悶悶不樂地走回家了。

之後這個影像一直留在我心中，變成我要面對的問題。當時雖然渾沌，但我們可以從現在回過頭來解釋說，因為這個吊死的是一個人，我也是人，於是當時就有直接的感同，好像他的事情就是我的事情，我也要面對生死的問題。當天我覺得那段路非常非常遠。不過退伍後我再回到鄉下，重新走這段才發覺，過去走了一下午的路原來只有七十公尺長！而之所以會給我這麼深的印象，當然緣於當時的震撼太大；如果用個小說的筆法，當時我就是「拖著步伐」走回家去的。

　　小學時，我最崇拜的英雄就是孫悟空。在那個威權的時代，一般我們崇拜的是喬治華盛頓、國父孫中山先生和岳飛之類的，但孫悟空卻是我心目中的英雄，因為他長生不老，天兵、天將的刀斧鍘不了他，老丹爐也只把他煉得火眼金睛。這種人不是英雄是什麼？在小學，單單「西遊記」我就看了五遍！師父一心一意要成為觀世音菩薩，我的心量比較小一點，一心一意要成為孫大聖！而到小學六年級時，我就開始學道家——尤其是龍門派的功夫，因為它特別講煉丹、白日飛昇、長生不死，如何與日月同光、與天地同壽那些功夫的。當然，現在想起來，其實也是師父所講的「盲修瞎練」，不過當時的確非常認真。

　　初中後又繼續如此搞了幾年。現在想起來也覺得蠻有意思，也許就因為搞過那幾年，後來在修行路程中，就對這些所謂「異象」，或者我們一般稱的有關「怪力亂神」的事比較見怪不怪，反而會以一種平常心待之，不會像有些人以唯科學的態度否定它，也不會像某些修行人不斷追逐這樣的顯現，而是坦然地將之當成是個成長過程中的伴隨現象。

掌握「緣起」的殊勝

　　到了讀建國中學，大約十五、六歲的時候，常去逛牯嶺街舊書攤。有一次翻了本詮釋性的佛書，裡面一句話：「有起必有落，有生必有死，欲求無死，不如無生。」深深地震撼了我，好像一下點醒夢中人。那時才恍然發現，這些日子來，我所想的就只是一個長生，卻未回到那個本源去思索問題的緣起。畢竟，如果生死真是一種輪轉的話，那麼「欲求無死」，真的「不如無生」。想來有意思，多少年過去，直到現在五十幾歲，才跟無生道場結緣。自己高一時就入了無生法門，開始轉去習禪。這些就是我年少修行的過程。

　　就我個人的角度來看，我們在學宗教的時候，或者在把宗教的訊息帶給信眾乃至一般社會大眾的時候，如何的緣起真的非常重要，因此要給他一個緣起的殊勝！當然如何的殊勝，是看個人

的願力、因緣，也與個人的體驗、詮釋有關。緣起的殊勝就決定你未來成就的殊勝。例如我們可能都會看到車禍，或親友離去的場面，但在你的生命中它到底會留下怎樣的烙印？而透過這樣的烙印，你又如何呈現自己生命的意義？我想，緣起的觀照，無論在我們學佛或觀照宗教的現象上，都是很重要的，要不然，宗教就會變成只是一種學理，學佛就會變成現代社會常見的一種交換行爲。我們去求一個老師，總希望他給我們什麼東西，但我們往往忘記了心靈上這樣一個根柢而殊勝的本源！

所以，剛才師父才會提到身爲一個孤兒接觸到觀世音菩薩時的欣羨，特別是祂給您一種母親的感覺，因此在您心中印下「照祂的軌跡來走」這樣殊勝的緣起，也提到「修行，其實就是要求得生命的自由」。但在這裡我想再請問心道師父，除了孤兒的環境背景外，在您經歷的過程中，對生死到底有過怎樣的印象？

心道法師：

當然直到現在，無論碰到誰死我們都還是感覺怪怪的。我記得九歲的時候，我們在游擊隊中打仗。奇怪，怎麼那個鞭炮聲一響，人就倒下來，人家就說他死了？總是覺得死了就是流血，然後就顫抖，就覺得死好像是一種很殘忍的東西。十七、八歲時附近住了一個老太婆，已經非常老了，還常看到她在剝玉蜀黍葉，一直看到有一天她死的時候。我就想她的死到底是什麼意思？爲什麼她死了大家這麼悲哀？這「死」到底是什麼東西？總是對這個很懷疑，一直在想應該怎樣才能夠逃過這個劫數。

和林老師一樣，我十三歲回台灣的時候常看黑白電影片，都是台灣片，裡面都是雲來霧去，那些仙都會飛的。那時候我就覺得這個東西要練，一定要練起來。於是我開始學仙，我在部隊裡面也得到一個神仙的名字，因爲他們知道我一直想要成仙。後來想想，成仙不是個辦法，因爲仙將來也是會完蛋的。那還有比這更好的事情嗎？於是才想到佛。最重要的，是要看破人生，這也是和武俠小說有關。

我小學四年級（註：約十五歲）的時候，文字不懂幾個，但

是看小說卻看得很懂，心領神會，連金庸的小說也全都看了。每一部小說看完的時候，覺得「哇！人生，這個該死的死，該活的活，到最後男女主角就是這樣地生活，平平淡淡的去了。耶，他這一生就是這樣子。」於是我看了幾部以後，覺得自己也過了好幾生，認為人生就是這樣子而已，應該早早出離，早早去修道。武俠小說中那些武功高強的人都是隱居山林，我想我也應該學習這個。所以啟發我出家的緣也是這種。

看待生死要從「放下」開始

關於了脫生死，原來以為一定是要練到這種神通變化、飛天遁地的本領才可以了脫生死，但從這麼多年的修行看起來，卻不是這樣，生死可能只是一個現象。事實上我們每個人本來就是了脫生死的，只差在我們沒看到「本來了脫生死的」是什麼人什麼樣。對於生死的觀察，我們越來越覺得死和生本來就是一回事情，不是兩回事情。你以為是死了，事實上它是一個轉換，轉換成另外一個能量；你如果是生，在死裡面你又轉生了。你以為你要死了，事實上死能夠去哪裡呢？如果會死，也不會來啦；如果會來，也不會死啦！所以可見得，佛法對生命的領悟，就是看你在觀念上和思考上，這種解剖的功夫有沒有到家！

最初我們看生死，當然是從看破、放下開始。很多世間的事情就是這麼樣，讓你看看看，就覺得要冷下來；很多那麼現實的事情，就是讓你要冷下來：人來來去去的感情，看起來也是要冷下來，不能一直熱，所以冷到最後，它就變成是一種區隔。修行也是一樣，還是要冷下來。尤其是禪宗，它真的是要冷下來，越冷越開花，心冷下來、靜下來的時候，它靈光獨耀的境界，才會呈現。所以我想關於生死的問題，就是我們對現象的一種看法，事實上如果我們真正知道什麼是生、誰去生、誰去死的時候，可能這些問題就比較不是個大問題。

林谷芳：

生死的問題牽涉到禪宗所謂「父母未生前的本來面目」、

「主人翁」，或者有沒有「主體」的這個問題。因為我們多數的修行人，是對死生不自由的一種觀照而來修行的。有一些修行人，誠如剛才師父所講的，到後來找到了答案，有了證悟，而了知輪迴或生死變動的主體何在，或甚至是非由主體所致的這些觀照。

我們一般學佛的人，雖然想要超越生死，但一定程度裡對生死甚至還更有所罣礙，於是才會很現實的去面對一些問題或想像一些問題，因此，在修行過程中間，這個「怕死」所產生的種種顛倒，到底要如何克服就很重要。因為我們都知道，師父有十年塚間修行和兩年斷食的經驗，尤其在初期塚間修時，您是否當時的心境已碰觸到更深刻的這類問題？還是只在我們一般都會經歷的表象上？我想大家會好奇，修行人在這中間心理的一個轉變。不知道師父初期的時候是怎麼樣的呢？

修行人面對生死時的心裡轉變

心道法師：

談到生命自由，一般我們面對生老病死，是根本沒辦法控制的，要來、要去、要死亡、要出世，都是無法控制的；我們等於是在完全不自主的情況之下，被主宰去生滅、去病痛、去死亡。所以對死亡，我們總是有個迷惑。不過我們大部份的人是想，反正人家說有生必有死，這生死就是一個自然律，是個很自然的生態，死了就是很自然的，沒有什麼可怕，只要該死你就要認命。也有人覺得，這個死亡不曉得是死到哪裡去？雖然是看到身體躺在那邊會消失掉，可是最重要的，我們總覺得好像還有東西，那「還有東西」到底是什麼東西？總是沒辦法去妥協這個問題，我們想超越這個問題，也想解答這個謎底。

所以一開始，我在士林外雙溪一個很空曠寂靜的地方，修了兩年，就是花了很多時間去思維，想解決這種迷惑、讓生命自由、能夠超越生死……。當然，那時候反應很多；從小過著群體的生活，突然離開人群，會覺得非常的孤寂、痛苦，尤其是資訊全無，相當痛苦。「耶，不曉得會發生什麼事情？」好像我們已

經死亡一樣；從人群中死亡到另外一個地方，然後在猜想外面的世界是什麼。所以一直感覺到這是很痛苦的事情。那後來慢慢地就習慣啦，習慣以後，這個痛苦就沒有了。

後來換到墳場，總覺得像佛陀時代大迦葉尊者他們在墳場修，一定有他的目的。到底是什麼目的？是不是一定要在墳場修？我也搞不清楚。但是我總是要實驗，在墳場裡面實驗。起初，在那個靈骨塔，當然，看不到的鬼，白天就沒有什麼，晚上到的時候真的是很怕喔！你說它沒有，它卻真的會出現；但你說它是有，卻好像是無稽之談。所以在這個當中，就是要去克服這些恐懼。而克服恐懼的唯一方法就是——我今天為了了脫生死，一定要克服這些恐懼！那麼是不是一定要在墳墓呢？因為那是唯一的選擇，我也沒地方跑！那墳墓有吃、有住，除了這個地方，可能也很難去找到一個這麼安定的地方。白天人家來把死人埋啦，晚上一片寂靜，真的沒有人敢去那邊！所以我在墳場修行真的非常寧靜跟安詳，只要克服恐懼，那真的是無法形容的修行好所在。

我住在一個破廟裡面，周圍都是墳墓。鬼真的會敲門，不是假的！一到半夜就會敲門：唸觀音菩薩聖號、唸大悲咒，唸到發抖、連牙齒也會抖，還是沒有用啊，觀音菩薩也不出現，敲門的聲音還是那麼大。沒有辦法解決，它老是要敲，到最後沒辦法，我就轉了一個方法。我想我一定要打開門，去看看那到底是什麼鬼。然後我就拿著手電筒，一手拿了個很大的棍棒，如果它要是侵犯，我就揍它！所以把門一打開，一衝出去看——沒看到人，可是就聽到那個腳步聲一直跑、越跑越遠。從此之後，這個鬼就不來敲門！

在克服恐懼的過程中，它們有用開門的——門開來開去，也有用哭的；它們哭的那個聲音很奇怪，會刺到你內心的那種感覺，那真的很難受。總之，後來我想說方法也用了很多，但還是沒辦法對付它們，到最後我只有一個辦法。我說：「我今天如果修道修成就，一定渡你們，而我現下可以做的，就是每天持一部《金剛經》迴向。將來我成功以後就渡你們。」從此就未再受到打

擾。所以一面克服這種恐懼，同時又要生起那個慈悲心跟願力，然後他們才跟你妥協。事實上，從此以後我就很安定的在那裡禪修，因爲在墓地禪修的磁場實在非常不一樣，眞的很好，讓你更容易產生三昧力。

一個無法妥協的課題

林谷芳：

我們剛才提到，生死也許是人最大的恐懼，在面對生死這個根本問題上，所有宗教家人格的一個共同特質，就是沒有辦法在生死這個問題上妥協，他們無法渾渾噩噩、懵懵昧昧、「時到時當，沒米再煮蕃薯湯」（台灣俚語），等時候到了再去面對。他必須把它當成一個問題，直接面對克服恐懼，是宗教人格在此的最直接反應。師父剛才談的就很有意思。就我個人觀點來看，無論任何教派、或修行法門，如何克服、超越恐懼的這個過程，其實是觀照生命能如何成就的關鍵點！

剛才師父提到他在塚間修的經驗，這裡提供我自己寫過的一篇文章叫做〈兵法何嚴厲〉，是寫我一位師兄類似的經驗；而在這中間，我們也許更可以回溯到宗教存在的一些本質，或者看看某些修行者的人格爲何能在宗教上有所成就？我們又如何能契得這最根本的緣起？

當然，每個時代的思想環境都不一樣，所造就的特質也不同。所以，有時候我上研究所的課，學生會桌子一翻說：「老師，跟你上課能看到什麼？」我說：「我讓你們看到歷史浪漫傳奇的最後一代。」因爲從我這一代以後浪漫少了、傳奇不見了。我們這一代的人還會天馬行空、胡思亂想，現代的人不是不會胡思亂想，而是在電子遊戲裡胡思亂想「我還有三條命還沒死，再打！」生命可以不當一回事。但在我們那個時代的人，是把自己當主人翁的，就好像剛剛心道師父講的，他看武俠小說是如實看它，我們想像成佛、修道，我們是認爲有如實的境界存在，是這樣子來看的！

這輩子聽過最精彩的鬼故事

　　我平生聽過不少鬼故事，自己也曾經是故事中人，但是以下是我認為這一輩子聽過最精彩的鬼故事。故事的主人翁從小就立志要做天下第一人，這天下第一人不是要像陳水扁般來做總統，而是武功要蓋世，當武林第一人。有一天我說要看看武林第一人怎麼當。他說：「好，林谷芳你來！跟我一起練。」早上三、四點圓通寺很安靜，他開始練氣功，練完後去打樹，搞得我累得要死，然後回來睡幾個鐘頭後又起來練，就為了要變成武林第一人。後來我發覺太辛苦了，第一天就決定這輩子不要當武林第一人了。但不管怎樣，這個人功夫是很厲害(不過，現在在教密宗，不教武術)，有次打架只出一拳，對方幾根肋骨就斷掉了。

　　在他讀中學時，我們是「家家彌陀、戶戶觀音」，他的祖母也喜歡念觀世音菩薩，但他覺得這是迷信，就是不信佛。可是他的祖母很喜歡到新店一家寺院裡去，是那裡的大施主，有時候也住在那裡。祖母常帶他一起去那個寺院，反正遊山玩水，他也很喜歡去。有一天他又跟祖母去了，你知道幾十年前交通沒有那麼方便，當天住持要下山採辦一些物品，而他就單獨睡在方丈的禪房裡。住持和尚走時跟他講：「晚上有什麼不要理他」，他以為指的是有其他僧眾會來敲門。結果那天睡到半夜，卻被那種所謂鬼的聲音吵醒，這聲音事後他只能形容說頻率很高，反正不是人間的聲音。

　　他最先是被一個人推醒，推醒後他一看旁邊是個虯髯客，鬍鬚很多的，當時因為睡得迷迷糊糊，忘記這房間已經關起來只有他一個人，所以被推就往裡面挪一挪，心想就讓你睡吧，自己也就繼續睡。但接著他又被一個頻率很高的聲音吵醒了，他一看剛才睡在他旁邊的虯髯客很畏懼地躲在旁邊發抖，而前面見有一個梳著辮子的姑娘和一個綁著頭巾類似前清或民初裝扮的老太婆，就一直指著他們發出那種攝人的聲音。

　　到這時他才醒過來。三更半夜房間裡面怎麼會有這三個人？多恐怖啊！好在這個人還真有因緣，忽然福至心靈，就拿起了香

爐裡的香，權當念珠：「南無觀世音菩薩、南無觀世音菩薩……」就開始念。當然是閉著眼睛唸，因爲嚇都嚇死了，這時候一身的武功都無效了。而照他後來的描述，直到他念到自覺通體光明，眼睛一睜開，那些人都不見了，當然這時他也不敢再睡了，萬一再被吵醒怎麼辦，於是開始凝神聚氣，就這樣一夜無話睜著眼坐到天明，而外面則是風雨飄搖。等到第二天六點天一亮，他就飛奔下山，一刻都不敢停留。在飛奔下去時，他一看才驚覺，禪房前面正是片麻竹林，裡面都是墳墓。

這個故事有意思的還在後頭，他與他弟弟都是我好朋友，後來他弟弟描述那天哥哥回家的情形。整個早上，就看到他哥哥在大廳裡踱方步，似乎一直在想那件事；他很少看到哥哥那麼焦躁，心想哥哥是武林高手，要就一拳讓對方死，怎麼會一直在那裡踱方步？就這樣一直到下午三、四點，他哥哥突然跑到樓上向他祖母說：「阿媽！念珠借一串！（台語）」就把他奶奶的念珠一拿，衝出門去，當然是又回到那一間禪房去。後來我問他當晚有沒有又發生什麼事？跟剛才情況一樣，「一夜無話」，但從此他就超越了。

只有超越恐懼才能真正修行

當初我寫這篇文章，第一個就是要說明宗教人格的特質。這個鬼故事最精彩的是，當你看到鬼的時候你會不會再去一次？在座可能跟我一樣，心想下次不要再看到相同的鬼，第二次也許碰到另一個鬼，但千萬不要一個鬼碰兩次，那叫活見鬼。但爲什麼他會再回禪房？從練功人的心情來看，這是無可妥協的！練武首先必須克服自身的恐懼。恐懼不能超越，武功就無法全部發揮，他必須再次地重建，如果他沒有超越那一關，那這一輩子可能就無法練武了。同樣地，觀察一位修行人時，我們就應當看－他是如何面對恐懼、或某些侷限？他是以怎樣的態度去修行去超越？而反過來，當我們面臨某些恐懼、侷限時，我們又當如何？

譬如，我爲什麼很直率的問各位，怕不怕？「塚間修」三個

字講起來滿學術的，是不是？不要說修啦，我們有沒有晚上去墳墓走過一遭的，沒有嘛！沒有的話，很多東西就不那麼如實了。我要特別強調的是，我們之所以從宗教的生死來講，除了生死是宗教的基本緣起外，在觀照一個修行者的人格時，我們會發現，他在處理事物上會有一種如實性，他必須要面對自己生命最深的恐懼，或者最深的罣礙；為了要面對這最深的罣礙，他必須去如實面臨生命中每一寸可能由自己產生，或由外緣而來的一個罣礙，所以有人才要去「塚間修」。當然，因為我也沒有塚間修，塚間修的種種在此我也不敢講。不過我可以告訴各位兩個經驗。

第一個是當兵的經驗。當兵很有意思，老虎皮（軍服）一穿，好像在墳場都可以打野外；可是很奇怪，老虎皮一脫就會害怕，所以像這種境界就不是那麼如實。另一個例子是，我記得二十幾年前，在輔大教中國哲學史的朋友說他們有個研究生在研究禪宗，希望你跟他聊一聊。我這個人的特點就是辯才無礙，但那天卻是一輩子第一次聽話聽那麼多。那個人從頭到尾一直告訴我甚麼是禪，一講兩個小時，中間我二話不說，因為插不進去，聆聽受教。終於講完了，他喘一口氣，覺得表達得蠻滿足的。這時我起身抓住了他的手，說：「走！」他以為我要跟他打架。我說：「走！我們現在就到三張犁的墓園去，彼此坐下來，如果一夜無話，你沒有恐怖，剛才的話都算數，在下領教；如果不是這一回事，那剛才講的都是狗屁！」他跟我講說：「老師一定要去？」我說：「要去！」

學者和修行者的差距

我個人除了修行以外，也在學術界。我常常講，學者的人格跟一個修行者的人格就是這樣的差距：學者的人格，可以在概念的世界裡自我滿足，但是修行者的世界，卻必須在如實的生命裡應對，他才感到踏實！面對死生，我們都有恐懼，但是我們能迴避嗎？好像只有不迴避才是非常踏實的。我自己觀察到很多的宗教家，他們基本的人格特質都是：直接面對宗教的根本緣起——

死生天塹的觀照與不妥協。而一個有成就的修行者，在他的實踐過程裡，當面對最根本的恐懼或窒礙時，是如實地去觀照、無所迴避！而這才是宗教修行必須的根柢緣起！

因此，當我們在觀照一個道場、一個修行者，尤其是度眾的修行者時，除了他的各種法門，我覺得特別值得觀照、強調的就是：一個修行者是如何如實地面對他生命根本挑戰的問題！而這裡的軌跡，其實才是我們在面對宗教問題、面對世俗問題時，最能夠給我們參考的，而不只是一種學院的鋪衍、不只是一種無盡願力的廣被加持而已。畢竟再怎樣的加持，我們自己要能持受能量。而能夠持受能量最重要的，就是一種智慧的觀照：智慧觀照，對有些人也許講來空洞，但對我而言，這種對修行人的觀照點卻是一個核心。

今天這樣的一個緣起，和一般的座談會不同，和師父有交集，也有雞同鴨講的部分，因為本來一隻雞和一隻鴨，雞上樹、鴨入水，各有不同的軌跡，當然這樣的軌跡也有共通性，如實的軌跡會出現。如果各種軌跡一路跑掉，沒有共同的如實性、共通性，那就像我與幾個道場師父談到的，個人對台灣佛教興盛現象是抱有隱憂的。當對修行的原點與軌跡的觀照度不夠時，就無法分清楚真實的修行人、或不是真實的修行人間的差別。

心道法師：

其實在墓地這些空曠的地方修行，最重要就是一個止和觀的問題。止是身體的止，觀是內心的處理方法，當止和觀兩者可以合的時候，可能就達到一個目的了。止和觀的合一，也就是可以破除很多內外相的執著，讓心能夠自由。我們在墓地修行，主要還是要看破幻相，讓自己的心更能落實於內在的觀照上。

事實上修行，真的就是迷跟悟的一個互動。如果不迷，怎麼會找一個地方修；如果不悟，怎麼會有迷的這個災難呢？所以「生死」跟「了脫」，當我們不究竟地去看的時候，其實就叫做「生死」；究竟去看它的時候，就是「了脫」了。所以我想，我們跟林老師談的，大概就是這兩個重點的關係。

超越生死的實際經驗

林谷芳：

　　一般人不但對修行人的生死緣起經歷感到興趣，對修行人如何觀照生死、超越的法門，更感好奇。我先談談自身的經驗。我個人最初崇拜孫悟空，後來學道家功夫，然後才修禪。在二十六歲的時候去學密宗，皈依了紅教林祥煌上師。而大家熟知的表演工作坊賴聲川、丁乃竺夫婦是文化界第一個公開用密宗婚禮結婚的，這是我促成的，當時還是社會的大新聞。幾年前時報辦「慈悲與智慧」展覽，中國佛教會跟「中國時報」接到不少傳真抗議雙身像的問題，他們認為這種諱淫諱道的像怎麼可以公開展出。當時中時副總編輯唐光華找我幫忙解決，後來他們引述我的一句話「雙身像主要是種能量的交換，而非情慾的結合」來說明，於是發揮了止謗息靜的作法。

　　就這樣我在密宗學了好些年，氣、脈、明點也講了一大堆。但後來為什麼沒繼續學密宗呢？記得以前學密的時候，林祥煌上師很有意思，在法會前都會有段無為法、心性法門的開示，我蠻注意聽的。這時大眾通常都浮動不安；等他傳具體的法，像財神法、四臂觀音法時，信眾就很提神了，朱筆加簽批什麼都用上了，但這時我唯一的反應是靠到大殿牆柱入定睡覺去了，所以山上的金剛師兄都笑我是「達摩」，是學禪的人。

　　就這樣，等到了四十歲的時候（雖個人不是很欣賞儒家，但我認為孔子「三十而立，四十而不惑，五十而知天命，六十而耳順，七十從心所欲不逾矩」這句話是智者之言），才發覺自己很多生命的軌跡開發得很早，但直到四十歲才有很深的感悟，終於認清了自己。就是「林谷芳啊林谷芳，你是個無可救藥的禪者！」，就是禪宗跟你最契機，其他法門無論接觸多久，也只能從外相或義理上來詮釋它，但卻無法跟自己的生命完全貼合、融為一體。

因不同秉性而選擇不同法門

　　所謂「八萬四千法門，對八萬四千病」，即是應病予藥。儘

管我們有眾生根柢共通的病，但每個人患的病輕重緩急還是不一樣，這關係著我們宿世的因緣、習氣，所以我們觀察一個師父與徒眾間的結合，有時真是沒道理可講的！就像我有個朋友原來在當報刊主編，一遇到宣化老和尚，就像見到宿世親人一樣，沒道理講的！而學者常在這裡搞不清楚。它是個生命的契機，是由我們多生因緣薰習而成的。以現代語來說，我們是由不同的「秉性」來選取不同的法門。

當然有些人是比較特殊的，他們可以遊走於諸多法門中，比我們實踐的更多、更加了知這些法門不同的特色。但即使如此由我個人來說，四十歲以後也才知道，在自己的生命稟賦裡，禪宗是最契機。我們觀察，每個修行人都有他立宗的根本，靈鷲山的無生道場也是如此。像剛剛坐在外面的花園裡，因為我已習慣穿得很少，師父就講了一句話：「禪窮密富」。法用師在旁邊問：「師父是密宗嗎？」這句話很有意思，大哉問，等於是替大家問嘛！會有這一問，是因為你們道場呈現了不同宗派的一個結合，而這就與我們在觀照後的會通了然有關，或者大家覺得在此可以呈現出不同的修行意義。

因此，如果「了脫生死」是宗教的根本的話，一個宗教家則首重實踐；而在實踐過程中，無論是對總體法門的體會，像師父剛才提的止觀、慈悲、菩提心，或是最後的究竟。不同修行者總會呈現不同的受用與觀照，而以心道師父的受用或觀照而言，到底在此有怎樣的特色？請師父為大家說一說。

心道法師：

其實我們佛教就是三個系統：原始佛教（俗稱小乘）、大乘、密乘，這三個都是佛所說的。最初，密宗還沒進入台灣以前，我們只有小乘跟大乘，彼此就互相區隔；既然都是佛說的，我想應該可以把小乘和大乘融合在一起，不會彼此矛盾。後來當密乘進來，又是一段互動衝擊的過程，到最後還是接受了。

其實，我們台灣本來是大乘的佛法，後來雖然接受小乘和密乘，可是大家對小乘、大乘、密乘還不是分的很清楚，那我們要怎麼學習呢？當然，既然是佛的教法，我們希望都能學到，不應

當把佛的這些遺產、智慧結晶分化，而是變成整體精華，讓大家去學習，這是我們主要的理念。

關於三乘的義理，我們知道，小乘是以安那般那呼吸法為主要的修行法門、以《阿含經》為理論基礎，所以他們是非常講究戒律跟禪定的生活。戒定兩個部分他們做得很好，慧的方面就沒有太大的發揮，一直到證悟以後可能才會發揮到。大乘佛法主要是經教最好；三藏十二部經典中，每部經就是一個修行法門。大乘經典的法門可算多了，但並不是那麼具體，具體的是在各宗專精的法教傳承裡面，比如天台宗、唯識宗、淨土宗、或者禪宗。

密宗有較好的修習次第

至於密乘，大致是從唯識系統整體鋪陳的，而娑婆世界到極樂世界是他們主要的兩個場，不管是以遷識、轉世，或是修到虹光身成就，都是到西方極樂世界的。修行者的最大特色就是頗瓦法跟虹光身的成就，而修虹光身的成就需要能量的轉換，能量的轉換就有法身、報身、化身三種；而氣、脈、明點是修報身成就必須了解修持的，可以說講究氣、脈、明點就是密乘的特色。而密乘的整個修法儀軌，其實就在轉識成智，就次第來說是非常清楚的。

一般我們剛開始學佛，常常抓不到主題，不知道從哪裡學起，才會有個原則次第來看佛教整個教法的系統性。密乘就有很好的次第去修，它從生起次第到圓滿次第一直上去，它的教學是很有次序的。所以密乘雖然有很多奇奇怪怪的法相，那是以相為他們的用，他們主要是展現一個果，從果裡面修因；大乘則是從因裡面修果。

三乘都是為了成佛，不管什麼乘一定要走成佛的路，成佛的路一定是從菩提心開始的，要從願力和慈悲開始做起，三乘裡沒有一乘不是這樣的。比如原始佛教小乘的自利，自利到最高就叫做「涅槃」；大乘和金剛乘，都是除了自利的涅槃以外，還有成佛的整個規劃和成就的藍圖去圓滿的。原始宗教沒有這個藍圖，

他必須要等待彌勒佛出世才知道下一個動作怎麼做，但是到最後畢竟還是要成佛的，所以三乘都是從最基本的自利開始；而自利最完整的是小乘這整個次第的修行，開始發菩提心。大乘的法大部分是從般若開始，以般若的教法讓我們的思想通路能暢達無障礙。密乘則是從唯識系統的整個呈現，再加上中觀、瑜伽師地論整個去鋪陳出很好的教學與成長次第。

從發菩提心開始

我想，每一個法是跟緣有關的。比如說我跟三乘都有淵源，所以我的衣服，外面這袈裟是小乘的，這個夾衫是密乘的，裡面這是大乘的，三乘合一。最重要是因為我們覺得最好把佛教的力量結合起來，不要去分彼此，因為除了我們佛教以外，還有基督教、印度教、伊斯蘭教等等；如果佛教都能分那麼多，我們自己都「分」得不得了，怎麼向外推動，力量就被分散掉，所以我們的願力就是想讓三乘回歸一乘——佛乘。其實我們如果想瞭解佛法，應該是三乘都瞭解，佛教的整個法要才不會浪費掉。我們希望從這個角度去團結佛教，讓它在這個世紀裡可以讓三乘合成一個佛乘。

林谷芳：

就像天台宗所講的「唯此一佛乘」，在這佛乘的基礎上，「歸元性無二，方便有多門」，在這麼多方便中，以師父自己實修的經驗，也包括我們靈鷲山的實修系統在內，在什麼時候跟什麼法門最相應？以師父的經驗來講，是在什麼時候修了怎麼樣的法門，或是從什麼樣的法門皈依之後，從哪些方面得到相應？

心道法師：

像我苦行十幾年下來，結果是回到發菩提心的路上，做接引的工作。我作為一個修行人最希望的就是，能把我修證的東西拿出來和大家分享，但事實上這種分享是很困難的，所以我這十幾年大部分都是在做接引的工作。我們的大和尚多半是比較有區

隔，就是聖和凡的區隔，我是沒有辦法區隔，因為我是屬於接引的，我希望接引很多人去學佛。只要有人在修行方面真正想要學習得道，我就希望和他談、和他聊。

其實，我是有個教理學習的層次理念。像我們剛學佛的人一定是從阿含、呼吸，慢慢地到達般若系統，再上來就是法華、華嚴，這整個系統整理起來就是一個佛的世界。有些是從自利到利他的結合，然後才有完整的學佛生命理念和習俗。一般東方人的信仰大都是滴滴答答，不會一氣呵成。西方人一信下去，就整個貫穿在生活裡面，生老病死都是結合的，可是我們東方人的信仰卻是點綴式的，東點西點，點到最後就沒得點。我想，我們如果能夠次第將它整理出來，讓大家把生活學習的思想理念與學佛最後的目的貫通、一氣呵成，對以後整個佛教徒是有很大幫助的。

林谷芳：

就我剛才所提，在觀照宗教修行的基本，以及修行者或修行法門的緣起時，對死生的原點必須做一諦觀。之後，就得像師父所講的，在圓融和次第之間你要如何安排的問題。有很多法門初入也許很有效，但不夠圓融；有很多法門也許很殊勝，但生不起次第，都會有類似的問題。

《光華雜誌》曾規劃了靈修及社會議題的文章，希望我能給學習靈修的朋友些建議。其中我就提到，大法像大水庫一樣，要上升一公分需注水一千噸，很難看出即時的效果，但那是總體生命的提昇；小法則像灌瓶子裡的水，一灌馬上有效。現在有很多新興修行功法，有些修完四個學程就叫「智者」，再四個學程又叫「導師」，還有很多的功法都是自己學一學三個月後就布條一拉來「免費教功」了，而很多人還趨之若鶩。一個修行法門它最終極的圓融層次在哪裡？基點、次第又在哪裡？我們應該要做觀照。

現在談修行，常覺得就像禪宗所謂「但貴子知見，不貴子行履」般，大家常常連知見也不足就侈談其他。我常幫學生鋪衍一些基底，就是希望他們往後和修行人學習時不會走太多冤枉路，因此我就把所有的修行法門，包含其他宗教的，以最概略的方式

說明它們的超越之道。也許每個人的情性不同，選擇不一樣的道路，當然，最後的圓融則必須跳躍超越到這分隔之上。

超越之道：皈依、融入、轉化、當下

這其中的第一種超越之道是「皈依」，很多的修行透過一個皈依的方式，就是當生命想要超越的時候，我們皈依師父、皈依佛陀、皈依一個神祇。一般人在宗教信仰上都常有個特質——你是在找一個更大的生命來皈依，因為人畢竟是這麼脆弱的。第二個是「融入」，像婆羅門「我梵合一」、「宇宙意識」大我小我交融的問題等等即是，談的是如何讓生命由小我超越到大我。第三個是「轉化」，修行如何轉識成智？如何把肉身轉成報身或者法身？這在密宗跟道家裡就有特別的法門。第四個是「當下」——禪基點常喜歡提的——如何契入當下無別的世界而得到超越。

為什麼要替學生做這樣的疏理呢？現在台灣宗教大興，法門太多，像剛才師父講的，很多人沒有學習次第，缺乏整體的周全度，就以盲導盲，最後使大師與小丑同步，這種現象到處充斥。所以在修行過程中，如何讓我們的信眾及修行者具有正知見，是個很重要的基點。

而外界對心道師父最大的好奇，也許就是在這樣實修的經驗中，他自身的觀點與轉折。依我觀察，從究極來看就像靈鷲山所謂的三乘合一，本身不強做分別，希望具有小乘、大乘到密乘這樣完整的基礎，把佛的教法融通一味，才有更大的能量。就像剛才師父跟我提到，他前兩天在香港帶了些信眾到海神廟和天后宮去念心經還有三皈依，就是希望打破外表的差異，而直接回歸契入一乘無別的拈提！

我個人覺得，在生死的緣起中有了這樣殊勝的緣起，並不代表你會有殊勝的結果；你選擇怎樣的路徑，其實才是關鍵！而宗教團體或宗教法師的存在，就提供了我們皈依或參考的選擇。可惜的是，過去我們學什麼都是「師訪徒三年，徒訪師三年」，但現在台灣的宗教興盛，卻看不到這個現象，也就比較少有抉擇，也

少有印證，這是蠻可惜的！

依自己性情選擇修行法門

因此，除了師父所拈提的特點——希望將三乘教法回歸一乘之外，我剛才也對修行法門做了四種分類，大家可依自己的情性來做。譬如西方人在皈依上帝的時候，不只信奉虔誠，根本是一體通透！連在法院裡發誓按著聖經也真的不敢說謊。但到了我們這裡，如果問人家「按個佛經，你會不會說謊？」——「按著佛經更好說謊！」因為我更好騙你！所以每個人格有不同的特質、需求。例如皈依，你要怎麼皈依？你是不是屬於皈依這法門最好的受眾？皈依是應該做一個怎樣的皈依？這其實更關鍵。既然我們談超越，就在這裡提出來給大家做個參考。

如何在忙碌中保持修行不退？

提問：

請問法師在這麼忙的環境中如何保持修行不退？

心道法師：

我們從另一個角度去看。過去在我們修行的道場，我讓弟子很閒，每天坐禪最少十到十二個小時，甚至十八、二十小時，可是外面看起來很寧靜，裡面卻有很大的鬥爭。我奇怪這樣應該很好，為什麼他們裡面會有鬥爭？裡面又會表達到外面來。問題到底出在哪裡？原來，我發現修行一定要有慈悲心，要有自利利他的心，如果這一點沒有訓練好，如果你的修行是很自私自利的話，那很可能你的發心就很短暫，不夠綿延長久，所以我訓練弟子大部分是從發心開始。你要先學習付出，學習關懷，做到聖化，就像基督教他們奉獻服務的心，回過頭來再做修行。

利他為主、自利為輔

像剛才我們說要思維，其實要靜下來悟出什麼東西是需要環

境和時間的。我們在自利方面的確實圓滿，就是要把悟證做好，再到達涅槃；這方面如果我們沒有那麼多時間，像我們在家信眾們就很少有時間去做修行，那我們就要給出一條他們做得到、而且一定會獲得的路，就是菩薩道的路。他們只要種下這個種子，就一定會獲得收成，所以我們就給他一種利他的工作，也就是以利他為主、自利為輔。而我們出家可能是先自利為主，利他為輔，但到最後就是完全利他的！我想這是處理方法的問題。

事實上，佛法到最後就是一個——「究竟利他」；如果你能夠真正完全利他，那也是一個自利的行為。

修氣功和佛法是不是背道而馳？

提問：

今天講的題目是「生死和修行」，我講自己的一個例子。我一個因緣認識了一位氣功師，他本身是道教徒。老師常給我一個觀念：我們練氣功是生死的關頭，加上我自己健康的關係，我很認真的在學。在學習過程中也接引了很多鄰居、朋友來學，變成是我有了一個責任，這責任讓我感覺壓力很大。因為他也說萬教歸一，不管哪一個教都一樣，使得我心裡一直在掙扎。因為我皈依佛法、皈依心道師父後，一直想著它是道教，而且練這個功，他講是禁忌次第的問題，他說你一定要經過他一個層次的加持，不知這和佛法是不是背道而馳的？

心道法師：

佛法開宗名義，釋迦佛叫什麼？叫「無上正等正覺」，就是正覺為主，它是觀念，你的觀念一定要正確，然後做什麼事你就不會做錯：觀念錯了，不管你做什麼都會做錯。所以如果你保持一個正覺、正念的關係，它出差錯的機會就少。不是我們練什麼或不練什麼，因為真理是不變的；如果真理會變，可能就是要讓我們去多學一些東西，所以要保持一個正念。

像我這樣什麼教都去參加、什麼法都去修，到最後我到底是什麼？我還是我啊，對不對？不可能變成什麼東西。到最後你還

是屬於你。（問：因為他一直說教氣功是一個生命的生死關頭，他強調是性命雙修，所以這對我來說是個很大的衝擊，因為這老師又很疼我，每次我都讓他很傷心，我不知道該怎麼辦。）

修行法門必須要能為己所用

林谷芳：

　　這裡面因為世間、出世間的不同狀況是可以有些出出入入的。首先我想提鈴木大拙的一句話，雖然他是一位學者，畢竟也是一個習禪的人。他說：「一個禪者做事應該以什麼樣的態度呢？沒有立場的立場。」什麼叫「沒有立場的立場」？就是在現象界的任何事物只有在一定的時空坐標、一定的範疇之內，我們才能確定它的意義。沒有哪件事情是可以在任何的緣起之外孤立起來說它是好的，因此你的這個問題就在於，你學氣功這個法門究竟是為了什麼？當一個所謂的殊勝法門造成你困擾的時候，其實就已經不殊勝了；當一個大家以為不殊勝的法門，你卻很受用，那反而就是殊勝了。

　　這使我想到一個故事。以前我在文化教書時，有位鋼琴老師，是一個美麗的小婦人，整天很快活，日子蠻優渥的。有一天她遇到個算紫微斗數的年輕人，據說算得很準，一時興起想幫這年輕人介紹女朋友，就約對方到她家。她家佈置得很有藝術氣氛；而所謂藝術，難免就有主觀的感受，像他家一進門就有一面不到天花板但蠻高的隔牆，上面還有一幅很好的畫。結果那天這算紫微斗數的年輕人一進門，看到那幅畫就說：「妳完了，難怪妳先生這幾年會遭受到這些橫逆，就是這一道牆，就是這幅畫。」於是那天她再也沒有什麼心思做別的，想的就是這一道牆，而這果然就在她心裡築起了一道牆。她想把它拆掉，可是從家裡的格局或美學的角度，她又很喜歡這道牆、這幅畫，但是從所謂的風水、紫微斗數算，又告訴她另個樣子。她就這樣掙扎了兩個月。

　　後來她跑來問我，我又不懂風水，在我來講管它是什麼，只要喜歡就好。這種話在一個人心裡有癥結的時候，是聽不進去

的。後來我想，我們禪者無法，密宗法特別多，就介紹了一位懂密宗的老師，結果又不相應。我還記得，那天我帶她去見那個密宗老師，晚上十二點回來，在她車上，我看到一個可愛的小婦人扶在方向盤上，爲這件事顯得這樣焦慮、憔悴。我冷眼看著她，也冷冷地告訴她「這是我認識的某某老師嗎？這兩個月妳至少老了二十歲。」還好，她就這樣扶著半個多小時後，突然間，眉頭一展，告訴我：「林老師，我不拆了，管他的。」我說：「兩個月以前我不就告訴妳這三個字『管他的』嗎？看這兩個月妳把自己折磨成這樣子。」

所以我想罣礙的本身，也許不是來自於那個老師所宣述的什麼性命雙修之道，當然也或許有關。但眞正罣礙的本身，是來自於你本身──我們是不是一定要討老師的歡心，我們是不是修行，是不是要依法？一個障礙要如何能通？這就好像肚子飽的時候吃一碗飯，那這碗飯準會害你；肚子餓的時候吃，這碗飯就是救你。從這樣的角度看，我想會好一些。**提問：**

想請教二位在自己生命經驗中，尤其是修行的過程，有沒有面臨生命關頭最切身的經驗？而在這個關卡上，佛法的應用又是怎樣的情形？

心道法師：

我最大的經驗是在斷食的時候。斷食的時候是奄奄一息，就是隨時準備死掉的。但到底死的是什麼？我想死的東西好像只是那個身體，而「我」那個東西好像沒有死的感覺。它每天那麼有精神，那麼明朗！死的是身體這個玩意，不是那個玩意。所以我覺得我應該一直注重這個玩意，不是注重那個身體，也因此就把死的這個東西打開了。我就理解到：「這個傢伙，我整天爲了它，怕死怕得要命！然後，我有個東西很奇怪，常常都那麼有精神，從來沒有看見它有什麼疲勞的；疲勞的是這個身體，有問題的是這個身體，那個東西是沒有問題！」所以我從斷食裡面發現：煩惱的東西都是因緣的東西，不屬於因緣的東西是不會產生那個毛病的。

在修行過程中面臨生死關頭的經驗

死和煩惱，這些東西是我們因緣的一個變化。因緣的變化就是從無始以來，我們其實就是被我們的業力——就像是ＩＣ一樣的，一直不斷的、反覆的一個ＩＣ的行為。你該死的時候死，該結婚的時候結婚，該談戀愛、該遇到什麼人……，它就是一直在那邊竄，然後形成這樣一個局。有人說「無我」——因緣裡面無我，事實上真的是無我，你也沒有辦法作主。死的時候你可以說我不想死嗎？你可以作主嗎？你沒辦法。你遇到一個戀人的時候，你想不戀他嗎？也不行，就是一定要去戀。這也是無我，就是被業力所作主。所以在這個時候我們要抽離起來看。

所以業力就是因緣的點；因緣的點的變化就是生死的原因，就是一個轉換的過程。我們轉換成另外一個生命，也是轉換；轉換變另外一個惡人、善人，也是轉換，並不是這個人是惡人，是善人，而是這個緣變了。而因緣的變化，就是時間。在時間和空間裡面，真的就是陰陽的道理，這陰陽都在變，到最後就是產生一個能量，轉換能量。所以說生死本身沒有問題，問題是在時間上的轉換。

如何意識到不生不滅？

提問：

在您斷食已經到奄奄一息，也意識到這個差別的時候，是在您所謂修行證悟之前還是之後？這個階段有一點點差別。如果當你的身體肉身已經沒了、病死了或怎麼了，請問您那個時候意識到您那個不生不滅的東西會怎麼樣？您是怎麼理解它的？

心道法師：

其實我是十年在墳墓，最後兩年才斷食，因為我覺得禪修很久了，這個煩惱還是沒辦法完全把它切死，我覺得很奇怪。於是就用斷食的方法去修看看，到底我這個念頭是出在哪裡。用斷食的方法，當慾望減輕到最低最低，那時候只有死的感覺，我是隨

時一口氣不來就會死掉，那個時候我們就是覺察：煩惱在哪裡？

面臨死亡的當下

當然，剛才說病死或餓死了，事實上它是有個東西可以去明瞭的；這個身體是無知的，可是知識看起來是一個因緣變化，事實上離開因緣變化的「知」，它是隨時在的。無智亦無得！這種境界我們是可以體驗到的。當你修止觀，觀得很好的時候，或者法本修得很好的時候，它是會呈現的，並不是說就只是一個悟而已，它會呈現那種體性的光明，並不是我們以為的想像，也不是抽象的理念，它是一個實體呈現出來的，實體呈現出來你會不會怕？不會嘛！現在我們也不說什麼證不證悟，只要自己安心就好了。

林谷芳：

我想修行人都想要問這個問題。我曾經有兩次相關的經驗，但有些經驗會相當於修行上的重要經驗；像你問，我是不是面對生死？就像師父說他斷食如果一口氣上不來就死，雖然後來沒死，至少那兩次我自以為必死！

第一次是十幾年前，我腎結石第一次發作。各位如果有得過腎結石的就曉得第一次發病的痛，據說以痛苦指數來講的話，只有女人生孩子可以跟它相比。但是女人生孩子是有希望的，產下的孩子是生命結晶，但是腎結石沒希望。而且腎結石發作的時間大多數是在早上三、四點，從睡夢之中忽然像蝦子一樣彈起來。那種痛——我用個例子形容，就是無間地獄的無間，好像沒有間斷，以現代話講就是沒有緩解空間。什麼是緩解空間？「我肩膀痠、膏肓痠，我手拿起來比較不痠……」、「牙痛，我用冰敷比較不痛……」它有緩解空間嘛。腎結石的痛對生命來講，就等於光速的痛；大家讀過物理學，光速是宇宙的極限速度；你會發覺這樣躺也痛，那樣坐也痛，什麼都一樣痛。這時候你就發覺你以有限面對無限，一切無望。就那一剎那，你就回到修行的經驗——體驗所謂「無常迅速」。

　　我第一個念頭是：「啊！來了。」經歷過災難的人都曉得，在很短時間內人的心念是非常快速的。第二念是：「他媽的怎麼那麼倒楣。」第三念是：「平時怎麼不好好修嘛。」因為實在太痛了，然後就一晃即逝，我太太就醒了。第四念（修行還是有點功力）開始交待遺言。當然有些人是痛得沒有辦法交代遺言，我還有點觀照，我交代十幾條，鉅細靡遺，理路清晰。我還記得：房子如何處理、孩子怎麼樣、甚至於妳可以改嫁……。那一次就瞭解：「來了，果然無常迅速。」但是也有點自得說，這麼痛、這麼亂，還這麼井然有序。

　　第二次經驗是心絞痛，十八堂禪修行的課，上到第十七堂站起來忽然心絞痛。之後我問過醫生，很多人發病當時只知道痛，不明原因，所以痛痛就走了。那痛痛到什麼程度？不是只有這心瓣，是整圈的胸部都在痛。心想：「完了，撐不過這一關」。後來還是有點功力，回到心道師父剛剛所講的「你總有那個不生不滅的自性」，回到那個地方你就不被它動。其實有很多人是因慌亂而死的，當業力一來你就跟著它跑，境就轉你的心了。就衝著這個不動，那堂課我擠出最後一句話，跟學生講「把老師的書拿到車上」。第二個禮拜，我問學生：「你們那時看老師有沒有什麼特別的？」他們說：「有點怪怪。」我說：「何止怪怪，生死交關哪！」

「境界現前」是修行時最好的資糧

　　上車後開始在中永和路上找醫院。大家曉得有個「莫非定律」，就是你想找什麼的時候它一定不在。平時看那裡醫院還蠻多的，怎麼一出去醫院忽然都跑掉了。後來心想若一昏倒，車子就會撞倒人家，不如好好等死。於是我把車停到路邊等死，按了大哥大給我太太說：「心絞痛，可能過不了這一關。」「啊，你在說什麼？」我已經沒辦法講話就把電話掛了。在等死的那一刹那，你會不會害怕？我那一次覺得自己完全沒有怕，就是有一種剛才所講的「了然」。因為你親證體驗那個東西的存在，你曉得生命只

是它的外相，但是不是眞的能用「通透光明」這樣來形容？也不是，了然之中有點淒清，想到弘一大師的「悲欣交集」有些很感動，有些淒清。就這樣過了半個鐘頭，竟然發覺沒事，繼續上路，回去愛老婆、疼孩子。

這樣的經驗在我個人的修行上來講，是非常重要的，讓我們曉得自己是否只是紙上談兵。禪宗講「境界現前」時如何？境界沒現前的時候，你根本不知道自己是怎麼樣子的。所以「趙州八十猶行腳」，還是要去面對境界。在這樣的境界現前，如果硬要分的話，你就知道什麼叫做「相信」，什麼叫做「確信」，什麼叫做「了然」。的確，每一個修行人在面對生死時的經驗，也許是我們修道最好的資糧。

林谷芳：

在家修行的好處是境界特別多，禪宗所謂「境界」就是指狀況，狀況特別多的好處是你逃不掉，你自己到底有幾斤幾兩，逃不掉。比如你在外面是個知名的教授，在外面談修行；但回到家裡，家人和你鬧的時候，你就發覺教授也不見了。所以我最喜歡我孩子沒事跟我漏氣，因爲他常覺得我這個爸爸沒什麼了不起；甚至我還常會問國中的兒子「會不會以爸爸爲恥？」因爲爸爸是這麼「老摳摳的人」（台語）現代的東西都不太懂，上不了檯面。就這樣隔了好久好久，終於有一天，還在讀小學一年級的小兒子突然跟我說了一句，讓我還有點虛榮而且好感動的話，因爲父子情深嘛。他說：「爸爸，我終於知道了，你是偉大的教授！」台語有句話講「近廟欺神」，他跟你相處在一起，你的一切他都清楚。孔子講「人焉廋哉」，你沒有辦法隱瞞的。所以和家人相處，如果你是如實修行的話，你繁華落盡，所有都剝落，如實面對，這是我覺得的殊勝處。

在家修和出家修的差異

那麼壞處呢？出家眾很忙，在家眾有時還更忙。因爲有些事情眞的是沒辦法。過去我們講修行叫做「辦道」，爲什麼？就是這

些事情是要如實去應對的，是要去做的。就像師父講有些人持不倒單，以前人修一行三昧那樣，你要付出的！但你也許就被一些雜事弄掉了。總之這些利弊自己要有考量。

在家人面對煩的事情是很需要觀照的。什麼樣的徒弟就會拜什麼樣的老師。我前兩天上禪的課時和學生提到這個不雅但卻傳神的比喻：什麼樣的徒弟會拜什麼樣的老師，只有一句話可以講，就是「王八看綠豆，瞧對了眼。」通常沒有什麼道理。戀愛也是這樣。你怎麼會跟那個人結在一起？「相欠債」（台語）！既然相欠債就無有理性可言，所以你在外面很多安排都可以照理性來，你的能量也因此就可以放射。但在家裡能有什麼能量？愛鬧就鬧，你以為只有她沒有理性；從她的眼光看你，你也沒有理性。這攬在一起的種種，是需要去克服的。但如果能夠觀照，我覺得這倒是個好環境。也就是你在家修，反而會有深的觀照，就好像在一般的學習上，越多元越刺激的環境會促使心志上越有發展的可能。

在家修和出家修的不同

至於在家修行要如何修呢？我的回答只有四個字：「綿綿密密」。我以前在教樂器時常講生命的軌跡會從量變到質變，在量的積累上它最初一定是小小的，但到了一定程度它會跳躍過去；跳躍過去時，我們回顧會發現今天怎麼會變成這樣子？怎麼兩個層次的生命或藝術會差得那麼遠？這麼短的時間似乎不應該會產生那麼大的超越！但從量變到質變的那個質變卻遠遠大於多數人的想像。所以修行就像我以前教學生練樂器一樣，不是一天要練三、四小時，而是如果能夠拳不離手、曲不離口，如果能這樣綿綿密密，我想有些自然因緣到了某一種年紀或層次後，在家出家也都不會成為問題了。

心道法師：

其實出家大部分做的是「格物致知」——也就是「證」的工作，所以他要像研究員一樣，必須要有空間、時間才能夠變成專

業，因為你要實證、要證明，這些都是要花時間的。日本的出家人為什麼和台灣的出家人不太一樣？緬甸原始佛教也是，因為一個法師他要觀照非常多人，當那麼多人來的時候，你還要忙你的私情、子女，這個東西就會疏忽掉，這是很不公平的，所以他不可以有私心。我們為什麼常說要區隔，然後才能做好一件事情，主要是區隔以後，才能全神貫注的變成一個專業的老師！而在學習當中，我們是因為專業的關係，他的觀念、次第，整個流程不會搞錯，教學生時也會指導得非常清楚，所以出家大部分做的就是專業的事情。

我們知道，在家要花那些時間修行是很困難的，因為我們有家庭，有工作。家庭中夫妻之間就是兩個人，加上公婆、父母，整個會串成一個系統，每個人的思想是不太一樣的，你學佛，他不一定要學佛，所以大家不一定會相同，所以在這當中你就必需要配合，但有些時候還是無法達到你預先的目的。這是專業和非專業的問題。

結論：在家出家皆可修行

所以為什麼我們說修行不一定要是出家人，在家、出家都可以，但是花的時間一定是差不多！你不能比出家人花得少，否則你就沒有辦法達到那個效果。我們是平等在受持佛法，其實哪有出家、在家的這個分別：佛法是平等的，而且法只要你用心去學——聞、思、修，那你終會成就。所以戒、定、慧是學習過程中的一個步驟、環扣，它是有次第性的。

林谷芳：

剛才師父說佛法如果是走菩薩道的話，那是自利和利他同時，如果你自利做不到完全的時候，那你一直不斷忘我的利他，也是同樣可以達到自利和利他的兩種元素。既然要成佛，它可以單向走，也可以雙向走，那麼自利絕對是單向，利他才可以產生雙向的效果。所以出家修道是看因緣，否則你想破了頭都沒用；這個因緣一具足，你跑也跑不掉，也就自然地走上這條路。我們

這個ＩＣ板，它是本來就安排好了，所以你也不必要煩惱說到底怎麼樣，所以我們佛教——尤其是禪宗，它整個修行大部分注重在當下；當下最重要，能夠把握當下時刻來做淨明的工作，那隨時都可以修行，隨時都可以利他！所要把持的只是慈悲和淨明的工作，這是常常要注意的。

（前文整理自2002年2月24日「世紀宗教對談」）

國家圖書館出版品預行編目資料

心靈解碼 / 心道法師等著：邱近思主編
-初版.-臺北縣永和市：世界宗教博物館基金會出版：
2003〔民92〕面； 公分.
--(經典對話系列5)
ISBN 957-28692-5-6（平裝）
1.宗教 - 論文，講詞等

207   92020054

經典對話系列　5

心靈解碼

作　　者 / 心道法師等
發 行 人 / 釋了意
主　　編 / 邱近思
責任編輯 / 黃健群
執行編輯 / 蔡明伸
美術編輯 / 林世鵬
校　　對 / 洪淑妍、黃健群、詹弘達
法律顧問 / 永然聯合法律事務所
出 版 者 / 財團法人世界宗教博物館發展基金會附設出版社
地　　址 / 234 台北縣永和市保生路2號21樓
電　　話 / (02)2232-1008
傳　　真 / (02)2232-1010
統一編號 / 78358877
網　　址 / books@ljm.org.tw
郵政劃撥帳戶 / 財團法人世界宗教博物館發展基金會附設出版社
郵政劃撥帳號 / 18871894
印　　刷 / 凱立國際資訊股份有限公司
電　　話 / (02)2776-1201
總 經 銷 / 農學股份有限公司
電　　話 / (02)2917-8022
版權所有・翻印必究
初版一刷 / 2003年12月
定　　價 / 250　ISBN 957-28692-5-6（平裝）

＊本書若有缺損，請寄回更換＊